D1690839

EINE KULINARISCHE ENTDECKUNGSREISE
durch Vorarlberg

Claudia Antes-Barisch
Anja Böhme
Daniel Schvarcz

EINE KULINARISCHE ENTDECKUNGSREISE
durch Vorarlberg

MIT DEN BESTEN REZEPTEN AUS DER REGION

UMSCHAU

Lech am Arlberg

Inhalt

Übersichtskarte	8
Vorwort	13

DIE GENUSS REGIONEN IN VORARLBERG — 15

Chen's Dining Bar	20
Best Western Premier Hotel Weisses Kreuz	22
Wirtshaus am See	24
Casino Restaurant	26
Café-Konditorei Schallert	28
Restaurant Guth	30
Pfanner & Gutmann Getränke	32

REZEPTE AUS DER REGION — 36
Pekingente – Bei Jing Kao Ya
Bodenseezanderfilet mit Spargel-Rahmnüdele und glaciertem Frühlingslauch
Solomillo Iberico im Baumnusscrêpe mit Bohnenpüree und Schmorkartoffeln
Schwäne mit Vanillesahne
Kirschrisotto mit Allgäuer Edelkrebsen und Thymian
Bregenzer Fischsuppe

ARCHITEKTUR IN VORARLBERG: HINGUCKER IN HOLZ — 41

Hotel-Restaurant Schönblick	44
Brauereigasthof Reiner	46
Restaurant Mangold	48
Wirtshaus Messmer	50
Berggasthof Fritsch	52

REZEPTE AUS DER REGION — 54
Schokoladen-Nuss-Brownies mit Toffee-Schaum
Geschmorte Kalbsbäckle
Gebratenes Seesaiblingsfilet auf Tomaten-Zucchini-Gemüse, Rieslingsauce und Rucolanudeln
Wildhase mit Scampi

Wirtschaft zum Schützenhaus	58
Landgasthof Schäfle	60
Rankweiler Hof	62
Fenkart Schokoladengenuss	64
Gasthaus Adler	66

REZEPTE AUS DER REGION — 68
Juralammrücken in der Kräuterkruste
Ziegenkäsemousse auf sautierten Pilzen
Steinbockragout
Käsgrumpera

s'Glöggele am Steinebach	70
Gesundheitszentrum Rickatschwende	72
Söhmsen's Manufaktur	74
Amann Kaffee	76
Gasthof zum Krönele	78
Lustenauer Senf	80
Privatbrennerei Gebhard Hämmerle	82
Freihof Destillerie	84

REZEPTE AUS DER REGION — 86
Thunfischsteak mit Riesengarnelen und asiatischem Gemüse
Flüssiger Schokokuchen

Marinierter Stangenspargel mit Erdbeer-Wildkräuter-Salat
 und in Kirschholz geräuchertem Lachs
Überbackene Schnitzel mit Tomatensauce und Mozzarella
Lustenauer Mostsuppe
Bregenzerwälder Ofenbraten

WINTERSPORT IN VORARLBERG: SCHIFOAN! — 93

Wirtshaus-Restaurant Engel — 96

Brauerei Fohrenburg — 98

Alpenhotel Zimba — 100

Cresta Hotel — 102

Landgasthof Auhof — 104

Sporthotel Silvretta Nova — 106

Hotel Sonnenburg — 108

REZEPTE AUS DER REGION — 110
Wälder Hennele mit Spargel, Erdäpfeln in Gierschbutter
 und Wildkräuterdip
Lammrücken im Speckmantel an Portweinreduktion mit
 Zucchini-Emmentaler-Tortillas und Tomaten-Safran-Risotto
Filet vom heimischen Rind auf Breitnudeln
Schokoladen-Himbeer-Törtchen
Lammrücken mit Feven, Pioppini und Paprikaflaum
Crêpes mit Weichsel-Kirschwasser-Füllung

LUKULLISCHE HÖHENFLÜGE IM WELTGOURMETDORF — 115

Hotel Tannbergerhof — 116

Hotel Arlberg — 118

Skihütte Schneggarei — 120

Hotel Hinterwies — 122

Pension Stäfeli — 124

REZEPTE AUS DER REGION — 128
Variation vom Ländle Alprind mit Kartoffel-Steinpilzroulade
Lecher Bachsaibling
Käsespätzle
Schwäbische Maultaschen nach Zisterzienser Art und
 geschmorte Tomaten

GENUSS REGION BREGENZERWALD – VOM SCHWOZARMUS ZUR HAUBENKÜCHE — 131

MundArt — 134
Gasthof Krone — 136
Hotel das Schiff — 137
Hotel Hirschen Schwarzenberg — 138
Restaurant Gasthof Adler — 139
Gams, Genießer- & Kuschelhotel — 140
Hotel Post — 141
Hotel Krone in Au — 142
Restaurant 's Schulhus — 143

REZEPTE AUS DER REGION 144	Berghotel Körbersee 172
Gefüllte Perlhuhnbrust im Speckmantel auf Gersten-Gemüse-Risotto	
Sauerkrauteis	Hotel Krone 174
Tartar vom geräucherten Forellenfilet mit Feldsalat und Crème fraîche	Haller's Genuss & Spa Hotel 176
Kalbsbäckle-Salat	REZEPTE AUS DER REGION 178
Lammkotelett auf Safran-Bohnen-Ragout mit Spinat-Brottasche	Rosa gebratenes Milchkalbsrückensteak vom Bregenzerwälder Milchkalb
Kalbskotelett mit Rosmarin-Polentaspitz, Morcheln und Spargel-Karotten-Gemüse	Buttermilchparfait mit Kräutern
Kaninchenrücken	Hirschhüfte, rosa gebraten, mit Pilzschupfnudeln und Blaukraut
	Mit Ziegenkäse und Basilikum gefülltes Carpaccio vom Wälder Jungrind
Bregenzerwald Tourismus 150	Walser Käsefladen nach Körbersee-Art
Wirtshaus zur Taube 152	Rehrücken im Gewürzmantel mit Morchelsauce und Topfenserviettenschnitte

VORARLBERGER KÄSE – EIN IDENTIFIKATIONSMERKMAL 155

Das Bregenzerwälder Käsehaus 158

Adressverzeichnis 182

Rezeptverzeichnis 187

Impressum 192

ANGELIKA KAUFFMANN: WÄLDERIN UND WELTBÜRGERIN 163

Alte Mühle 166

Landhotel Hirschen 168

Erlebnisgasthof Ur-Alp 170

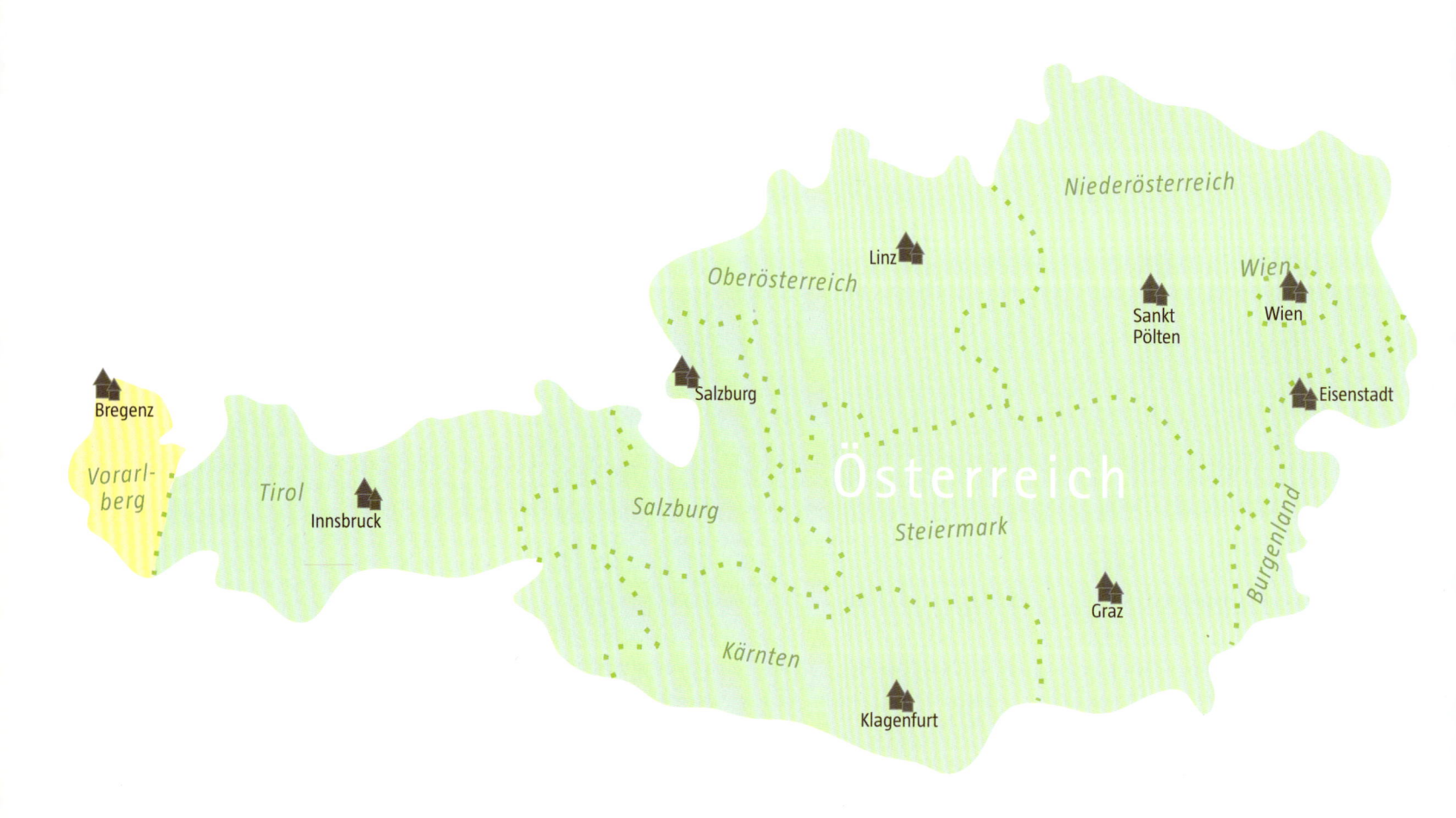

⬆ Vorarlberg

Die Zahlen ⑮ sind identisch mit den Seitenzahlen der einzelnen Betriebe in diesem Buch und bezeichnen ihre Lage in der Region.

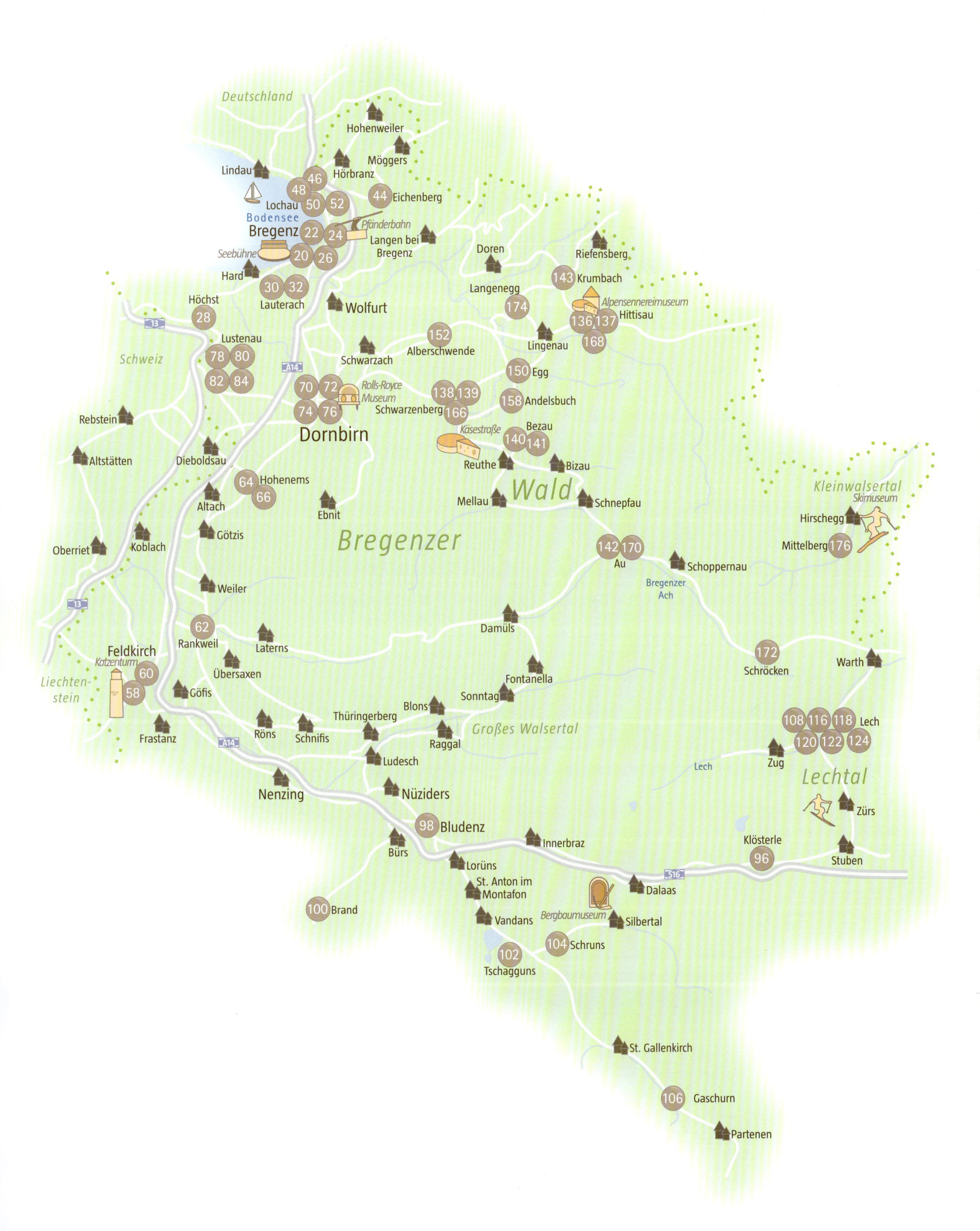

Vorarlberg

Deutschland
- Hohenweiler
- Möggers
- Lindau
- 46 Hörbranz
- 48
- 50 52 44 Eichenberg
- Lochau
- **Bregenz** 22 24 — Pfänderbahn
- Bodensee
- Seebühne 20 26 — Langen bei Bregenz
- Hard
- 30 32 — Wolfurt
- Höchst 28
- Lauterach
- Doren
- Langenegg 174
- Riefensberg
- 143 Krumbach
- Alpensennereimuseum
- 136,137 Hittisau
- 152 Alberschwende
- Lingenau 168
- Lustenau 78 80
- 82 84
- Schwarzach
- 150 Egg
- Schweiz
- 70 72 — Rolls-Royce Museum
- 74 76
- 138,139 166
- 158 Andelsbuch
- Schwarzenberg
- **Dornbirn**
- Käsestraße
- Bezau
- 140 141
- Rebstein
- Reuthe
- Altstätten
- Diepoldsau
- 64 Hohenems
- 66
- Bizau
- Altach
- Ebnit
- **Bregenzer Wald**
- Oberriet
- Koblach
- Götzis
- Mellau
- Schnepfau
- Kleinwalsertal Skimuseum
- Hirschegg
- 142 170 Au
- Schoppernau
- Mittelberg 176
- Weiler
- Bregenzer Ach
- 62
- Rankweil
- Laterns
- Damüls
- 172 Schröcken
- Warth
- **Feldkirch**
- Katzenturm
- Übersaxen
- 60
- 58 Göfis
- Fontanella
- Liechtenstein
- Thüringerberg
- Blons
- Sonntag
- 108 116 118 Lech
- Frastanz
- Röns
- Schnifis
- Raggal
- **Großes Walsertal**
- 120 122 124
- Ludesch
- Lech
- Zug
- **Lechtal**
- Nenzing
- Nüziders
- Zürs
- 98 Bludenz
- Innerbraz
- Klösterle
- Bürs
- 96
- Lorüns
- Stuben
- St. Anton im Montafon
- Dalaas
- 100 Brand
- Bergbaumuseum
- Vandans
- Silbertal
- 102 104 Schruns
- Tschagguns
- St. Gallenkirch
- 106 Gaschurn
- Partenen

Seepromenade Bodensee, Bregenz

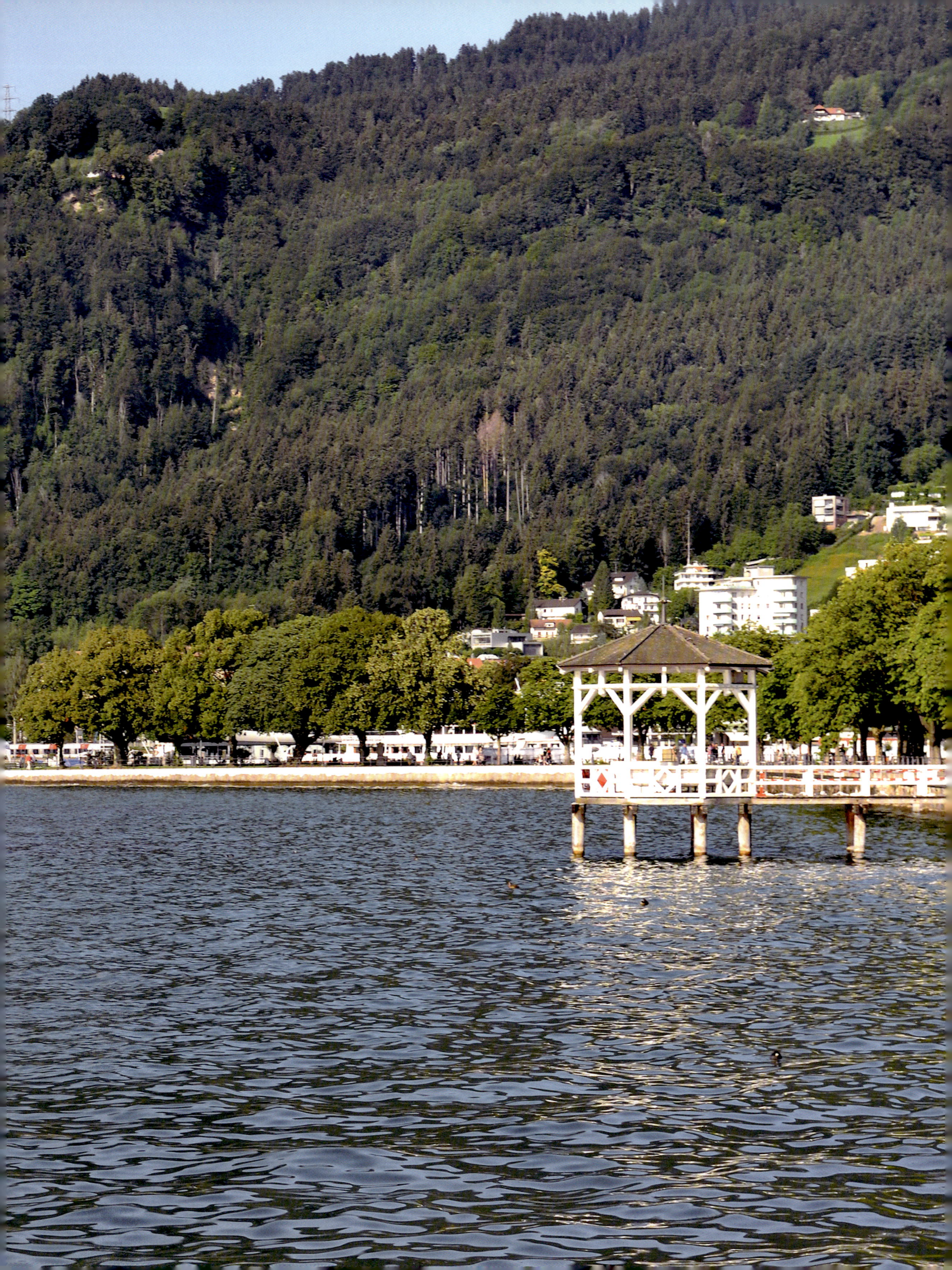

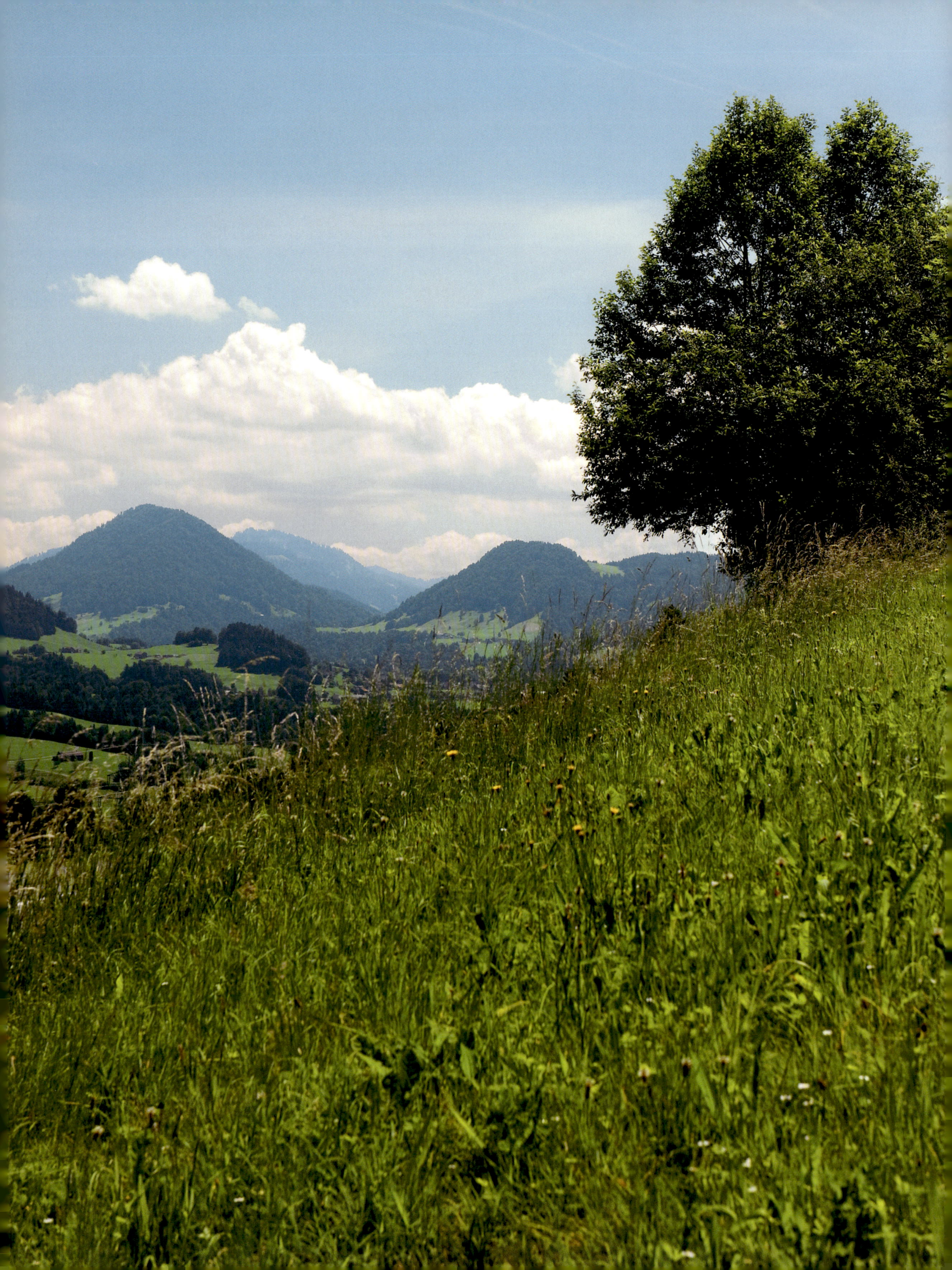

Vorwort

Vorarlberg, das Land vor dem Arlbergpass. Oder dahinter, je nach Perspektive. Aus der Vogelperspektive betrachtet, liegt Österreichs westlichstes Bundesland mitten in Europa, umgeben von Deutschland, der Schweiz, Liechtenstein, einem kurzen Stück Bodenseeufer und dem Nadelöhr nach Tirol, eben dem Arlbergpass. Überschaubar ist das Land: Von West nach Ost misst es kaum 60, von Nord nach Süd rund 90 Straßenkilometer. Österreichs zweitkleinstes Bundesland zeigt jedoch eine landschaftliche Vielfalt, die ihresgleichen sucht. Vom mediterran anmutenden Bodenseeufer geht es langsam ansteigend in die sanftromantischen Hügel des Bregenzerwaldes und bis zu den vergletscherten Dreitausendern des Piz Buin (rätoromanisch für Ochsenspitze) ganz im Süden Vorarlbergs. Man sagt den Vorarlbergern gerne nach, sie seien etwas eigen – schon allein diese alemannischen Dialekte! – und sie pflegen das Image gerne, und auch die Bregenzerwälder betonen ihre Eigenheiten gegenüber den anderen Bewohnern des Ländles, und so geht es fort bis ins kleinste Tal. Tatsächlich hat jede Region einen ganz eigenen Charme.

Bregenz, die kulturell sprudelnde Kapitale Vorarlbergs, nennt sich selbstbewusst die Hauptstadt am Bodensee und wird dem Anspruch durchaus gerecht, mit internationalen Events wie den Festspielen, dem Tanzfestival Bregenzer Frühling und dem weltberühmten Kunsthaus.

Der Bregenzerwald, das Paradies für Käse-Connaisseurs und Genussmenschen. Hier vermählen sich Kulinarik, Kultur und landschaftliche Schönheit zu einer überaus glücklichen Ménage-à-trois und zeugen Haubenlokale, Wanderwege vom Feinsten und kulturelle Perlen zwischen Avantgarde und Klassik.

Im Süden des Landes, im Montafon zwischen Schesaplana, Silvretta und Verwallgruppe, treffen sich die Sportler auf anspruchsvollen Bergtouren und Mountainbikerouten. Im Montafon sind die Berge höher und der Schnee ist weißer, und das typische Montafoner Haus scheint für die Ewigkeit gebaut aus Stein und Holz.

Der Arlberg mit den bekannten Wintersportorten Lech und Zürs gilt als mondänes Skiparadies. Im Sommer faszinieren üppige Blumenwiesen. Faszinierend auch die Alpenregion Bludenz mit Brandnertal, Klostertal und dem Biosphärenpark Großes Walsertal. Nicht zu vergessen das Kleinwalsertal, das von Bergen umschlossene Tal in den Allgäuer Alpen, ein Paradies für Wanderer, Mountainbiker, Familien und Naturgenießer.

Sechs Urlaubsregionen, 2 600 Quadratkilometer, 380 000 Einwohner. Nein, den Vorarlberger oder die Bregenzerin gibt es nicht, aber wenn man nach einer Gemeinsamkeit sucht, dann ist es die angenehme, unaufgeregte Offenheit und Höflichkeit der Vorarlberger. Gastfreundlichkeit ist eine Kunst, und sie verstehen es, genau den richtigen Ton zu treffen zwischen Herzlichkeit und angemessener Distanz. Sie sind selbstbewusst und stolz darauf, die Schönheit der Landschaft und die regionalen kulinarischen Spezialitäten durch alle anbrandenden Wogen von EU-Verordnungen und Tourismus hindurch zu retten. „S'Ländle, meine Heimat" – so der Titel der Landeshymne – ist ideales Reiseziel für Individualisten, die Gespür haben für Feinheiten und leise Töne und die die Region, in der sie den Urlaub verbringen, lieben und respektieren. Wer ehrlich interessiert fragt, erfährt manchen Insidertipp zur Lieblingssennerei, den besten Handwerkern, der pulvrigsten Tiefschneeabfahrt und romantischsten Moorwanderung. Diese Superlative brüsten sich nicht und schreien nicht laut herum. Sie sind von der ruhigen, beständigen Art. Sie sind die ganz persönlichen Höhepunkte einer kulinarischen Entdeckungsreise durch Vorarlberg.

Viel Spaß wünschen Ihnen

Anja Böhme und Claudia Antes-Barisch

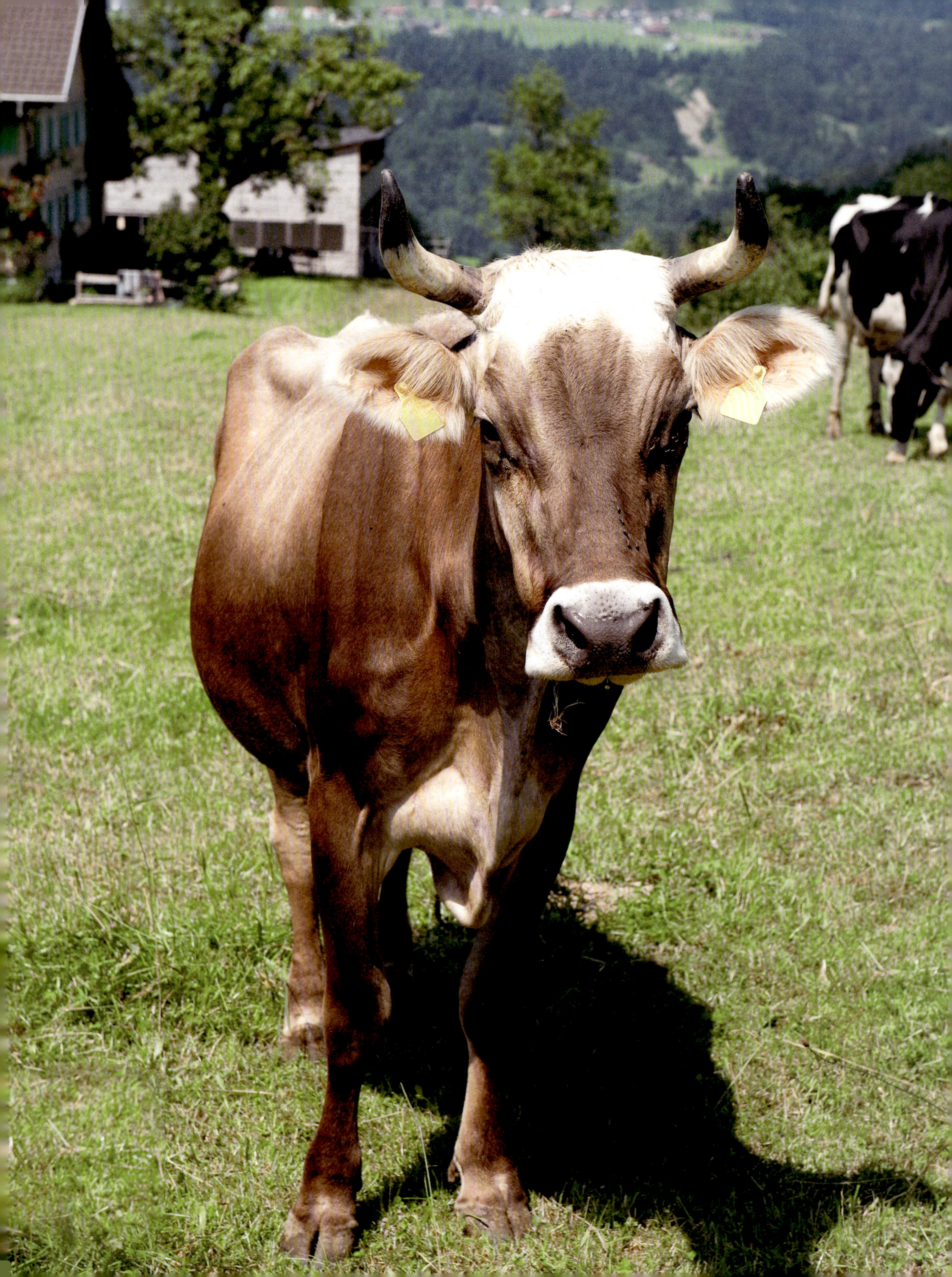

Die Genuss Regionen in Vorarlberg

Mit der höchsten Dichte an Haubenlokalen in Österreich und einer überdurchschnittlich großen Zahl an engagierten Familienbetrieben, die auf hohem Qualitätsniveau Lebensmittel produzieren, präsentiert sich Vorarlberg als wahrhaftes Genießerland.

Insbesondere im Rahmen der vom Österreichischen Landwirtschaftsministerium ausgehenden Initiative Genuss Region Österreich gibt es gerade in Vorarlberg eine ganze Anzahl an interessanten kulinarischen Angeboten. Mit der Marke Genuss Region sollen die Leistungen der Landwirtschaft, der verarbeitenden Betriebe und der Gastronomie in der Region für die Konsumenten sichtbar gemacht und gleichzeitig das Bewusstsein dafür geschärft werden, dass die in einer Kulturlandschaft produzierten hochwertigen Nahrungsmittel die Identität des ländlichen Raums prägen.

Sieben Genuss Regionen gibt es in Vorarlberg:

1
Bregenzerwälder Alpkäse und Bergkäse. Der Bergkäse wird vorwiegend in den 17 Talsennereien, die halb- oder ganzjährig bewirtschaftet werden, nach alter Tradition hergestellt. Zu den kulinarischen Kostbarkeiten des Landes zählen Bregenzerwälder Alpkäse, die ausschließlich auf den Alpen im Sommer handgeschöpft erzeugt werden. Über 90 Sennalpen gibt es noch im Bregenzerwald. Unterschiedliche Gräser und Kräuter bestimmen die geschmacklichen Nuancen der Alpkäse. Käsefreunde erleben die feinen charakteristischen Geschmacksunterschiede, wenn sie die Alpkäse unterschiedlicher Alpsennereien miteinander verkosten.

2
Großwalsertaler Bergkäse. Die Landwirtschaft auf den steilen Berghängen bestimmt den Alltag der Walser Bauernfamilien. Die höchstgelegenen Alphänge liegen über 1800 Meter hoch. Fernab von industrialisierten Großbetrieben entsteht hier in traditioneller Handarbeit der Walserstolz. Die dafür verwendete Rohmilch erinnert an die mit Löwenzahn, Alpenrispengras, Goldhafer, Rotklee und Silbermantel übersäten Bergwiesen.

3
Jagdberger Heumilchkäse. Mit der Region Jagdberg ist das Gebiet der Gemeinden Düns-Dünserberg-Röns-Satteins-Schlins-Schnifis gemeint. Hier liefern eine Anzahl bäuerlicher Familienbetriebe

Mit dem Käsebohrer werden Proben entnommen ...

... zur sensorischen Prüfung.

regionaltypischen Bergkäse, Butter, Topfen, Frischkäse und Frischsauerkäse. Die Milch dafür hat überdurchschnittlich hohe Qualitätskriterien zu erfüllen: Die Kühe dürfen ausschließlich mit Gras, Heu und Getreide gefüttert werden.

4 Ländle Alpschwein. Die Geschichte des Alpschweins reicht weit in die Vergangenheit zurück und ist eng verbunden mit der Tradition der Käserei. Seit jeher verbringt das Alpschwein mindestens 70, oft sogar 100 bis 120 Tage im Jahr auf den Sennalpen des Ländles. Insgesamt 46 Vorarlberger Alpen sind zur Aufzucht von Ländle Alpschweinen berechtigt. Die Tiere haben ein schönes Leben auf den saftigen Almwiesen und genießen ausgesuchtes Futter aus nahrhafter Molke und Getreide. Das Ergebnis ist qualitativ einwandfreies und zartes Fleisch.

Das Ländle Kalb

Das Ländle Alpschwein

Walserstolz

5 Ländle Apfel. Der Ländle Apfel ist mit seiner etwa 30-jährigen Geschichte eine der ältesten landwirtschaftlichen Marken Vorarlbergs. Die Region zwischen Bodensee und Walgau eignet sich nämlich hervorragend für den Apfelanbau. Tiefgründige, nahrhafte Böden, gemäßigte Temperaturen sowohl im Winter als auch im Sommer und ausreichende Niederschläge bieten dem Apfel ideale Wachstumsbedingungen. Stabiles, trockenes Herbstwetter mit bereits niedrigen Nachttemperaturen gibt dem Ländle Apfel vor der Ernte noch eine gute Portion an Aromastoffen und Farbe.

6 Ländle Kalb. Sozusagen ein „Nebenprodukt" der traditionellen Milchwirtschaft ist das Ländle Kalb. Es gilt als besonders zart und mild im Geschmack. Gefüttert werden die Tiere ausschließlich mit Vollmilch und ausgesuchten Milchaustauschern und bei ihrer Aufzucht ist die Vorarlberger Tierhaltungsverordnung einzuhalten. Streng verboten ist der Einsatz von antibiotischen Leistungsförderern und Hormonen.

7 Die siebte Genuss Region, den Montafoner Sura Kees, beschreiben wir in unserem Bericht über den Vorarlberger Käse (Seite 155).

Bregenz mit der Pfarrkirche zum Heiligsten Herzen Jesu am östlichen Ufer des Bodensees

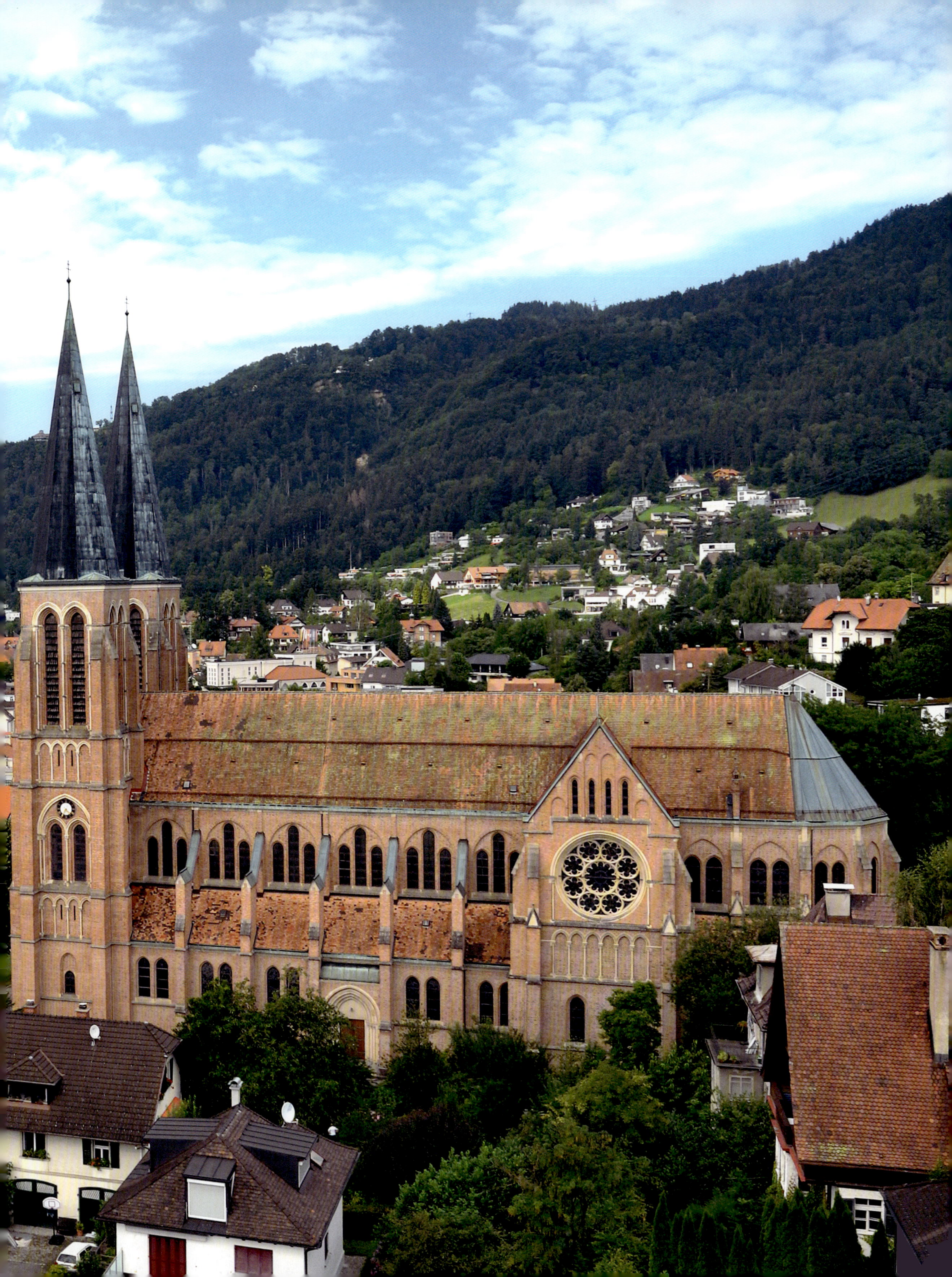

勝蹟十年書
回首已是白頭翁

世上新人趕舊人

龍飛

環堵蕭然也其西
地邊小竹迂軍空兀
江鄉子字真其忘塘
樓台自謂欲高者

醉翁亭記

Bregenz

„Sushi und Pekingente suchen hier ihresgleichen."

Chen Peirong, Inhaber

Chen's Dining Bar

Chen Peirong ist Chinese und ein profunder Kenner der asiatischen Küche. So ist seine Dining Bar auch kein chinesisches Restaurant: Hier können die Gäste vielmehr eine sehr gelungene Mischung aus chinesischer, japanischer und thailändischer Küche genießen. Das erscheint wie eine Essenz der asiatischen Küche – von allem das Beste. Und da Chen Peirong außerdem ein besonderes Auge für Ästhetik besitzt, erlebt man dieses Restaurant auch als optischen Genuss.

Chen's Dining Bar liegt in Sichtweite zum Bodensee, was an warmen Tagen dem Aufenthalt auf der Terrasse zusätzliche Attraktivität verleiht. Innen dominiert eine ruhige Eleganz, die dennoch sehr einladend und wohnlich wirkt. Asiatische Grünpflanzen und zwei große Aquarien als Raumteiler unterstreichen den kontemplativen Charakter des Interieurs. Man fühlt sich aufgehoben. Zu diesem positiven Gefühl trägt freilich auch der aufmerksame Service bei, der den Gast vom Betreten des Restaurants an geleitet und betreut. Glückskekse? Keine Frage, die gibt es auch.

All diese schönen Eindrücke werden durch das Essen vervollkommnet. Der Blick auf die Karte offenbart kein wildes Sammelsurium asiatischer Spezialitäten, sondern eine Auswahl an ausgesuchten Speisen. Japanisches wie Sushi, Maki und Miso-Suppe, wundervolle Thai-Gerichte und – quasi als Reminiszenz an die Heimat Chen Peirongs – die berühmte Peking Duck, wegen derer, so berichtet der Hausherr erfreut, die Gäste immer wieder gerne kommen – auch von weit her. Seit 2005 führt er dieses Restaurant und ist sichtlich stolz darauf. „Unsere Speisen werden alle frisch und aus frischen Produkten zubereitet, ausschließlich von asiatischen Köchen", berichtet Chen Peirong. Ein weiteres Plus: Die Weinkarte weist auf eine üppige Auswahl an vorwiegend österreichischen Weinen hin und die ausführliche Teekarte ist eine Fundgrube für Liebhaber ausgezeichneter Grüntees.

Pekingente – Bei Jing Kao Ya
Das Rezept zur Spezialität des Hauses finden Sie auf Seite 36

Chen's Dining Bar
Seestraße 6
A-6900 Bregenz
☎ 00 43 (0) 55 74 / 5 28 08-11
www.asiagourmet.at

Best Western Premier Hotel Weisses Kreuz

„Es gibt so viele liebe Gäste."

Andrea Kinz, Inhaberin

Bodenseezanderfilet mit Spargel-Rahmnüdele und glaciertem Frühlingslauch

Das Rezept zur Spezialität des Hauses finden Sie auf Seite 36

Das inmitten von Bregenz gelegene Weisse Kreuz ist ein Haus mit Seele. Immerhin ehrwürdige hundert Jahre alt und als solches das älteste Hotel der Stadt, doch auf's Modernste restauriert mit vollklimatisierten, elegant und hochwertig eingerichteten Zimmern, einem mit der erforderlichen Technik bestückten Seminarraum und einem sehr individuell gestalteten, einladenden Restaurant. Traditionsbewusst und jung zugleich. Und auch das Herz kommt hier nicht zu kurz. Dafür sorgen schon Andrea und Verena Kinz, die überaus charmanten Gastgeberinnen, die sich sichtbar „über jeden Gast freuen".

Die Philosophie des Hauses, die Symbiose von Tradition und Moderne, setzt sich in der Küche des Weissen Kreuzes fort. Die hier verwendeten Produkte stammen, so Küchenchef Harald Fink, zum allergrößten Teil aus der Region: Käse aus Bregenzerwald und Montafon, Wild aus heimischen Wäldern, Fische aus dem Bodensee. Eine im Restaurant sehr beliebte Leckerei, das Almochsenfilet, wird aus der Steiermark „importiert", der Heimat der Chefin. Als weitere Spezialität des Hauses nennt Harald Fink die geröstete Kalbsleber: „Viele Gäste besuchen uns extra deswegen." Die an kulinarischen Verführungen reiche Karte wird etwa alle vier Wochen – der Saison angepasst – neu geschrieben. Einheimische frequentieren das „Stadtgasthaus" ebenso gerne wie Besucher der Bregenzer Festspiele. Für letztere (Andrea Kinz: „Unsere fünfte Jahreszeit.") bietet das Weisse Kreuz alljährlich kombinierte Arrangements mit Genusskompositionen, die thematisch zu den Festspielen passen. Gründe zum Feiern gibt es hier aber auch außerhalb der Saison: Mit wunderbaren Festmenüs beispielsweise, zu denen auch das Dinner & Casino-Menü zählt – bei Veranstaltungen wie dem Rosenabend auf der Terrasse. Mit hervorragenden Weinen. Oder einfach mittags, zum kleinen, feinen Businesslunch.

Best Western Premier Hotel
Weisses Kreuz
Kinz & Co
Römerstraße 5
A-6900 Bregenz
☎ 00 43 (0) 55 74 / 49 88-0
www.hotelweisseskreuz.at

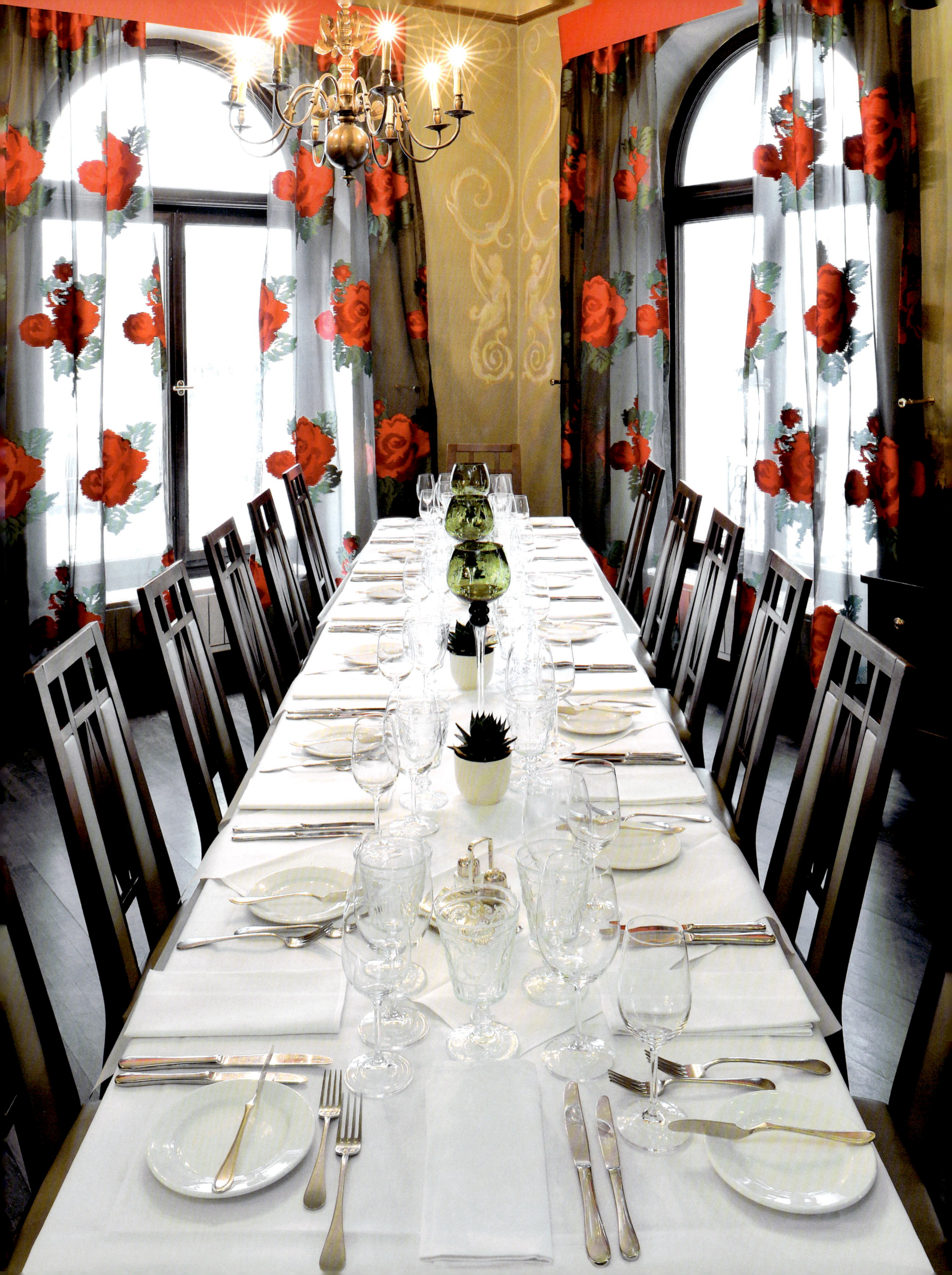

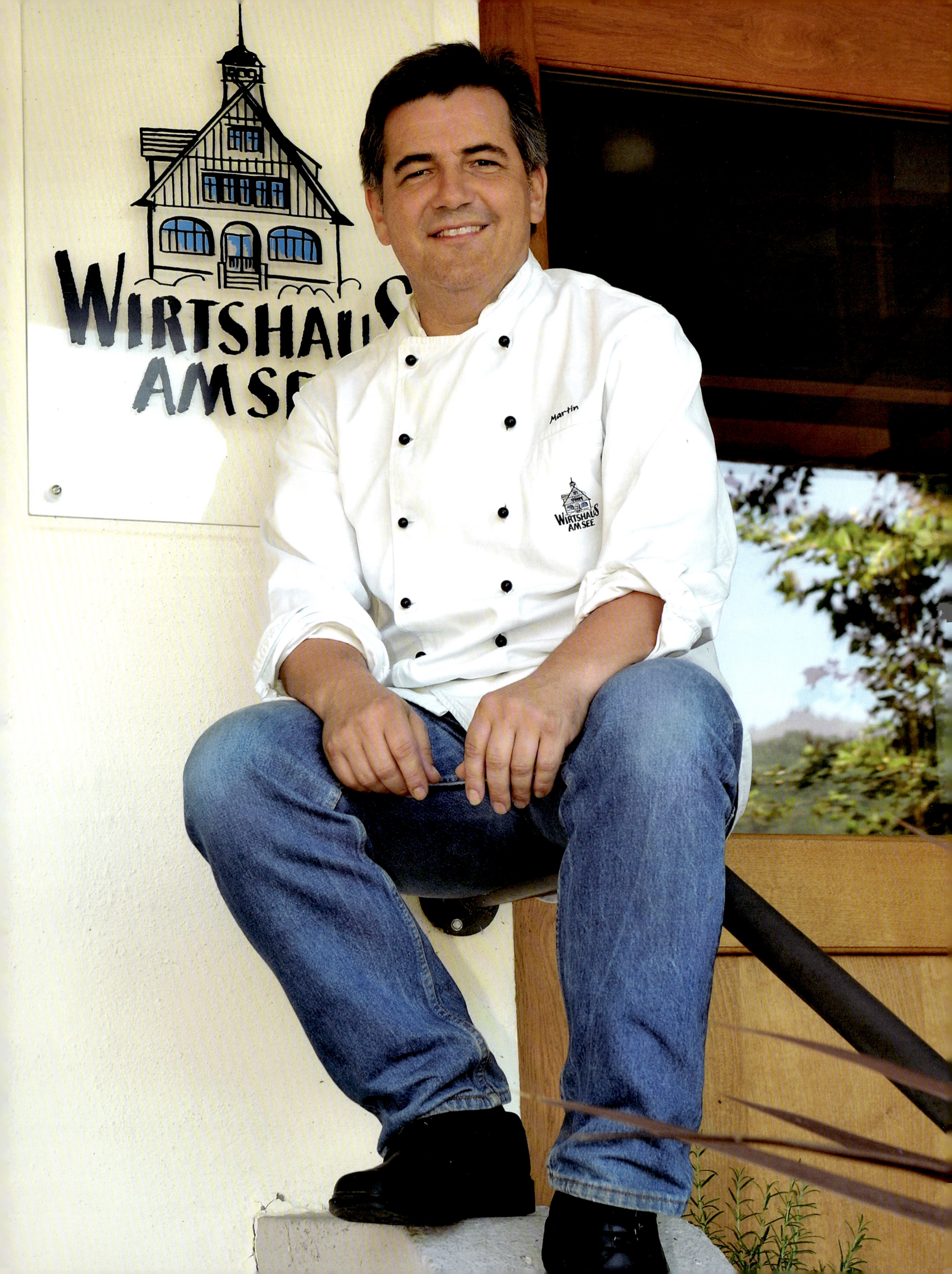
WIRTSHAUS AM SEE
Martin
WIRTSHAUS AM SEE

Bregenz

„Bei einer Wirtshausküche, wie wir sie haben, is' was oaben auf'm Teller."

Martin Berthold, Geschäftsführer

Wirtshaus am See

Bregenz, die Kapitale von Vorarlberg, hat gerade mal 28 000 Einwohner, ist aber ganz groß, was Kultur, Gastronomie und Lebensart anbelangt. Mit dem Prädikat weltberühmt ist sparsam umzugehen, aber hier passt es: das Tanzfestival Bregenzer Frühling, die Festspiele, das Kunsthaus Bregenz und eine gastronomische Landschaft, die so abwechslungsreich ist wie die Natur des Landes. Rund 130 Restaurants, Gasthäuser, Cafés und Bars gibt es in der Stadt, aber nur ein einziges, das so direkt am See liegt, als könne man sich das Felchen gleich selbst angeln. Idyllisch gelegen zwischen Casino und Festspielgelände, inmitten eines Parks, ist das Wirtshaus am See das ideale Ausflugslokal für Einheimische und Touristen. Nichts Schöneres, als an einem warmen Sommertag im kastanienbeschatteten Gastgarten ein Eis zu essen! Gastgeber Martin Berthold weiß, was seine Gäste wünschen und reagiert flexibel auf das reichhaltige Angebot jeder Saison. Frischer Bodenseefisch, herzhafte Fleischgerichte, Vegetarisches und einige der unwiderstehlichen österreichischen Süßspeisen stehen auf der Karte, und noch jeder Gast hat hier sein persönliches Lieblingsgericht gefunden. Größten Wert legt Martin Berthold auf die regionale Herkunft der Produkte und serviert Felchen aus dem Bodensee, Forellen aus der Bregenzer Aach, Wild vom Pfänderstock, Ländle Kalb und Käse von der Bregenzerwälder Käsestraße. Sein gutes Verhältnis zu den Winzern aus Vorarlberg und der Seeregion schlägt sich in der gut bestückten Weinkarte nieder. Und noch etwas, das heutzutage gar nicht mehr selbstverständlich ist, zieht die Gäste immer wieder ins Wirtshaus am See: Portionen, die wirklich satt machen. Das ist, entgegen herrschender Meinung, kein Widerspruch zu hoher Qualität. Das schmeckt einfach so gut, dass man gerne ein bissel mehr davon isst.

Wirtshaus am See
Seepromenade 2
A-6900 Bregenz
☎ 00 43 (0) 55 74 / 4 22 10
www.wirtshausamsee.at

Bregenz

Casino Restaurant

"Wir kochen moderne österreichische Küche mit internationalem Einfluss."

Martin Wehle, Küchenchef

Solomillo Iberico im Baumnusscrêpe mit Bohnenpüree und Schmorkartoffeln

Das Rezept zur Spezialität des Hauses finden Sie auf Seite 37

Beim Wort Casino denken die meisten nur an die prickelnde Spannung beim Rollen der Roulettekugel. Im Casino Bregenz dagegen lohnt es sich, über den Roulettetisch hinauszudenken, und zwar an die kulinarische Spannung, die das Casino Restaurant verspricht. Während das Glück beim Spiel mitunter launisch sein kann, ist das Glücksgefühl im Restaurant konstant, denn Küchenchef Martin Wehle serviert eine abwechslungsreiche Küche, die keine Wünsche offen lässt. Die Internationalität seines Teams schlägt sich auf der Speisekarte nieder. Stammgäste wissen, dass manche Klassiker wie Steaks oder auch Fisch, der gerade tagesfrisch geliefert wurde, nicht auf der Karte stehen. Daher der Tipp: Beim Service nach Empfehlungen fragen. Martin Wehle lässt sich von der Saison leiten und von dem, was die regionalen Produzenten aktuell anbieten, und er probiert gerne neue Ideen aus: „Ich hebe nicht die Karte vom Vorjahr auf, sondern überlege mir neue Gerichte." Das ist dann beispielsweise eine Crème brûlée von der Gänsestopfleber mit getrüffeltem Sandwich, schwarzen Nüssen und Dattel-Süßwein-Crème, ein Filet vom Adlerfisch mit Spargel und Zitrusfrüchterisotto, als Dessert ein gebackenes Kaffee-Halbgefrorenes mit Bananen-Limonen-Chutney und Granatapfelsauce. Und als ob das nicht schon Glück genug wäre, lässt es sich noch toppen, wenn man auf einem der begehrten Galerieplätze des Restaurants sitzt. Von hier oben schaut man mitten rein ins aufregende Getümmel des Spiels. Wer dann Lust bekommt, auch mal sein Glück zu versuchen, entscheidet sich am besten für das Arrangement Dinner & Casino, bestehend aus einem exklusiven Viergangmenü, Begrüßungs- und Paroli-Jetons (mit der Chance auf 7 777 Euro in Gold) und einem Glas Sekt. Voilà, faites votre jeux et bon appétit!

Casino Restaurant
Am Symphonikerplatz 3
A-6900 Bregenz
☎ 00 43 (0) 55 74 / 4 51 27-1 25 00
www.bregenz.casinos.at

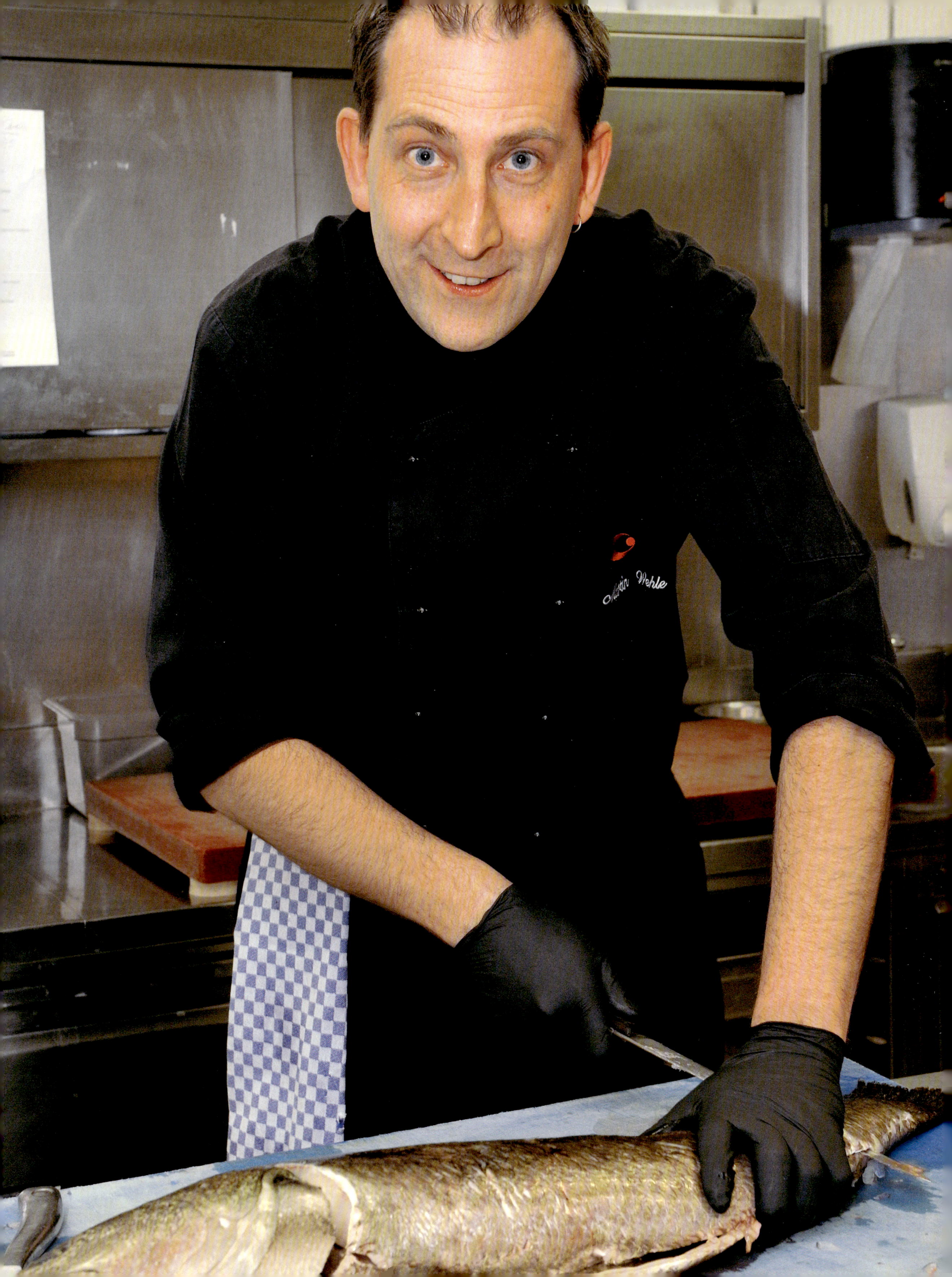
Wehle

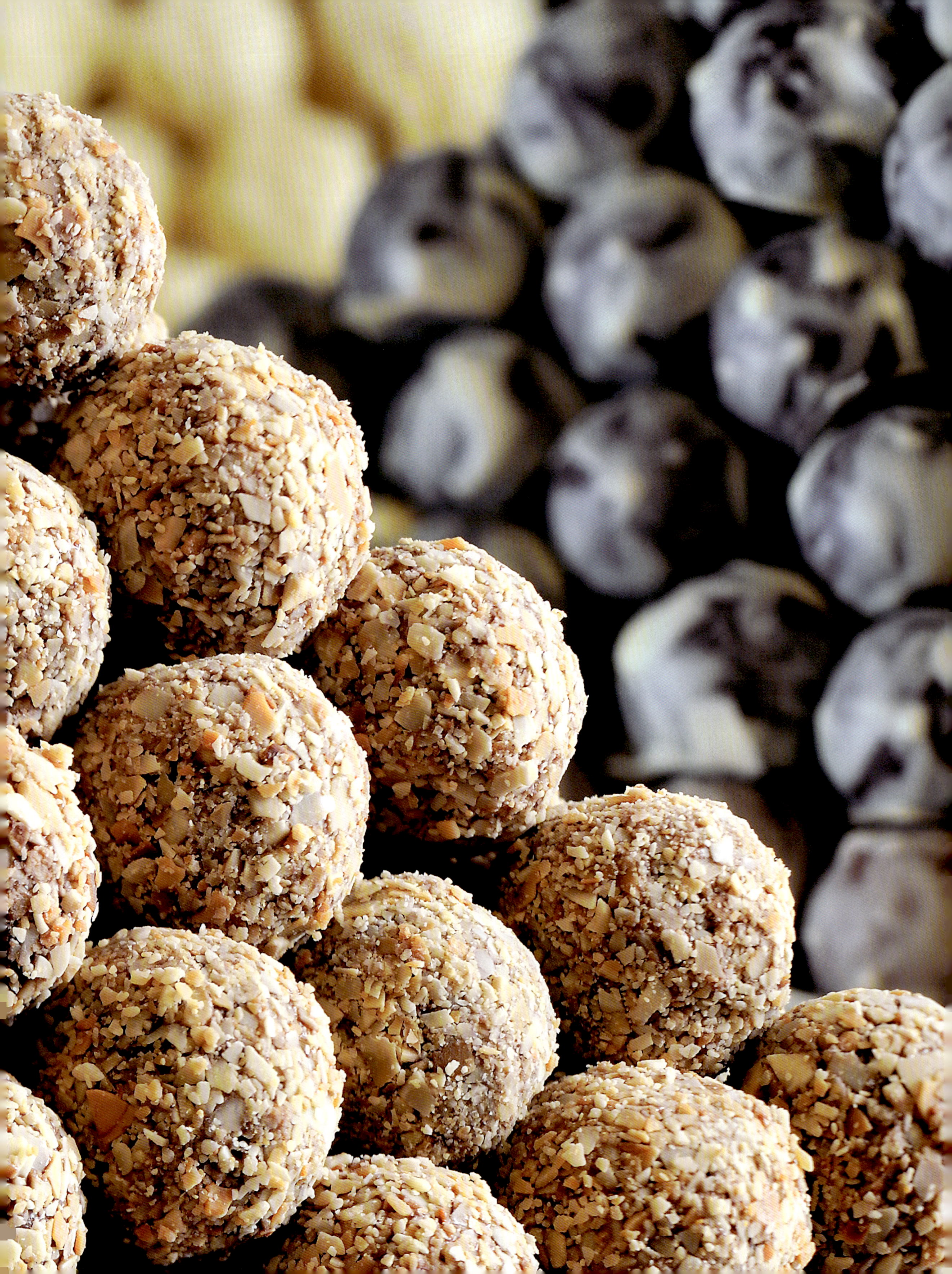

> *„Unsere Spezialität sind hausgemachte Pralinen und Eis. Wir stellen mindestens 20 Sorten Eis her, jeden Tag frisch."*
>
> Nicole Schneider-Schallert, Konditormeisterin

Café-Konditorei Schallert

Die österreichische Konditorkunst ist zu Recht weltberühmt. Sachertorte, Apfelstrudel, Topfenstrudel, Cremeschnitten, dazu einen kleinen Braunen – wem jetzt das Wasser im Munde zusammenläuft, besucht schnellstmöglich die Café-Konditorei Schallert in Höchst, die von Gault Millau und Jacobs mit der goldenen Kaffeebohne ausgezeichnet wurde. Sie ist nicht zu übersehen, gleich rechts vor dem österreichisch-schweizerischen Grenzübergang. Hier angekommen, empfängt einen noch vor dem Betreten des Hauses der Gassenverkauf für Eis. Sollten die Kinder nun gleich losquengeln und unbedingt eine Kugel Erdbeer, Vanille oder Banane wollen, so mögen die Eltern ihnen den Wunsch ohne Bedenken erfüllen, denn Schallerts hausgemachtes Eis enthält nur frische Früchte und andere beste Zutaten. Wenn nun die Kleinen beglückt sind, sind es auch gleich die Großen beim Anblick der Theke voller hausgemachter Pralinen und Trüffel und feinster handgeschöpfter Grand-Cru-Tafelschokoladen sowie einer großen Auswahl an Torten und Kuchen. Auch die sind selbstverständlich von den Konditoren nach allen Regeln der süßen Handwerkskunst gebacken. „Der Geschmack hat sich geändert. Heutzutage mögen's die Leute nicht mehr süß und schwer, sondern lieber leicht und gerne mit Früchten", erklärt Konditormeisterin Nicole Schneider-Schallert, die den renommierten Betrieb 2009 von ihren Eltern übernommen hat. Auch Hochzeitstorten bestehen mittlerweile nicht mehr unbedingt aus mehrstöckigen Zuckerkunstwerken, sondern sind eher schlicht und edel. Die Kunden schätzen es, dass immer einer der Schallerts persönlich an der Verkaufstheke oder im Café ist, man kennt sich oft schon seit Jahren und freut sich über ein paar persönliche Worte zum Baiser. Das Café Schallert ist auch ein beliebter Treffpunkt zum Frühstück oder Lunch. Aber zum Espresso danach ein hausgemachtes Pralinee auf der Zunge schmelzen lassen – das muss sein.

Schwäne mit Vanillesahne
Das Rezept zur Spezialität des Hauses finden Sie auf Seite 37

Café-Konditorei Schallert
Hauptstraße 1
A-6973 Höchst
☎ 00 43 (0) 55 78 / 7 57 52
www.cafeschallert.at

Lauterach

Restaurant Guth

*„Wer nach Vorarlberg kommt, will regionale Produkte genießen!
Es gibt ja nichts Schöneres als Wiener Schnitzel, Tafelspitz oder Innereien."*

Thomas Scheucher, Inhaber

Kirschrisotto mit Allgäuer Edelkrebsen und Thymian

Das Rezept zur Spezialität des Hauses finden Sie auf Seite 38

Wer an der Südküste des Bodensees entlang fährt Richtung Bregenz und sich unterwegs eine Freude machen will, der legt eine Pause in Lauterach ein, im hell und modern gestalteten Restaurant Guth. Patron Thomas Scheucher führt das Haus in der dritten Generation, Mutter und Schwester arbeiten ebenfalls im Familienbetrieb. Zielstrebig und ohne sich von gastronomischen Moden ablenken zu lassen, haben sie das Guth zu einem von den einschlägigen Guides empfohlenen Restaurants entwickelt. Hier findet man Gerichte auf der Karte, die nicht jedes Gourmetlokal wagt, den Gästen anzubieten: Kutteln in Riesling mit Parmesan überbacken, geröstete Kalbsleber mit Kartoffelrösti oder Beuschel (Lunge) in verschiedenen Varianten. Haubenkoch Scheucher hat die Innereien endgültig vom Ruf des Arme-Leute-Essens befreit. Eine weitere Spezialität sind Bodenseefische, die sich zum Beispiel als Zandergröstl mit Zitronen-Oliven-Gremolata und altem Balsamico auf dem Teller präsentieren. Scheucher legt großen Wert auf heimische Produkte, was ihn aber nicht von kulinarischen Ausflügen ans Mittelmeer oder nach Asien abhält. Alljährlicher Höhepunkt für seine vielen Stammgäste und Freunde des Hauses sind die Sommerfeste im weitläufigen Garten. Da serviert das eingespielte Team ein zehngängiges Picknickmenü, angerichtet in Spanholzkörben, oder lässt zum Carmenfest eine Sangria-Bar aus Hunderten von Eisblöcken in den spanischen Nationalfarben Rot und Gelb anfertigen – Flamencotänzerinnen um Mitternacht inklusive. Das klingt schon abgehoben. Dennoch, die Guth-Küche ist eine puristische, authentische Vorarlberger Küche mit fester regionaler Bodenhaftung. Luftsprünge machen hier allenfalls die Gäste.

Restaurant Guth
Wälderstraße 10
A-6923 Lauterach
☎ 00 43 (0) 55 74 / 7 24 70
www.restaurantguth.at

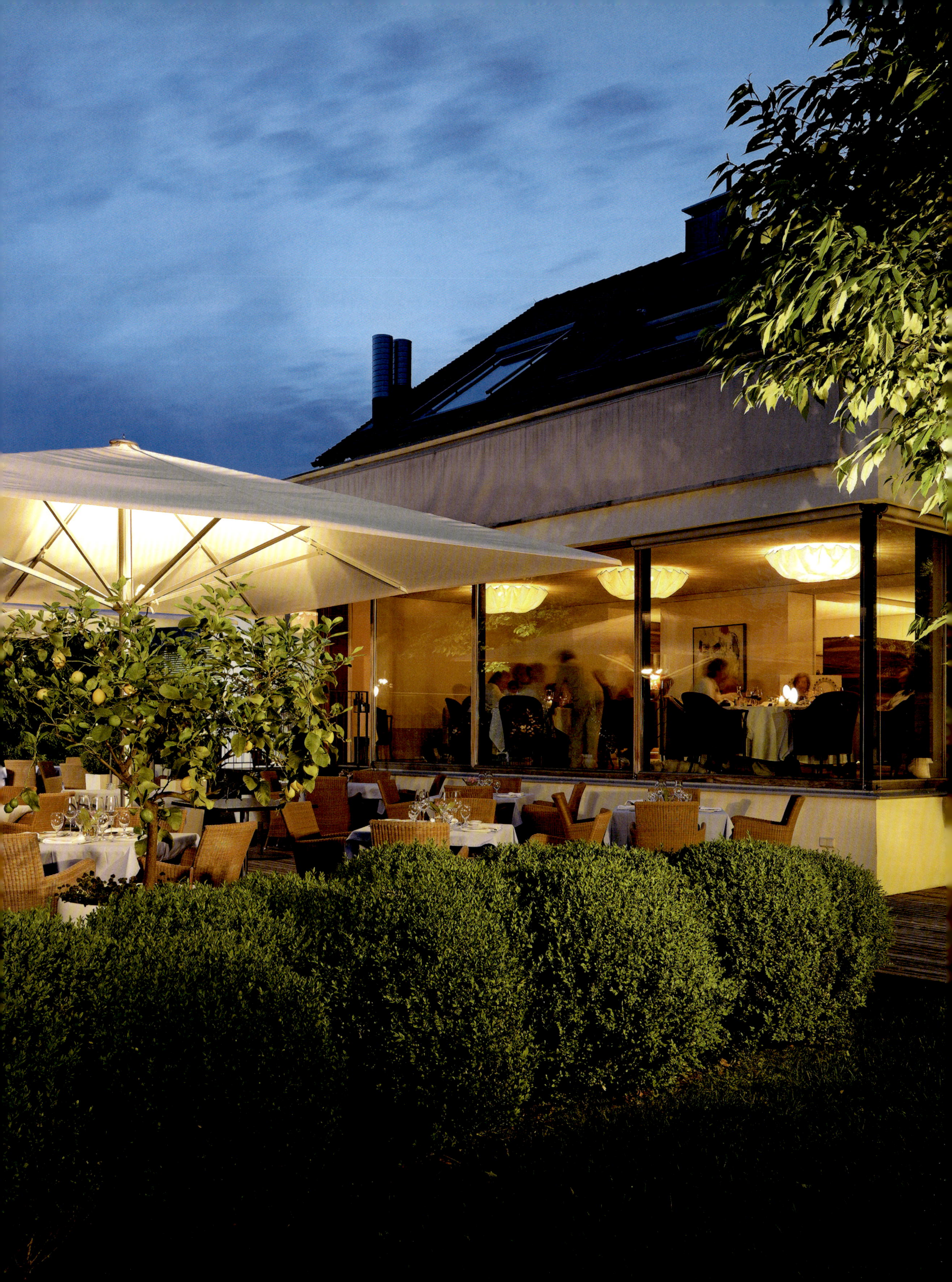

Quitte

Waldhimbeer

Pflaume

BrennerZauser
Kapuzinergasse 4
A-6900 Bregenz

FRUCHTBRAND

"Wir brennen schon seit der ersten Generation Edelbrände und betreuen unser ‚Kind' leidenschaftlich und liebevoll."

Ing. Walter Pfanner

Pfanner & Gutmann
Getränke

Lauterach

Zum Essen einen guten Wein, als Digestif ein edles Destillat – wer sich derart aufs Genießen versteht, ist vermutlich Stammkunde der Privatkellerei und Vinothek Pfanner & Gutmann in Lauterach oder wird es bald sein. Mehr als 700 Weine aus vier Kontinenten lagern hier, und jährlich kommen neue hinzu, wenn Walter Pfanner das vorangegangene Weinjahr beurteilt und neue Weingüter kennengelernt hat. Er pflegt viele langjährige Kontakte zu Winzern in aller Welt, die aus jedem Wein im Zusammenspiel mit Natur, Boden und Weinsorte ein Individuum machen. Zu seinen aktuellen Entdeckungen zählen unter anderem die Güter von Franz Hirtzberger aus Spitz/Wachau und das Weingut Leth aus Fels am Wagram, beide vom Gault Millau 2010 mit Bestnoten bewertet. Die fachkundige und freundliche Beratung in der Vinothek erleichtert Einsteigern ebenso wie Kennern die Wahl.

Walter Pfanners zweite Leidenschaft gilt edlen Bränden, die er in der hauseigenen Destillerie selbst brennt. Er kann auf den Erfahrungsschatz aus fünf Generationen zurückgreifen, denn schon sein Ur-Ur-Großvater verarbeitete Bodensee-Äpfel zu Obstbranntwein. Zwei Kriterien bestimmen die Qualität hervorragender Brände, erklärt Walter Pfanner: das beste Obst zum optimalen Zeitpunkt zu ernten und die Kunst des Destillierens, die darin besteht, nach dem zweimaligen Brennen nur das Herzstück, den Mittellauf eines Brandes zu behalten. Das erfordert sekundengenaues Arbeiten, viel Erfahrung und eine feine Zunge. Walter Pfanner wendet beim Destillieren ein traditionelles Brennverfahren an, das aus den Früchten besonders ausgeprägte sortentypische Aromen herausholt, das sogenannte Feinbrandverfahren, auch Doppelbrandverfahren genannt. Zu den Spezialitäten des Hauses zählt die Serie Der Edle, darunter Williams, Williams mit Bienenhonig, Marille, Kirsch, Himbeer, Vogelbeer, Quitte und Subirer. Dieses typisch Vorarlberger Produkt wird aus einer seltenen, besonders aromatischen alten Birnensorte gebrannt, die ursprünglich nur in Vorarlberg beheimatet war. Subirer hat einen hocharomatischen, herbsüßen

Geschmack und ein einzigartiges Aroma. Mit dieser Spezialität erzielten die heimischen Obstbrenner bei bedeutenden Edelbrand-Prämierungen die größten internationalen Erfolge. Die neueste Kreation aus dem Hause Pfanner ist ein Single Malt Whisky, drei Jahre lang im Holzfass gelagert, der erste in Vorarlberg gebrannte Whisky. Ein Hase ziert die Verpackung – eine Hommage an den Bewohner schottischer Torflandschaften und des Naturschutzgebietes Lauteracher Ried. Und nicht zuletzt ein Hinweis darauf, dass auch die fünfte Generation der Pfanner-Familie weiß, wohin der Hase läuft: 2006 wurde das Unternehmen vom Wirtschaftsblatt als bestes österreichisches Familienunternehmen ausgezeichnet.

Unter den Liebhabern edler Brände hat nicht nur der Name Walter Pfanner, sondern auch Johann Zauser einen herausragenden Ruf. Zehn Jahre lang in Folge wurde der Bregenzer Destillateur von der Vorarlberger Landwirtschaftskammer zum Brenner des Jahres gekürt. Nun möchte Johann Zauser mit einer ebenbürtigen Destillerie kooperieren und hat sich für die Privatdestillerie Hermann Pfanner entschieden. Pfanner & Gutmann wird in Zukunft unter dem Namen Zauser die Produktlinie weiterführen. Genuss der Sinne mit Frucht im Glas, so lautet das Motto der Zauser-Destillate mit gutem Grund, denn das Glas spielt für die Entfaltung der Fruchtaromen eine entscheidende Rolle. Es sollte einen hohen Stiel haben, nicht zu klein und leicht bauchig sein. Die Vinothek von Pfanner & Gutmann führt daher auch hochwertige Gläser und weitere Accessoires im Sortiment. Übrigens eine gute Geschenkidee für Menschen, die bei ihrer kulinarischen Entdeckungsreise durchs Ländle auch an ihre Freunde denken.

Pfanner & Gutmann Getränke GmbH
Alte Landstraße 10
A-6923 Lauterach
☎ 00 43 (0) 55 74 / 6 72 00
www.pfanner-weine.com

Pekingente – Bei Jing Kao Ya
(vereinfachte Form des Originalrezeptes)

Chen's Dining Bar, S. 21

Zutaten für 4 Personen
Ente 1 Ente (etwa 2 kg) – frisch vom Markt | 2–3 EL flüssiger Malzzucker (ersatzweise Honig)
Mandarin-Pfannkuchen 200 g Mehl | Sesamöl
Servieren 2 Bund Frühlingszwiebeln, in kurze Streifen geschnitten | Hoisin-Sauce, Pflaumensauce oder süße Bohnensauce

Zubereitung
In einem großen Topf reichlich Wasser zum Kochen bringen. Ente hineingeben und 5 Minuten kochen. Herausnehmen, abtrocknen und mit Malzzucker bestreichen. Eine Stunde an einem kühlen Ort aufhängen. Dann erneut bestreichen und 7 Stunden kühl aufhängen. Im auf 200 °C vorgeheizten Backofen mit der Brust nach oben auf den Rost über die Fettpfanne legen und 45 Minuten braten. Wenden und nochmals 45 Minuten braten. Für die Pfannkuchen Mehl mit etwa 100 Milliliter lauwarmem Wasser mischen und zu einem glatten, geschmeidigen Teig verarbeiten. Teigkloß mit feuchtem Tuch bedecken und 10 Minuten ruhen lassen. Teig auf einem bemehlten Küchenbrett zu einer Rolle von etwa 2,5 Zentimeter Durchmesser formen und in 16 Stücke schneiden. Teigstücke mit Öl bestreichen und zu runden, dünnen Fladen ausrollen. In etwas Sesamöl bei schwacher Hitze ausbacken, warm stellen.
Gebratene Ente in mundgerechte Stücke teilen. Zum Servieren je einen Pfannkuchen mit Entenfleisch und -haut, Frühlingszwiebeln und einer Sauce nach Wahl belegen, zusammenklappen und mit den Fingern essen.

Bodenseezanderfilet mit Spargel-Rahmnüdele und glaciertem Frühlingslauch

Best Western Premier Hotel Weisses Kreuz, S. 22

Zutaten für 4 Personen
Spargelrahmnüdele 100 g Nudeln (Linguine) | 4 Stangen weißer Spargel, gekocht und in Stücke geschnitten | ¼ l Spargelfond | 1 TL Butter | 125 ml Weißwein | ¼ l Sahne | 1 Schalotte, in feine Würfel geschnitten
Zanderfilet 640 g Zanderfilet mit Haut | Limonenöl
Frühlingslauch 8 Stangen Frühlingslauch | 1 Thymianzweig | Salz

Zubereitung
Nudeln kochen, abschütten und abtropfen lassen. Schalotte in Butter anschwitzen, mit Weißwein ablöschen und zur Hälfte einreduzieren. Spargelfond und Sahne dazugeben und abschmecken. Spargelstreifen in die Rahmsauce geben und mit den Nudeln durchschwenken.
Das Zanderfilet in 8 gleiche Stücke schneiden und in Limonenöl mit der Hautseite nach unten braten. Circa 4 Minuten ruhen lassen. Frühlingslauch kurz blanchieren und in etwas Butter einglacieren. Würzen mit Salz und Thymian. Spargelnudeln in der Mitte vom Teller dekorativ aufdrehen. Zanderfilet links und rechts der Nudeln anrichten und den Frühlingslauch darauf platzieren.

💡 Zur Dekoration kleine Cocktailtomaten mit dem Frühlingslauch kurz in der Pfanne anbraten!

Solomillo Iberico im Baumnusscrêpe mit Bohnenpüree und Schmorkartoffeln

Casino Restaurant, S. 26

Zutaten für 4 Personen

Schweinefilet und Farce 600 g Iberico Schweinefilet, sauber zugeputzt | 100 g Kalbsbrät | 50 g gehackte Walnüsse | 1 EL Butterschmalz | Salz, Pfeffer
Crêpeteig 150 g Milch | 1 EL Walnussöl | 75 g glattes Mehl | 2 Eier | Salz, Pfeffer
Bohnenpüree 100 g getrocknete weiße Cocobohnen, über Nacht in Wasser eingeweicht | 250 g Gemüsefond | 1 Rote Spitzpaprika, geröstet, enthäutet, in Rauten geschnitten | 75 g Chorizo | 1 Lorbeerblatt | Bohnenkraut, fein gehackte Blattpetersilie | Salz, Pfeffer aus der Mühle
Kartoffeln 20 Mini-Grenaille-Kartoffeln, sauber gewaschen | 2 El Olivenöl | 1 Zweig Rosmarin | grobes Meersalz
Zum Anrichten 200 ml dunkler Kalbsfond | Fleur de Sel

Zubereitung

Brät und Nüsse zu einer Farce mischen und würzen. 4 dünne Crêpes zubereiten, diese dann mit der Farce dünn einstreichen. Fleisch damit einrollen und in Frischhaltefolie straff einpacken, 1 Stunde im Kühlschrank ruhen lassen. Auspacken, goldbraun auf allen Seiten in Butterschmalz anbraten. Im vorgeheizten Ofen bei 170 °C circa 13 Minuten rosa garen, anschließend 5 Minuten ruhen lassen.
Bohnen abseihen, in reichlich Wasser mit Lorbeerblatt und Bohnenkraut ohne Salz weichkochen, abseihen. Fond dazugeben, pürieren, am Schluss Paprika und Chorizo dazugeben, abschmecken.
Kartoffeln salzen und mit Rosmarin in Olivenöl im Ofen bei 170 °C circa 30 Minuten schmoren.
Beim Anrichten alles mit etwas Fleur de Sel bestreuen, Kalbsfond rundherum geben.

Schwäne mit Vanillesahne

Café-Konditorei Schallert, S. 29

Zutaten für circa 30 Stück

Brandteig 100 ml Wasser | 100 g Butter | 100 g Mehl | 3 Eier | 1 Prise Salz
Schwanenhals und -kopf Brandteigmasse | Kakao | dunkle Schokolade
Vanillesahne 250 ml Milch | 30 g Zucker | 20 g Cremepulver | 1 Vanilleschote | Rum nach Belieben | 2 Blatt Gelatine | 300 g geschlagene Sahne
Zum Anrichten Puderzucker

Zubereitung

Für den Brandteig Wasser mit Butter und Salz in einer Kasserolle aufkochen. Mehl unter ständigem Rühren einkochen und abrösten, bis sich die Masse vom Geschirr löst. Teig auf circa 40 °C abkühlen lassen. Eier nach und nach einrühren. Teig tropfenartig auf das Blech dressieren. Bei 210 °C backen.
Für den Schwanenhals mit Kopf: Teig mit einer Lochtülle (Durchmesser 2 Millimeter) als Kopf dressieren. Für den Schnabel den Brandteig mit Kakao einfärben und dazu dressieren. Bei schwächerer Hitze (etwa 165 °C) in circa 20 Minuten goldbraun backen, die ersten 10 Minuten das Backrohr nicht öffnen. Auskühlen lassen und auf beiden Seiten aus Schokolade die Augen dressieren.
Für die Vanillesahne die Milch mit halbierter Vanilleschote aufkochen. Vanilleschote ausschaben. Cremepulver mit Zucker vermischen. Ein Drittel der kochenden Milch zum Vanillecremepulver-Zucker-Gemisch geben und verrühren. Gemisch zügig in die restliche kochende Milch geben und unter ständigem Rühren nochmals kurz aufkochen lassen. Mit Rum abschmecken. Aufgeweichte Gelatine zugeben und abkühlen lassen. Zum Schluss die geschlagene Sahne unterheben.
Fertig abgekühlte Brandteig-Tropfen der Länge nach halbieren. Für die Flügel die obere Hälfte wiederum halbieren und mit Puderzucker bestäuben. Nun die untere Brandteighälfte mit Vanillesahne füllen und den Schwan fertig zusammensetzen.

Kirschrisotto mit Allgäuer Edelkrebsen und Thymian

Restaurant Guth, S. 30

Zutaten für 2 Personen

Krebssud 12 Edelkrebse | ½ Stange Lauch | 1 Karotte | 1 kleine weiße Zwiebel | 1 Staudensellerie | 1 Petersilienwurzel | 250 ml Weißwein | 3 l Wasser | Salz
Kirschfond 150 g Herzkirschen, entsteint | 14 g Kristallzucker | 2 cl roter Portwein | 100 ml Rotwein | 100 ml Kirschsaft | Saft von 1 Orange | Saft von ½ Zitrone | ½ Sternanis | ¼ Zimtstange | 2 Scheiben frischer Ingwer
Risotto 160 g Risottoreis (Superfino Carnaroli – Azienda Agricola La Gallinella) | 2 Schalotten | 2 EL Olivenöl | 60 ml Weißwein | etwa ½ l Gemüse- oder Geflügelfond | 1 EL geriebener Parmesan | 1 nussgroßes Stück Butter | 4 Thymianzweige, frisch, gerebelt | Salz | weißer Pfeffer aus der Mühle

Zubereitung

Die Krebse in den kochenden, leicht gesalzenen Sud geben, aufkochen und im Sud auskühlen lassen. Danach ausbrechen und vom Darm befreien. Für die weitere Verwendung bereitstellen.

Für den Kirschfond den Zucker in einer Kasserolle karamellisieren, mit Port- und Rotwein ablöschen, Zitrussäfte und Kirschsaft mit den Gewürzen beigeben und etwas einkochen lassen, danach die Kirschen zugeben und einmal aufkochen lassen. Sofort vom Herd nehmen und erkalten lassen. Die Kirschen müssen noch Biss haben.

Schalotten würfeln und in Olivenöl andünsten. Den Risottoreis hinzugeben und ebenfalls kurz andünsten. Mit Weißwein ablöschen und unter Rühren immer wieder etwas Brühe angießen. Mit den Gewürzen abschmecken und am Ende Butter und Parmesan unterrühren, sodass eine cremige Masse entsteht. Die Reiskörner sollten aber noch bissfest sein.

Zum Anrichten je Portion 1 Esslöffel Kirschen mit etwas Kirschsud und den Krebsen unter den heißen Risotto geben.

Bregenzer Fischsuppe

Rezepttipp aus dem Verlag

Zutaten für 4 Personen

500 g Bodenseefischfilets nach Geschmack, entgrätet, ohne Haut | 750 ml Fischfond oder Fischsuppe | 200 ml trockener Weißwein | 6–8 Cocktailtomaten | 2–3 Weißbrotscheiben | 1 EL Kerbel, gehackt | einige Safranfäden | Salz, Pfeffer | Butter zum Anrösten

Zubereitung

Die sorgfältig entgräteten Fischfilets in mundgerechte Stücke teilen. In einem Topf den Fischfond beziehungsweise die Fischsuppe gemeinsam mit dem Weißwein und den Safranfäden aufkochen lassen. Fischstücke einlegen, Hitze sofort reduzieren und je nach gewünschtem Gargrad maximal 10 Minuten knapp unter dem Siedepunkt ziehen lassen. Währenddessen die Cocktailtomaten kurz mit heißem Wasser überbrühen, Haut abziehen und geschälte Tomaten 3 Minuten vor Garungsende zur Suppe geben. In einer kleinen Pfanne das würfelig geschnittene Weißbrot in etwas Butter knusprig rösten. Fertige Fischsuppe mit Salz und Pfeffer abschmecken, vorsichtig in vorgewärmte Suppenteller füllen, Croûtons und frisch gehackten Kerbel darüber streuen und servieren.

Wenn man die Fischmenge in etwa verdoppelt und noch verschiedene Gemüsewürfel nach Geschmack hinzugibt, wird aus der Fischsuppe schnell eine ausgiebige Hauptmahlzeit.
Dazu kann man gerne auch Salzkartoffeln und Blattsalate servieren.

Die Seebühne des Bregenzer Festspielhauses mit dem Bühnenbild von AIDA

Bizau

Architektur in Vorarlberg: Hingucker in Holz

Was haben Aufbahrungshallen, Proberäume für Musiker und Feuerwehrhäuser gemeinsam? Dass sie in aller Regel wenig Anlass zur Aufregung oder Begeisterung bieten. Anders in Vorarlberg, dem Mekka von Architekten und Architektouristen aus aller Welt.

Vorarlberg sei „the most progressive part of the planet when it comes to new architecture" lobpreist das Magazin Wallpaper. Und das liegt nicht nur an weltberühmten Bauten wie dem Kunsthaus und dem Festspielhaus in Bregenz, sondern auch an der Aufbahrungshalle in Batschuns oder dem Gemeindehaus Andelsbuch oder dem Musikhaus Röthis. Alles Bauten, die mit Architekturpreisen ausgezeichnet und von der Bevölkerung unterstützt und angenommen werden. In jedem Vorarlberger Dorf, in den Städten sowieso, stehen Bauten, die echte Hingucker sind. Schlicht und einfach. Einfach genial. Für beinahe jedes neue Feuerwehrhaus, Schwimmbad, Pflegeheim oder Buswartehäuschen wird ein Architektenwettbewerb ausgeschrieben. Und wenn sich der erste Preis als zu teuer erweist, werden Mittel und Wege gefunden, ihn dennoch zu verwirklichen, denn mit dem Zweitbesten gibt man sich nicht zufrieden. Das kann dann bedeuten, dass die Bürger der Gemeinde beim Bau der mit aufwendiger Stampflehmtechnik gefertigten Aufbahrungshalle selbst mitarbeiten – schließlich nutze auch jeder die Halle irgendwann einmal, so das Argument. Wie in keinem anderen Bundesland leisten sich auch kleine Gemeinden mit wenigen Tausend Einwohnern zumindest einen auswärtigen Architekturexperten, der Entscheider und Bauherren berät. Von den in ganz Österreich tätigen rund 50 Gestaltungsbeiräten arbeitet die Hälfte allein in Vorarlberg. Aufgabe der Beiräte ist es, durch unabhängige Empfehlungen die Qualität des Stadtbildes und der Architektur zu wahren.

Da selbst die Schulen in Vorarlberg Designerbauten sind, lernen die Vorarlberger von klein auf, was gute Architektur ist. Das Fernsehen hat das Thema massentauglich gemacht: In der Sendung plus/minus diskutierte der Architekt Roland Gnaiger jahrelang baulich besonders ge- oder misslungene Häuser und löste damit angeregte Diskussionen in Leserbriefen, im Freundes- und Kollegenkreis aus. So wurden die Menschen zwischen Bregenz und Bartholomäberg architektonisch zunehmend mutiger: In Lustenau gilt ausgerechnet ein Gewerbegebiet, der Millenniumspark, als architektonische Sehenswürdigkeit, denn er umfasst eine Ansammlung futuristisch gestalteter Büro- und Lagerhäuser. Sehenswert auch das ufo-artige Gebäude einer Wohnungsbaugesellschaft in Lauterach, die an ein „Fernrohr des Bauern" erinnernde Molkerei in Egg oder die ausgestreckte Liftstation der Seilbahn Vandans-Tschagguns. Gläserne Transparenz zeichnet die Feuerwehrzentrale in Hittisau und das Pfarrheim in Satteins aus. Viel Glas und Holz in schlichter Harmonie geben den Rahmen für die Schule in Doren, und im Polizeirevier Bregenz scheut man sich nicht vor demonstrativen Ecken und Kanten. Besonders gewagt ist die Erweiterung des Traditionshotels Gams in der 2 000-Einwohner-Gemeinde Bezau. Das Haupthaus stammt aus dem Jahr 1648 und ist ein sehenswerter Klassiker der Bregenzerwälder Holzarchitektur. Dahinter steht nun ein karger Rundbau aus Beton, umschlossen von Holzlamellen – ein mutiger Kontrast von Tradition und Moderne.

Egg

Architektur in Vorarlberg

Alberschwende

Bizau

Hand in Hand mit den Architekten arbeiten Handwerker. Gerade im Bregenzerwald bemerkt der aufmerksame Reisende eine Art eigenen Dialekt von Bauten und Möbeln, ist erstaunt über die Vielzahl der Objekte mit ähnlicher Haltung, vernimmt eine eigene Formensprache: die Sprache des Werkraums Bregenzerwald. Der Werkraum Bregenzerwald ist eine 1999 gegründete Vereinigung von derzeit 85 Handwerkern, darunter Tischler und Holz verarbeitende Betriebe, Polsterer, Steinmetze, Metallbauer, Sanitärtechniker, Fliesenleger. „Entstanden ist eine selbstbewusste, eigen-sinnige Alternative zur Globalisierung des (schlechten) Geschmacks, die sich gleichermaßen der ästhetischen Moderne wie der Tradition der eigenen Region verpflichtet weiß", schreibt Renate Breuß, Geschäftsführerin des Werkraums Bregenzerwald. Der Verein unterhält in Schwarzenberg das Werkraum Depot, eine gemeinsame Ausstellungsplattform für Möbel und Objekte aus dem Bregenzerwald. Die Mitglieder zeigen hier Möbel und Gegenstände des täglichen und nützlichen Gebrauchs – Tische, Stühle, Schuhe, Schaukeln, Sofas, Truhen, Polster. „Alle guten Dinge haben etwas Lässiges und liegen wie Kühe auf der Wiese", schrieb Friedrich Nietzsche. Die schönen behornten Kühe des Bregenzerwaldes geben ihm recht.

Bizau

CHEVALIER
SZAPARY
POSEIDON
VOGELSANG
VINI D'ITALIA 1999
GESELLMANN
GESELLMANN

Eichenberg

Hotel-Restaurant Schönblick

"Wir leben und arbeiten im Einklang mit der Region."

Karlheinz Hehle, Küchenchef und Inhaber

Wenn eine Lokalität den Namen Schönblick wirklich zu Recht trägt, dann diese. Hoch über Bregenz, am südlichen Hang des Pfänders liegt der anmutige kleine Ausflugsort Eichenberg und das Vier-Sterne-Hotel der Familie Hehle ist so platziert, dass der Ausblick aus dem Restaurant und von der Terrasse nur als grandios bezeichnet werden kann: Der Bodensee liegt dem Betrachter zu Füßen und der Blick schweift unbegrenzt bis zum Rheintal, nach Konstanz und zum Appenzeller Hausberg, dem Säntis.

Viel zu schwärmen gibt es aber auch bei den substanziellen Dingen im Schönblick. Wer hier heraufkommt – und da gibt es viele „Wiederholungstäter" –, tut das schließlich nicht nur wegen der schönen Aussicht, sondern in erster Linie aufgrund der ausgezeichneten Küche. Hausherr Karlheinz Hehle fühlt durch und durch regional. Fleisch und Gemüse werden wie der Speck vor Ort eingekauft. Ebenso der Käse – Eichenberg liegt immerhin auf dem Bregenzer Käsewanderweg. Und dass das Wild aus heimischen Wäldern stammt, ist ebenfalls keine Frage. Karlheinz Hehle versteht sich nebenbei als Botschafter des regionalens Weines: Die äußerst umfangreiche Schönblick-Weinkarte umfasst Bodenseeweine aus Provenienzen aller vier Anrainerstaaten. Das großzügig angelegte, dennoch gemütlich wirkende und geschmackvoll eingerichtete Restaurant ist zweifelsohne ein Ort kulinarischer Offenbarungen. Wunderbar das Rinds-Entrecôte in Bergkäse-Kräuterkruste. Und natürlich die Vorarlberger Käsesuppe! Eine Besonderheit des Hauses sind kommentierte Degustationen, die den Gast in die Genuss-Symbiose von Wein und Käse einführen. Die Nähe zur Festspielstadt Bregenz, aber auch die „kulturelle Ader" der Familie Hehle bringt es zudem mit sich, dass hier über's Jahr so manche interessante Veranstaltung Einzug hält: darunter regelmäßig ein Streichquartett der Wiener Symphoniker. Kultureller und kulinarischer Genuss unter einem Dach.

Schokoladen-Nuss-Brownies mit Toffee-Schaum

Das Rezept zur Spezialität des Hauses finden Sie auf Seite 54

Hotel Restaurant Schönblick
Dorf 6
A-6911 Eichenberg
☎ 00 43 (0) 55 74 / 4 59 65
www.schoenblick.at

Brauereigasthof Reiner

„Wir sind ein alteingesessenes Gasthaus mit bodenständiger Vorarlberger Hausmannskost, wie man es nicht mehr so oft findet."

Philipp Rainer, Inhaber

Geschmorte Kalbsbäckle
Das Rezept zur Spezialität des Hauses finden Sie auf Seite 54

Es gibt sie noch, die guten Dinge. Dieser Satz kommt einem spontan in den Sinn, sobald man im Brauereigasthof Reiner vor einem Teller mit zwei großen duftenden Speckknödeln sitzt. Oder einem traditionellen Rindsgulasch mit Semmelknödel oder einem knusprigen Spanferkelhäxle an Reiner-Bier-Sauce, einer der Spezialitäten des Hauses, begleitet von einem Glas des hauseigenen, würzigen Biers. Es gibt einfach nichts Besseres nach einem langen Arbeitstag, ganz gleich, ob man den am Schreibtisch oder auf der Baustelle verbracht hat. Denn hier treffen sie sich, der Bankdirektor und der Arbeiter im Blaumann, genau wie früher. Im vergangenen Jahrhundert hat es in Vorarlberg noch viele solcher Gastwirtschaften gegeben, aber nach und nach sind sie verschwunden. Welch ein Glück, dass Gastgeber Philipp Rainer in seinem Haus diese gute Tradition beibehält und echte Vorarlberger und österreichische Küche serviert, deftig und reichlich. Das große, teils bewachsene und von einem Garten umgebene Haus stammt aus dem 18. Jahrhundert und diente ursprünglich als Gerichtsgebäude. Bei der Renovierung hat man glücklicherweise die alten Vorarlberger Holzvertäfelungen beibehalten, die den Räumen ihre warme Gemütlichkeit verleihen. Umso besser, dass die Gäste im Brauereigasthof Reiner auch gleich übernachten können, in einem der sechs modernen Gästezimmer im zweiten Stock, die von einer Vorarlberger Künstlerin individuell gestaltet wurden. Das hat den großen Vorteil, dass man sich täglich aufs Neue freuen darf auf Wiener Schnitzel, Spinat-Schafskäse-Strudel, Tafelspitz oder die 24 Stunden lang geschmorten Kalbsbäckle. Und zum Nachtisch: Apfelküchle mit Vanilleeis.

Brauereigasthof Reiner
Philipp Rainer Gaststätten- und Beherbergungs-GmbH
Hofriedenstraße 1
A-6911 Lochau
☎ 00 43 (0) 55 74 / 4 42 22
www.reiner-lochau.at

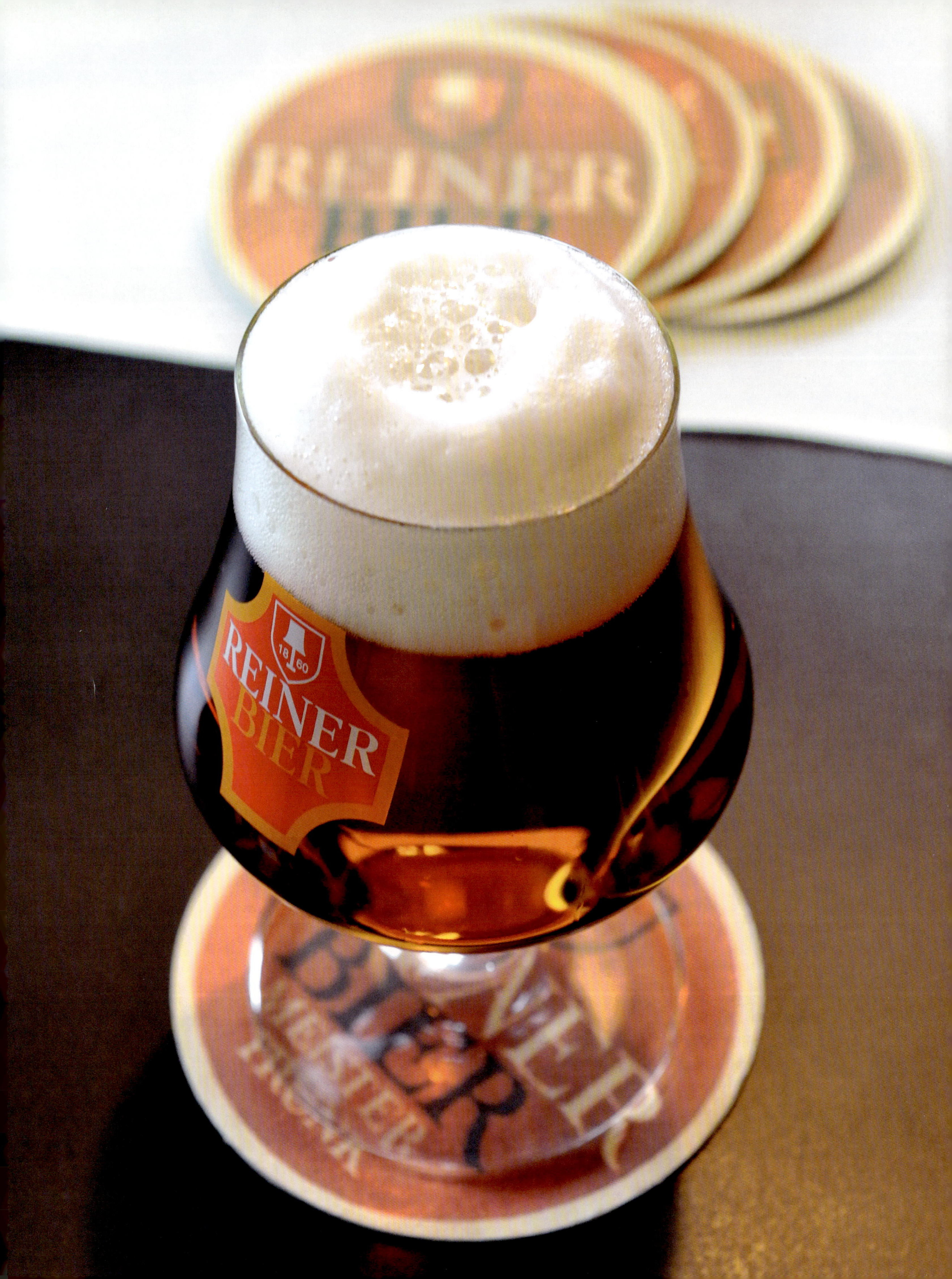
REINER
BIER

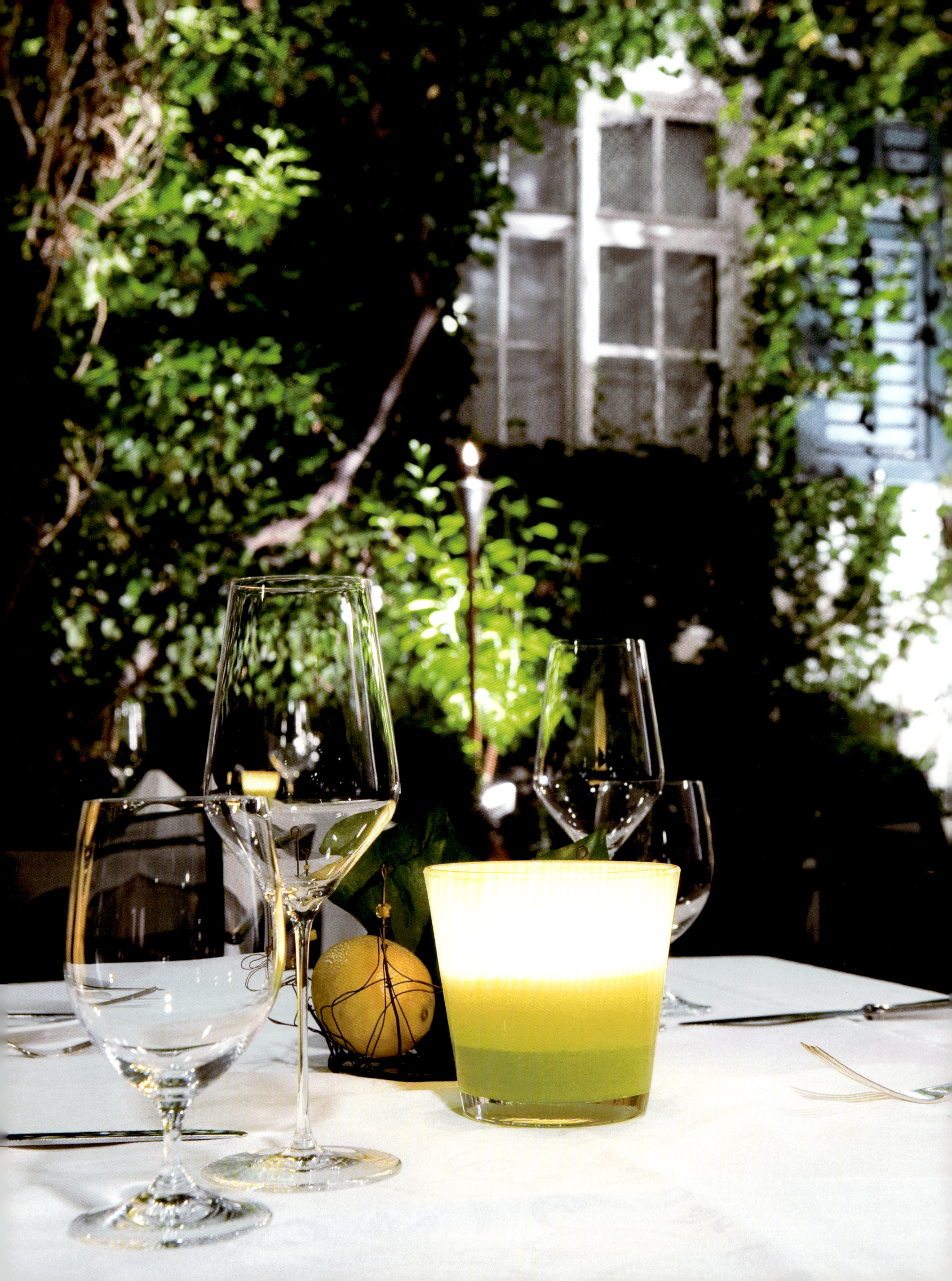

„Man muss sich was trauen beim Kochen!"

Michael Schwarzenbacher, Chefkoch

Restaurant Mangold

Es gibt mindestens zwei gute Gründe, die 5 300-Einwohner-Gemeinde Lochau am Ufer des Bodensees zu besuchen: den Aussichtsberg Pfänder und das Gourmetrestaurant Mangold, ausgezeichnet vom Gault Millau 2010 mit 16 Punkten. Ein rundum gelungener Tag könnte daher mit einer Wanderung auf dem Pfänder beginnen und mit einem Menü im Mangold den haubengekrönten Abschluss finden. Die Gastfreundschaft des Hauses spürt man bereits beim Eintreten, wenn einer der Servicemitarbeiter die Gäste überaus aufmerksam und freundlich begrüßt. Das Mangold hat rund hundert Plätze und Gastgeber Michael Schwarzenbacher legt Wert darauf: „Alle sollen glücklich sein." Damit meint er nicht nur die Gäste, sondern auch Familie und Mitarbeiter, wobei das im Familienbetrieb ineinander übergeht, denn auch Ehefrau Andrea, die Schwiegereltern, die das Haus aufgebaut haben, und Souschef und Schwager Thomas Mangold arbeiten mit – und die drei kleinen Kinder naschen wohl auch mal aus dem Topf. Service und Küche arbeiten hier perfekt zusammen, und besonders erfreut ist das Team, wenn manch einer der zahlreichen Stammgäste sein Vertrauen zeigt mit der Bitte: „Kocht was!" Denn die Freunde des Hauses schätzen die Leidenschaft von Patron Schwarzenbacher für zeitgemäße Küche auf höchstem Niveau, für ungewöhnliche und spannende Kombinationen aus See und Land, beispielsweise geräucherten Bodensee-Aal mit Tatar vom Bregenzerwald-Kalb, kombiniert mit Sauerampfereis. Bekanntes mit Unbekanntem, Traditionelles mit Gewagtem. Und wenn die Gäste das Mangold verlassen, sind sie tatsächlich ein bisschen glücklicher.

Restaurant Mangold
Pfänderstraße 3
A-6911 Lochau
☎ 00 43 (0) 55 74 / 4 24 31
www.restaurant-mangold.at

Wirtshaus Messmer

„Das Wort Dienstleistung nehmen wir sehr ernst: Wir wollen dem Gast mit hervorragender Küche dienen und ihm möglichst jeden Wunsch erfüllen."

Stefan Müller, Pächter

Gebratenes Seesaiblingsfilet auf Tomaten-Zucchini-Gemüse, Rieslingsauce und Rucolanudeln

Das Rezept zur Spezialität des Hauses finden Sie auf Seite 55

Zu den Zeiten, als Autos noch so selten waren wie heutzutage ein echtes, ehrlich gebackenes Brot, da konnte man vor dem Wirtshaus Messmer in Lochau die Limousinen in Reih und Glied stehen sehen. Wer etwas auf sich hielt, speiste bei Messmers. Heute erregen die Limousinen kein Aufsehen mehr – die Küche jedoch unverändert. „Wir sind ein sehr traditionsreiches Haus", erklärt Stefan Müller, der heutige Pächter, und man merkt, wie ihm die Bewahrung der Tradition am Herzen liegt. Das hat nichts mit Verklärung vergangener Zeiten zu tun, sondern mit guter Küche. Die fängt bei Brot und Kuchen an und ist beim beliebten Messmer Ochsenmaulsalat noch lange nicht am Ende. Zwiebelrostbraten, geschnetzelte Kalbsleber, Kässpätzle, Wolfsbarsch: ausnahmslos alles handwerklich selbst gebacken und gekocht. Vor dieser Art von Wirtshausküche möchte man den Hut ziehen – wenn man denn einen trüge. Der Weinkeller birgt eine wahre Schatztruhe an überwiegend österreichischen Weinen. Mehrere teils denkmalgeschützte Gaststuben verströmen ihren jeweils ganz eigenen Charme, und jede scheint Geschichten zu erzählen über Herren und Knechte, über Banker und Bauarbeiter, die damals wie heute zufrieden und glücklich hier gegessen haben mit dem festen Vorsatz: Ich komme bald wieder. Die Raucher können im begehbaren Humidor ihre Cohiba oder Davidoff wählen und sie dann in der großzügigen Zigarrenlounge in Ruhe genießen, am offenen Kamin sitzend, bei einem Glas Cognac. Und weil sich gute Küche und gute Kultur gerne verbandeln, lädt Stefan Müller an jedem ersten Donnerstag im Monat zum Lochauer Kunstkeller ein, zu Kleinkunst, Comedy, Musik und Literatur. Zwei künstlerisch gestaltete Doppelzimmer vollenden das gastfreundliche Angebot des Hauses Messmer.

Wirtshaus Messmer
Landstraße 3
A-6911 Lochau
☎ 00 43 (0) 55 74 / 4 41 51
www.wirtshaus-messmer.at

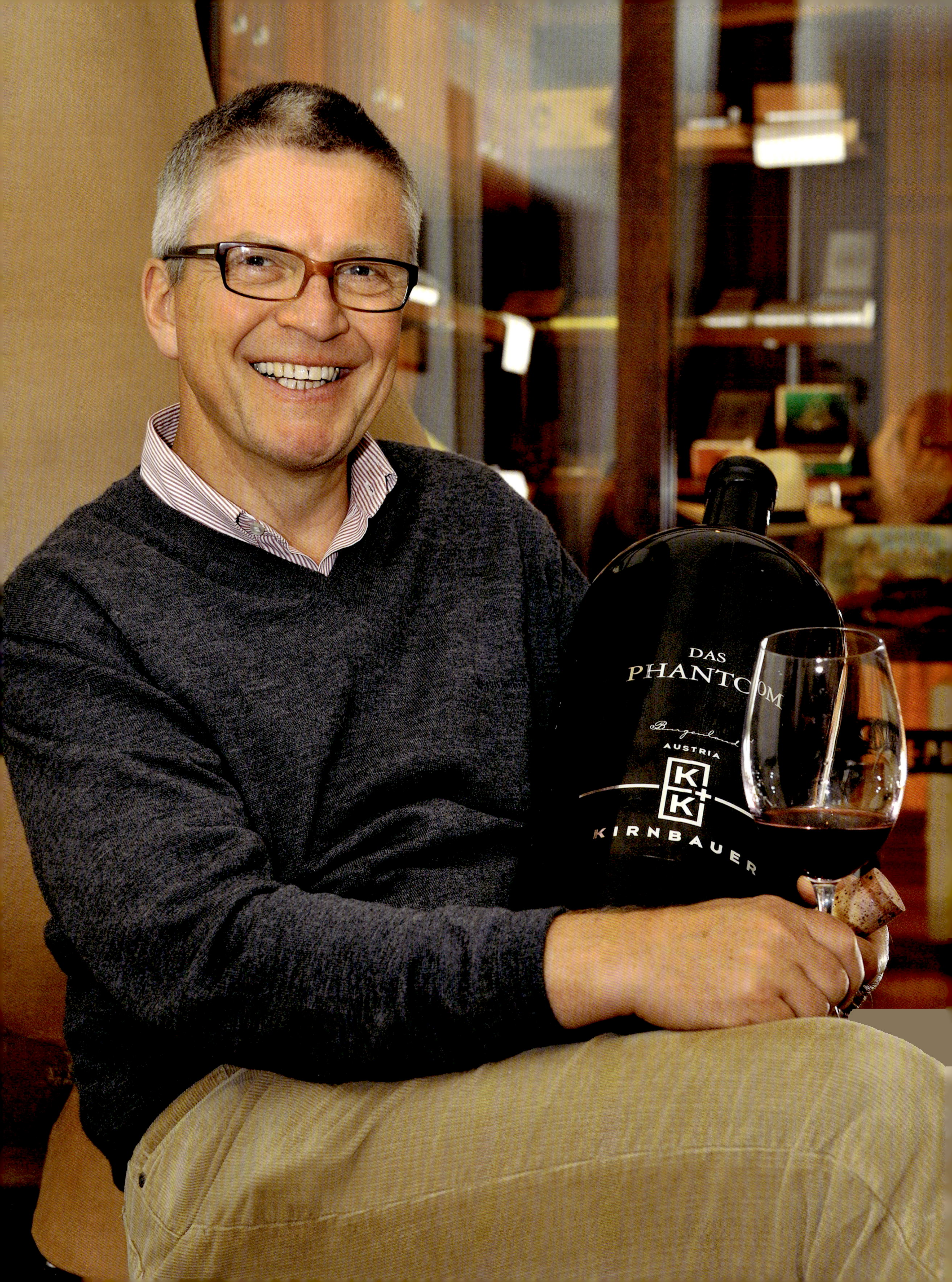
DAS
PHANTOM
AUSTRIA
K+K
KIRNBAUER

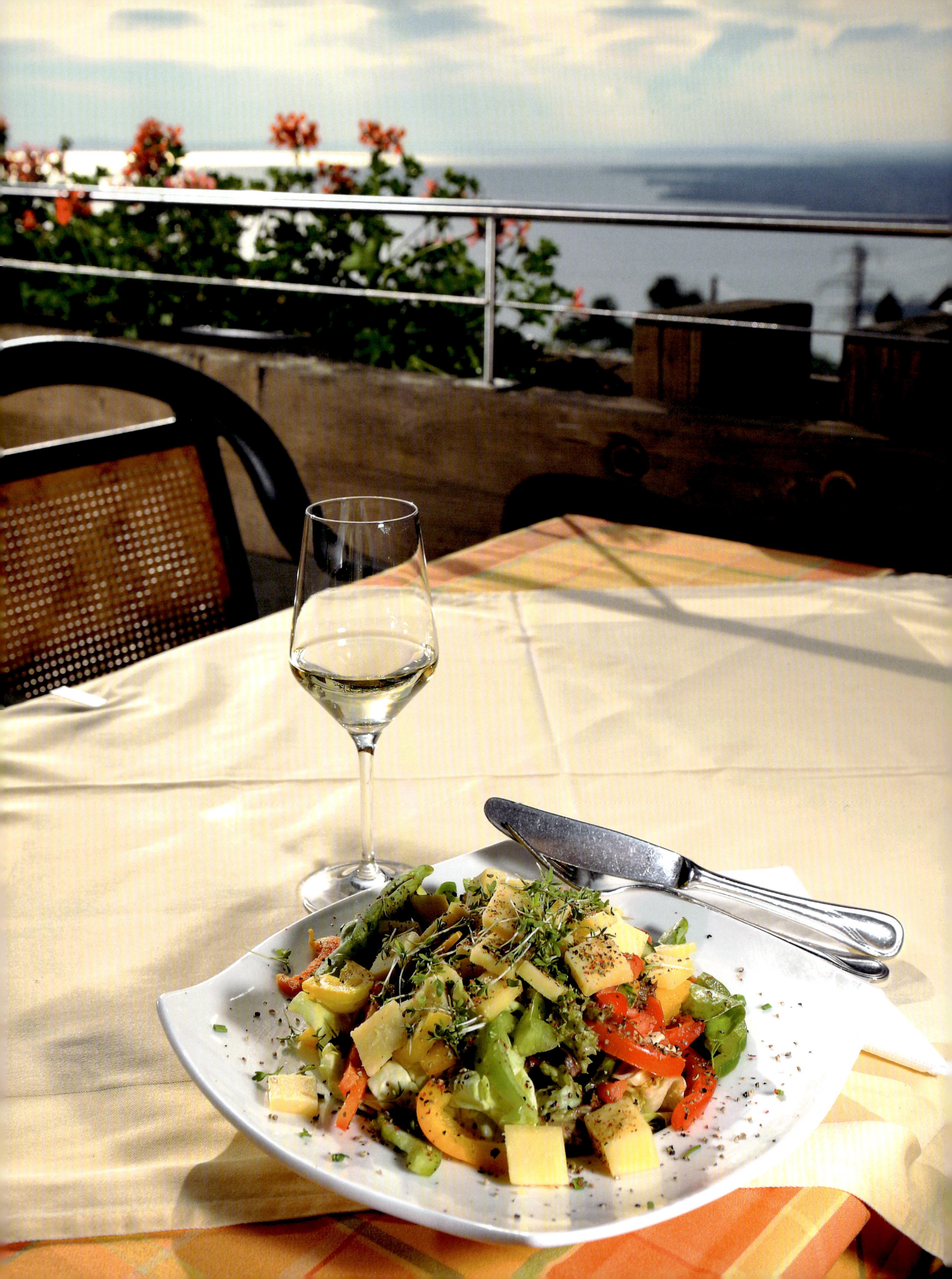

Lochau

Berggasthof Fritsch

„Ich habe Respekt vor der Arbeitsleistung der Produzenten und meiner Mitarbeiter und auch vor meiner eigenen Leistung."

Thomas Fritsch, Inhaber

Von oben betrachtet, sieht die Welt gleich viel freundlicher aus. Ganz besonders, wenn man auf 760 Metern Höhe den weiten Blick auf den Bodensee und das Dreiländereck auf sich wirken lässt. Das mag an der frischen Höhenluft liegen, in der das Blau des Himmels, das Dunkelgrün des Waldes und die saftig grünen Wiesen besonders klar leuchten. Inmitten dieser zauberhaften Natur liegt der Berggasthof Fritsch. In dem gemütlichen Gasthof erwartet die Gäste eine exzellente Küche, bodenständige Hausmannskost auf hohem Niveau: Lammgerichte in ungewöhnlich großer Auswahl (Beuschel, Tafelspitz, Haxe und Rücken), dann je nach Saison Spargel, Fisch, Wild und natürlich die Klassiker Wiener Schnitzel, Kässpätzle, Speckgröstl. Die Zutaten stammen weitgehend aus der Nachbarschaft. „Unser Bergkäse hat das Tal noch nicht gesehen, da er direkt vom Pfänder geliefert wird", erklärt Thomas Fritsch. Eine ehrliche Küche, alles hausgemacht versteht sich, „da wissen wir, was drin ist". Die gut sortierte Weinkarte zeugt von der hohen Qualität österreichischer Weine. 70 Plätze bietet das geräumige Haus, weitere 120 auf der Sonnenterrasse und einige geschmackvoll-gemütlich gestaltete Zimmer für diejenigen, die die schöne Natur und die gute Küche ein wenig länger genießen möchten. Die Eltern von Thomas Fritsch, Franz und Resi, packen tatkräftig mit an im großen Familienbetrieb, zu dem auch Seminarräume, eine kleine Landwirtschaft mit vier Mutterkühen und eine Sägerei gehören – sogar die Holzbretter der neuen Terrasse sind selbst gezimmert. Alle haben hier ihre Aufgabe: Bruder Franz ist Küchenchef, Schwester Beate und Schwägerin Monique leiten den Service, Ehefrau Diana managt das Büro, und auch die Kinder machen sich nützlich: als Sonnenschein und Wirbelwind.

Wildhase mit Scampi

Das Rezept zur Spezialität des Hauses finden Sie auf Seite 55

Berggasthof Fritsch
Buchenberg 10
A-6911 Lochau
☎ 00 43 (0) 55 74 / 4 30 29
www.fritsch.co.at

Schokoladen-Nuss-Brownies mit Toffee-Schaum

Hotel Restaurant Schönblick, S. 45

Zutaten für 8 Portionen

Schokoladen-Nuss-Brownies *275 g Schokolade | 275 g Butter | 325 g Zucker | 4 Eier | 175 g Mehl | 170 g Schokoladeraspeln | 125 g Nüsse nach Wahl*

Toffee-Schaum *100 ml Toffee-Likör | 100 ml Sahne*

Zubereitung

Eier leicht aufschlagen. Schokolade zusammen mit der Butter schmelzen und langsam in die Ei-Masse einrühren. Nacheinander Zucker, Mehl, Schokoraspeln und Nüsse (z. B. Pistazien) unter die Schoko-Ei-Masse heben. Blech mit Backpapier auslegen, Masse daraufstreichen.
Bei 170 °C circa 30 Minuten backen. Mit Formen nach Wahl ausstechen.
Für den Toffee-Schaum den Toffee-Likör mit der Sahne mischen. In einen geeigneten Sahnesyphon geben, eine Gaspatrone einfüllen – gut schütteln, portionsweise in kleine Schälchen sprühen und nach Belieben Waffeln und Schokoladenplättchen hineinstecken.
Brownies und Toffee-Schaum gemeinsam mit eingelegten Früchten der Saison auf einem Teller garnieren.
Alternativ für eine Schokoladensauce eine Handvoll Schokolade mit etwas Sahne schmelzen, und einen Schuss Rum dazurühren. Diese Sauce auf dem Teller halb über den Brownies verteilen.

Geschmorte Kalbsbäckle

Brauereigasthof Reiner, S. 46

Zutaten für 4 Personen

1 kg Kalbsbäckle | 100 g Karottenwürfel | 100 g Selleriewürfel | 300 g Zwiebelwürfel | 1 l Kalbsfond | 200 ml Rotwein | 2 Knoblauchzehen | 1 Lorbeerblatt | 1 Thymianzweig | Salz und Pfeffer | Speisestärke | Öl zum Anbraten

Zubereitung

Die Kalbsbäckle salzen, pfeffern und in Öl rundherum leicht anbraten. In einen Bräter oder ein großes Sautoir geben und für 10 Minuten in den auf 160 °C vorgeheizten Ofen schieben. Dann das Gemüse zugeben und mitbraten lassen, bis sich ein Bratensatz bildet. Mit etwas Rotwein ablöschen und einkochen lassen. Diesen Vorgang dreimal wiederholen. Den Kalbsfond angießen, bis die Bäckchen bis zur Hälfte im Fond liegen. Den Deckel auflegen und in den 160 °C heißen Ofen schieben.
Nach 40 Minuten die angedrückten Knoblauchzehen, das Lorbeerblatt und den Thymian dazugeben. Danach die Temperatur des Ofens auf 70 °C stellen und mindestens 6, am besten 24 Stunden schmoren lassen. Es gilt: je länger, desto zarter.
Abschließend die Kalbsbäckle aus dem Bräter nehmen, den Bratensatz passieren und eventuell noch klar kochen lassen, dabei aber zwischendurch den Schaum abschöpfen. Mit etwas Stärke leicht binden und bei Bedarf mit Salz und Pfeffer abschmecken.
Als Beilage passen wunderbar Kartoffelpüree und Wurzelgemüse.

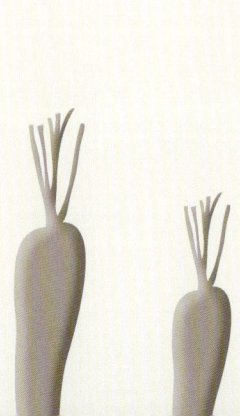

Gebratenes Seesaiblingsfilet auf Tomaten-Zucchini-Gemüse, Rieslingsauce und Rucolanudeln

Wirtshaus Messmer, S. 50

Zutaten für 4 Personen

4 Seesaiblingsfilets à 170 g, entgrätet | 1 mittelgroße Zucchini | 2 Tomaten | 600 g frische Nudeln (Tagliolini) | 20 g Rucola, fein geschnitten | etwas Zitronensaft | Salz, Pfeffer, Olivenöl | Butterschmalz zum Anbraten
Sauce *2 Schalotten, fein geschnitten | 20 g Butter | 100 ml Fischfond | 60 ml Riesling | 150 ml Sahne | Salz, Muskat*

Zubereitung

Die Fischfilets auf der Hautseite vorsichtig oberflächlich einschneiden, auf der Bauchseite mit Zitrone beträufeln. Beiseitestellen.
Tomaten enthäuten und entkernen, in Spalten schneiden. Zucchini in schöne Form schneiden (tournieren), kurz blanchieren.
Für die Sauce Schalotten in Butter anschwitzen, Fischfond und Riesling dazugeben, etwa um ein Drittel reduzieren lassen, Sahne dazugeben. Nochmals etwas reduzieren, mit Salz und Muskatnuss abschmecken, aufmixen. Saiblingsfilets mit Salz und Pfeffer würzen.
Nudeln in reichlich Salzwasser zwei bis drei Minuten kochen. Fischfilets auf der Hautseite in Butterschmalz drei bis vier Minuten braten (Fisch sollte noch leicht glasig sein), wenden und vom Herd nehmen.
Nudeln abseihen, mit Rucola mischen.
Zucchini in Olivenöl leicht anbraten, Tomaten dazugeben, würzen.
Saibling auf dem Gemüse anrichten, Nudeln aufdrehen.
Sauce mit ein paar kalten Butterflocken aufmixen und Fischfilets damit nappieren.

Wildhase mit Scampi

Berggasthof Fritsch, S. 53

Zutaten für 4 Personen

Wildhasenrücken *4 Stk. Wildhasenrücken à 180 g, ausgelöst | ca. 20 Scheiben Frühstücksspeck | Salz, Pfeffer*
Sauce *½ l Wildfond | 1 Wacholderbeere*
Scampi *4 Scampi | je 1 EL frischen Thymian und Oregano | Salz | etwas Butter*
Sahne-Wacholder-Weißkraut *½ Kopf Weißkraut | ½ Zwiebel | 10 cl Weißwein | ½ l Gemüsebrühe | ½ l Sahne | 4 Wacholderbeeren | Stärkemehl | etwas Kümmel, geschrotet | Salz, Pfeffer | ½ Tomate, fein gewürfelt zum Verfeinern*
Spargel *4 Stangen grüner Spargel | Salz*
Kräuterpolenta *200 g Polenta | 1 l Milch | 20 g Butter | ca. 3 EL Oregano, Thymian und Blattpetersilie, frisch | Muskatnuss, gerieben | Salz*

Zubereitung

Den Wildhasenrücken mit Salz und Pfeffer würzen, mit Speck umwickeln und auf allen Seiten kurz anbraten. Für 15 Minuten bei 200 °C in den Ofen geben. Danach bei 60 °C circa 10 bis 15 Minuten ruhen lassen. Den Wildfond in die Pfanne gießen, in der der Hase angebraten wurde und eine zerdrückte Wacholderbeere dazugeben. Sauce bis zur gewünschten Intensität einreduzieren lassen.
Die Scampi kurz beidseitig anbraten, dann die Pfanne von der Hitze nehmen. Mit Thymian, Oregano und Salz würzen. Etwas Butter dazugeben und kurz ziehen lassen. Die Scampi aus der Pfanne nehmen, warm stellen.
Weißkraut in dünne Streifen schneiden, mit Salz, Pfeffer und Kümmel kräftig durchkneten. Zwiebeln anschwitzen und mit Weißwein ablöschen. Weißkraut dazugeben und mit Gemüsebrühe auffüllen. Etwa eine halbe Stunde bei schwacher Hitze einreduzieren lassen. Wenn das Kraut noch nicht weich ist, nochmals mit Gemüsebrühe angießen. Zum Schluss die gemörserten Wacholderbeeren und die Sahne dazugeben. Nochmals abschmecken und mit Stärkemehl bis zur gewünschten Konsistenz abbinden. Mit kleinen Tomatenwürfeln verfeinern.
Spargel am Ende schälen und in Salzwasser circa 8 bis 10 Minuten kochen.
Für die Kräuterpolenta Milch, Butter, Salz, Muskat und frische Kräuter zum Kochen bringen. Polenta einrühren und für eine halbe Stunde zugedeckt bei schwacher Hitze ziehen lassen (Rezept auf Packung beachten!). Danach kurz durchmischen, vom Herd nehmen und abgedeckt warm stellen.

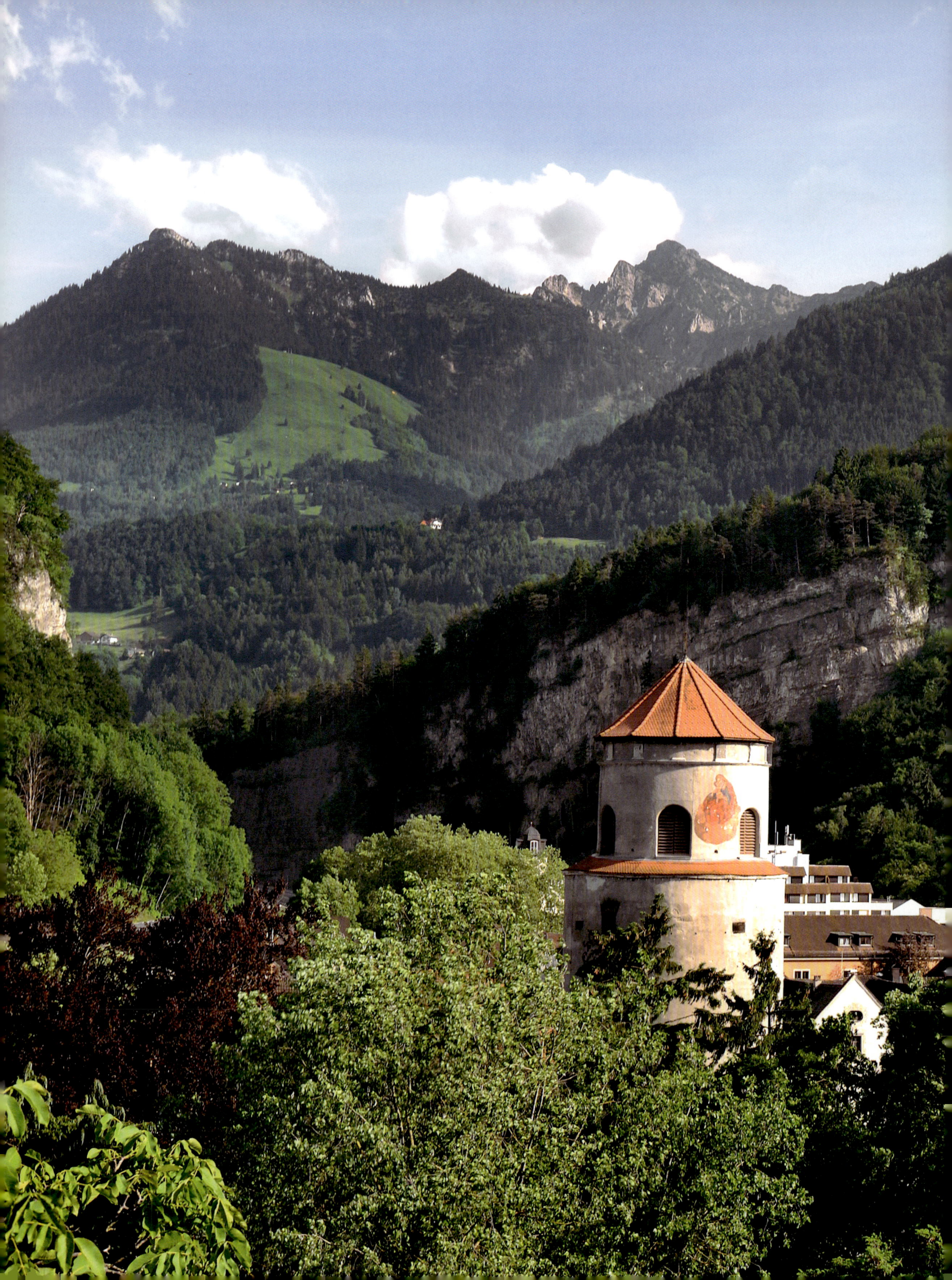

Feldkirch mit dem Katzenturm

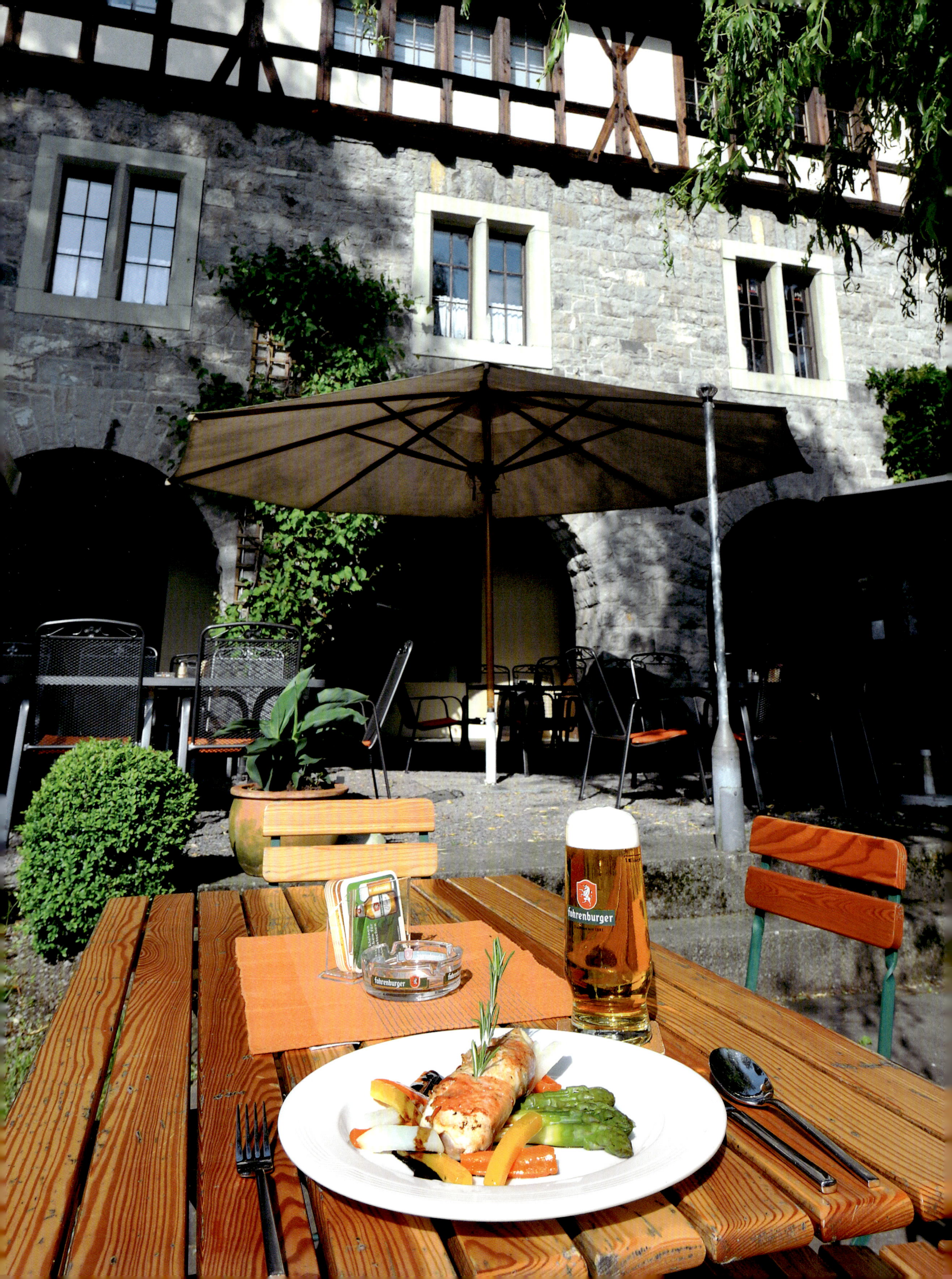
Fohrenburger
Fohrenburger

„Wir haben hier so viele Möglichkeiten – und wir nutzen sie."

Jürgen Lang, Küchenchef

Wirtschaft zum Schützenhaus

Schon die Lage oberhalb der Feldkircher Altstadt ist hinreißend. Vom schönen Gastgarten (mit Kinderspielplatz!) aus schweift der Blick an der Schattenburg vorbei über vielgestaltige Dächer zum gegenüberliegenden Hang. Dahinter die Schweizer Berge.

Das stattliche, gut hundertjährige Schützenhaus ist seit jeher die Heimat der Feldkircher Schützengilde und gleichzeitig Wirtshaus mit vielerlei Optionen. Auf den ersten Blick urig-gemütlich mit alten Holzvertäfelungen in der Gaststube, mitunter aber auch „feingemacht", wenn für größere Feste weiß eingedeckt wird. Feste werden hier ohnehin gerne gefeiert – vor allem im sogenannten Schützenscheibenmuseum: ein lang gezogener Raum mit ebensolcher imposanter Tafel, an den Wänden originale Schützenscheiben. Die aus dem Jahre 1640 ist die älteste im deutschsprachigen Raum. Küchenchef Jürgen Lang übernahm das Haus vor sechs Jahren und stößt mit seinem Konzept auf durchweg gute Resonanz bei den Gästen. Zusammen mit Matthias Müller, der als Sommelier den Service leitet, leistet er einen beachtenswerten Beitrag zum Erhalt der traditionellen Vorarlberger Gasthauskultur.

Die Küche arbeitet mit regionalen Produkten und hält österreichische und Vorarlberger Gerichte wie Backhendl, gebackenen Kalbskopf und Montafoner Käsesuppe bereit. Die Auswahl an dazu passenden Weinen österreichischer Topwinzer ist riesig. Das Preis-Leistungs-Verhältnis überzeugt allemal und der Gast mit kleinem Hunger ist hier ebenso gut aufgehoben wie große Gesellschaften. Und da wir uns schon im Schützenhaus befinden, gibt es auch ein entsprechendes Angebot: Schießen und Genießen – zuerst ein kleiner Schießwettbewerb, anschließend dinieren im Schützenscheibenmuseum. Überhaupt: Jürgen Lang und seine Mitarbeiter lassen sich immer etwas Nettes einfallen, um ihre Gäste in angenehm lockerer Atmosphäre zu überraschen.

Juralammrücken in der Kräuterkruste

Das Rezept zur Spezialität des Hauses finden Sie auf Seite 68

Wirtschaft zum Schützenhaus
Göfiser Straße 2
A-6800 Feldkirch
☎ 00 43 (0) 55 22 / 8 52 90
www.schuetzenhaus.at

Landgasthof Schäfle

„Wir sind ein Haus mit vielen Spezialitäten."

Edith Fulterer, Inhaberin

Ziegenkäsemousse auf sautierten Pilzen

Das Rezept zur Spezialität des Hauses finden Sie auf Seite 68

Das Schäfle, im ruhigen Feldkircher Ortsteil Altenstadt gelegen, strahlt schon von außen eine gewisse großzügige Behäbigkeit aus. Keine Frage, hier handelt es sich um ein Haus mit Tradition: 1854 fand es erstmals als Gasthaus unter dem Namen Zum Lamm Erwähnung und wurde um 1920 in Schäfle umgetauft. Bis zum ersten Weltkrieg braute man in den tiefen kühlen Kellergewölben Bier. Die Familie Fulterer führt das Schäfle bereits in dritter – und bald in vierter – Generation und machte aus dem Dorfgasthaus einen Gasthof für gehobene Ansprüche – sowohl in Bezug auf die Küche wie auch auf die Ausstattung der Gastzimmer. Dass man im Schäfle schon immer gut essen konnte, ist bekannt.

Angebaut werden vorwiegend Rivaner und eine kleine Menge Blauburgunder. Die Weine werden im Haus gekeltert, ausgebaut und im Gewölbekeller gelagert. Und sie finden Verwendung in weiteren Schäfle-Spezialitäten: der Weinsuppe aus der Küche und dem Tresterbrand aus dem Keller. Das Schäfle ist, kurz gesagt, ein Gasthaus zum Wohlfühlen. Gediegen und geschmackvoll eingerichtet. Auffallend die schönen Intarsientische. Der einladende Gastgarten gestattet den Blick ins Grüne; der Service ist zuvorkommend-freundlich. Kein Wunder also, dass es sich viele Stammgäste nicht nehmen lassen, hier immer wieder einzukehren.

Landgasthof Schäfle
Naflastraße 3
A-6800 Feldkirch-Altenstadt
☎ 00 43 (0) 55 22 / 7 22 03
www.schaefle.cc

Die traditionelle Vorarlberger Küche wird hier liebevoll gepflegt – und mit einem Schuss Internationalität versehen. Ehrlich und qualitätsbewusst, ohne Firlefanz. Eine leckere Besonderheit ist das täglich frischgebackene Nussbrot aus dem Steinofen, der gleichzeitig auch optisch den Gastraum bereichert. Selbstbewusste Regionalität offenbart sich im Ländlermenü oder in den Riebelmais-Gerichten, einer Spezialität aus dem Rheintal. Und natürlich wird der Mehlspeis' auf der Speisekarte ein ausführliches Kapitel gewidmet.
Besonders stolz ist man im Hause Fulterer über den eigenen Wein vom Feldkircher Ardetzenberg.

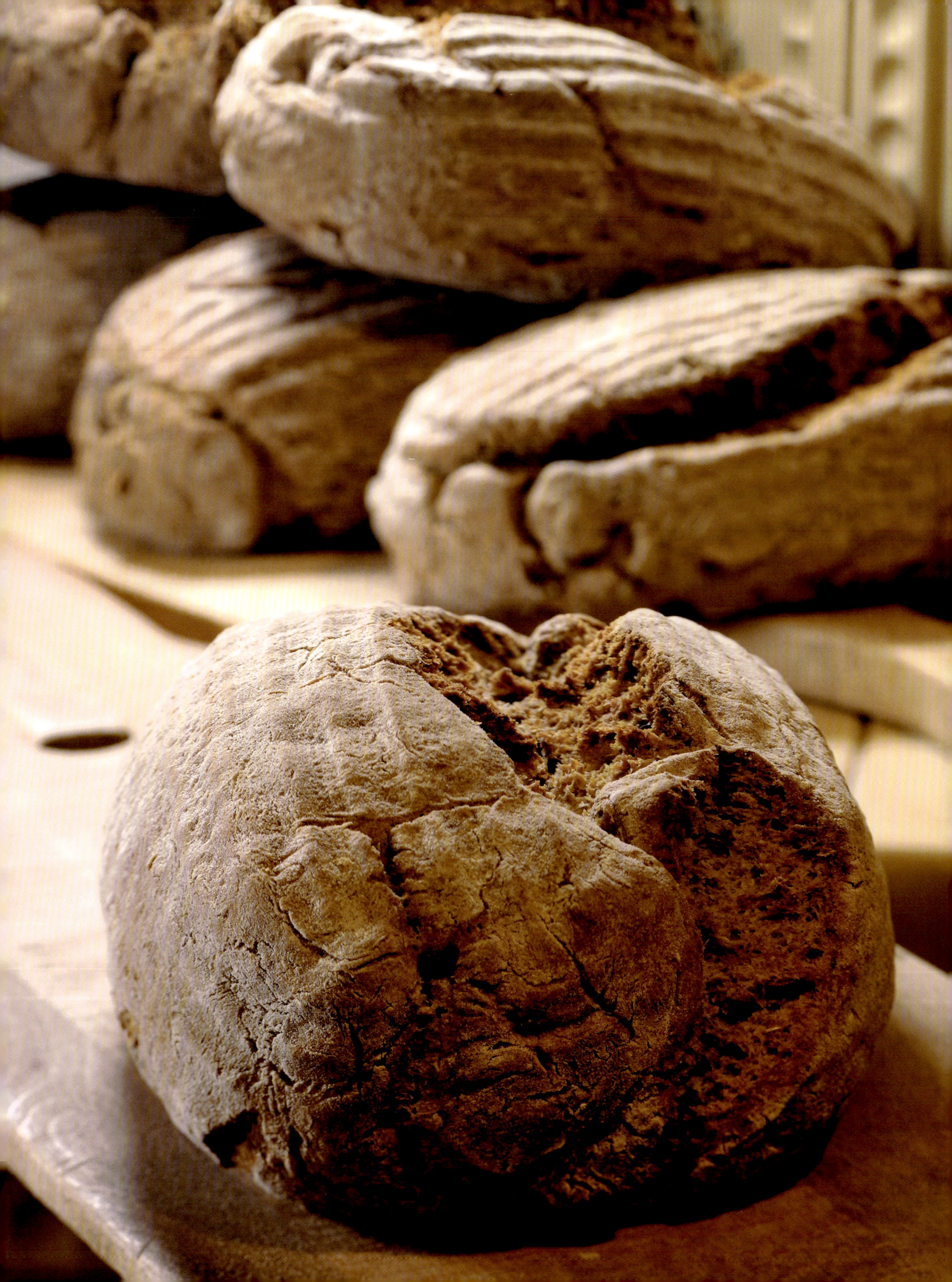

Rankweiler
Hof

Rankweiler Hof

"Kässpätzle sind bei uns die Nummer eins."

Roland Vith, Küchenchef und Inhaber

Der inmitten des Ortes gelegene Gasthof ist ein Haus voller Leben. Das liegt in erster Linie an der Rührigkeit und Kreativität der Wirtsleute: Martina und Roland Vith bieten immer wieder besondere kulinarische Ereignisse an. Im Frühjahr und Herbst sind das der „Käseanschnitt" mit Vorarlberger Käse-Menü oder die Schlachtpartie mit hausgemachten Blut- und Leberwürsten. Ansonsten: Gansl-Essen, Sommernachtsfest, Weindegustationen und etliches mehr. Da die Viths über ein eigenes Damhirschgehege verfügen und einen Jägerstammtisch eingerichtet haben, steht ganzjährig frisches Wild auf der Speisekarte – aber auch der eher seltene Steinbock.

In der wärmeren Jahreszeit ist das „Tenn", ein ehemaliger Heustock, beliebt für Festivitäten aller Art. Der Rankweiler Hof wird seit über 40 Jahren von der Familie Vith geführt, und die Freude am Bewirten scheint hier allgegenwärtig. Die Küche von Roland Vith ist bodenständig und saisonal geprägt. Jeden Tag wird neben den nahrhaften regionalen Speisen auch ein leichtes Gericht angeboten – mit Angabe der Kalorien. Weine aus bekannten österreichischen Anbaugebieten stehen in großer Auswahl zur Verfügung. Und für ein gepflegtes Bier bürgt das Zertifikat „Bierwirt des Jahres".

Das Haus ist 300 Jahre alt. Die balkendurchzogene Decke in der Rankler Stube steht unter Denkmalschutz. Urgemütlich ist es in den liebevoll von Elvira Deschler dekorierten Stuben – besonders im Winter, wenn der Kachelofen heimelige Wärme spendet. Ganz besonders gemütlich wird es auch hin und wieder, wenn Vater und Sohn Vith spätabends, „wenn's grad lustig ist", zu ihren Instrumenten greifen und in der Gästerunde musizieren. Herzlicher Service ist den Gästen überall gewiss. Kein Wunder also, dass Chefin Martina sagen kann: „Unsere Gäste kommen aus dem ganzen Ländle, aus Liechtenstein und der Schweiz." Nicht selten reisen sie wegen der Kässpätzle an. Oder wegen des Gastgartens unter vier prächtigen Kastanien.

Steinbockragout

Das Rezept zur Spezialität des Hauses finden Sie auf Seite 69

Rankweiler Hof
Ringstraße 25
A-6830 Rankweil
☎ 00 43 (0) 55 22 / 4 41 13
www.rankweiler-hof.com

Fenkart Schokoladengenuss

„Schon als Kind habe ich gerne in der Konditorei geholfen und in der Lehrzeit am liebsten Schokoladenskulpturen gefertigt."

Gunther Fenkart, Inhaber

Xocólatl, Schokolade, das göttliche Getränk. Bei den Azteken war der stärkende Trank den Angehörigen des Adels und den Priestern vorbehalten. Das hat sich glücklicherweise geändert, und daher kann heute jeder, der hochwertige Schokolade zu schätzen weiß, bei Fenkart Schokoladengenuss in Hohenems am herbsüßen Genuss teilhaben. Das schokoladige Erlebnis im zugehörigen Schlosskaffee ist ein ganz besonderes, das kaum ein anderes Café bietet, denn Gunther und Petra Fenkart haben sich den edelsten aller Kakaobohnen verschrieben, Criollo aus Bolivien, Forastero aus Tansania und Trinitario aus der Dominikanischen Republik. In Handarbeit werden die Rohstoffe zu Tafeln in vielerlei Sorten verarbeitet, zu Trinkschokoladen, Winzerschokoladen und Pralinen, darunter die Gsiberger Edelpraline: die süße Visitenkarte Vorarlbergs in acht Varianten, von der Frischkäsefüllung bis zu Waldbeere. Als besonderen Service fertigen die hoch qualifizierten Chocolatiers Schokoladen mit individuellem Geschmack und maßgeschneiderter Verpackung. Besonders Firmen, die ihren Kunden ein im wahrsten Sinne des Wortes geschmackvolles Geschenk machen möchten, schätzen das Angebot. Gunther Fenkart teilt sein umfangreiches Fachwissen rund um die kostbare Bohne gerne mit anderen Schokophilen und bietet daher regelmäßig Verkostungen und Führungen an, für Gruppen und Einzelpersonen. Dabei kann man den Chocolatiers über die Schulter schauen, erfährt, worauf es beim Anbau und beim Conchieren ankommt und probiert natürlich auch die eine und andere schmelzende Köstlichkeit. Und plötzlich versteht man, weshalb die Maya die Kakaopflanze als Geschenk der Götter betrachteten ...

Fenkart Schokoladengenuss
Schlossplatz 10
A-6845 Hohenems
☎ 00 43 (0) 55 76 / 7 23 56
www.schokoladengenuss.at

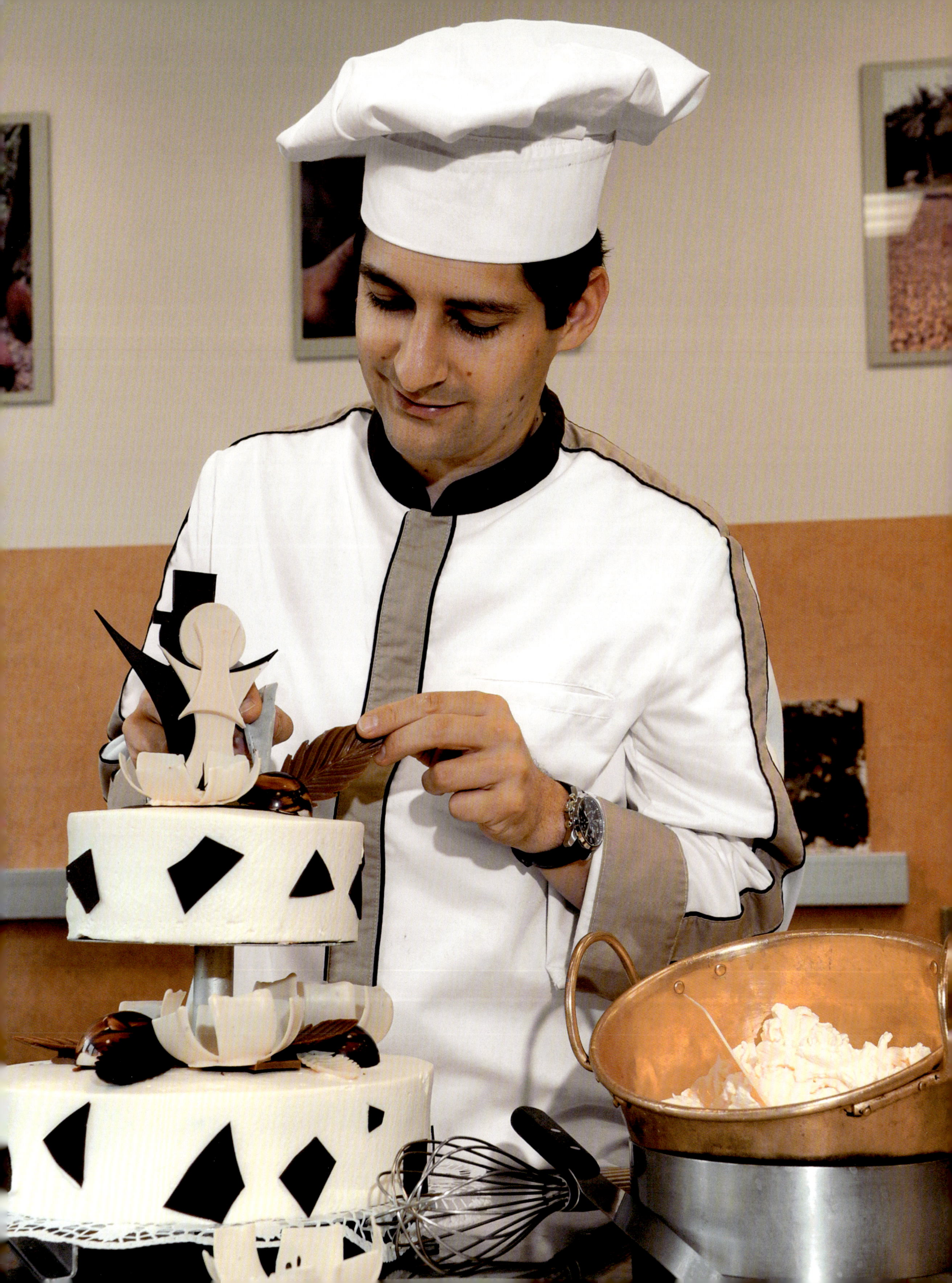

2007
Hirtzberger
Hochrain Riesling
Smaragd
€ 60.-
2007
Hirtzberger
Rotes Tor GV
Smaragd
€ 49.-
2007
Hirtzberger
Singerriedel
Riesling
Smaragd
€ 69.-
2008
Hirtzberger
Rotes Tor GV
Federspiel
€ 27.-
MIRA
HILLS
LIS

Gasthaus Adler

„Vom Beuschel bis zum 16-Gang-Menü kann der Gast bei uns alles entdecken."

Martin Griesser, Inhaber

Die 15 000-Einwohner-Stadt Hohenems, etwa 20 Kilometer südlich von Bregenz inmitten des Vorarlberger Rheintales gelegen, verdankt ihre überregionale Bekanntheit vor allem zwei kulturellen Institutionen: der Schubertiade und dem jüdischen Museum. Kultur und Kulinarik gehen des Öfteren liebevolle Verbindungen ein, und so liegt es nahe, auch in Hohenems gepflegte Gastlichkeit zu erwarten. Fündig wird man im Gasthaus Adler, das der Gault Millau 2010 mit einer Haube und die vielen Stammgäste mit ihrer Treue zur Familie Griesser belohnen, die das Haus seit 1902 bewirtschaftet. Während der Gründer des Mythos Adler das Haus als rustikale Bauernwirtschaft betrieb, strebt der Urenkel, Martin Griesser, zusammen mit Mutter Elfriede und Frau Georgina erfolgreich nach höheren gastronomischen Weihen. Da zaubert er auch mal ein 16-Gang-Menü, das die Gäste im Laufe von zehn festlich-unterhaltsamen Stunden peu à peu genießen. Das ist natürlich nicht Alltagsküche, aber gerade so zeigt sich der Könner, der virtuos auf der Klaviatur von Haute Cuisine und Wirtshausküche spielt: Kartoffelcremesuppe mit schwarzem Trüffel und Rucola, Hirschgeschnetzeltes mit Pfifferlingen und Spätzle, zum Dessert klassische Topfenknödel auf warmen Heidelbeeren oder Schokosoufflé. Hier im Adler fühlt sich der Baggerführer ebenso wohl wie die Bankberaterin, sofern sie eine ehrliche unprätentiöse Küche aus frischen guten Grundprodukten lieben. Und eine gute Flasche Wein dazu, denn der bemerkenswerte Weinkeller ist der Stolz des Patrons: 10 000 Flaschen, verteilt auf 900 Sorten Wein aus fast aller Winzer Länder. Ein Glas Weißwein, dazu ein frisches Felchen, Schuberts c-Moll-Sonate noch im Ohr und ein Platz im großen Gastgarten – so schön kann das Leben in Vorarlberg sein.

Gasthaus Adler
Kaiser-Franz-Josef-Straße 104
A-6845 Hohenems
☎ 00 43 (0) 55 76 / 7 22 92
www.adlerhohenems.com

Juralammrücken in der Kräuterkruste

📖 Wirtschaft zum Schützenhaus, S. 59

Zutaten für 4 Personen

4 Stück Lammrücken mit Karreeknochen à 300 g | 60 g Butter | 2 Eigelb | 1 Knoblauchzehe, zerdrückt | 4 EL frischer gehackter Rosmarin und Thymian | Lustenauer Senf | 60 g Semmelbrösel und 2–3 EL Sahne | etwas Rotwein und Kalbsjus | Salz, Pfeffer | Olivenöl zum Anbraten | 4 Rosmarinzweige zum Anrichten

Zubereitung

Das Fleisch würzen, in der Bratpfanne anbraten und für circa 13 bis 14 Minuten in den auf 180 °C vorgeheizten Backofen stellen. Das Fleisch soll innen noch zart rosa sein.

Den Bratensatz in der Pfanne mit Rotwein und Kalbsjus aufgießen, kurz aufkochen und auf die Seite stellen.

Für die Kruste Butter cremig rühren, Eigelb, Gewürze, Kräuter und Senf untermengen und die mit Sahne angefeuchteten Semmelbrösel einkneten. Das Fleisch mit der Kruste bedecken und bei großer Oberhitze knusprig überbacken. Den Rücken mit einem scharfen Messer in Portionen teilen und mit einem Rosmarinzweig anrichten. Mit der Sauce leicht übergießen.

Zur Beilage Rahmpolenta mit feinen Bärlauchstreifen vermengen, dazu junges Gemüse oder Speckbohnen.

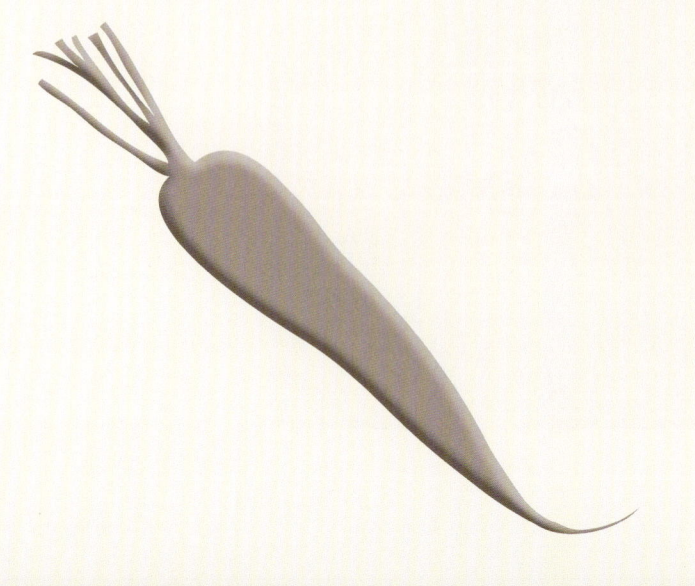

Ziegenkäsemousse auf sautierten Pilzen

📖 Landgasthof Schäfle, S. 60

Zutaten für 4 Personen

Mousse *2 Blatt weiße Gelatine | 40 g Basilikum | 80 ml Milch | 200 g Ziegenfrischkäse | ½ EL Zitronensaft | 100 ml Schlagsahne | Salz, Pfeffer*

Sautierte Pilze *1 EL Olivenöl | 1 Zwiebel, fein geschnitten | 2 kleine Knoblauchzehen, gehackt | 400 g Pilze, gehackt | 2 EL Balsamico | 100 ml Weißwein | Salz, frisch gemahlener Pfeffer | gehackte Petersilie zum Garnieren*

Zubereitung

Gelatine kalt einweichen. Basilikum grob schneiden. Mit der Milch im Rührbecher pürieren. Mit Ziegenfrischkäse glatt rühren. Gelatine tropfnass in einem kleinen Topf bei schwacher Hitze unter Rühren auflösen und zügig unter die Käsemasse rühren. Mit Salz, Pfeffer und Zitronensaft würzen. 25 Minuten kaltstellen. Sahne steif schlagen und unter die Käsemasse heben, sobald sie zu gelieren beginnt. Abgedeckt mindestens 6 Stunden (besser über Nacht) kalt stellen.

Olivenöl bei mittlerer Stufe in einer großen Pfanne erhitzen. Zwiebel und Knoblauch darin weich sautieren. Pilze zugeben und 3 bis 4 Minuten sautieren. Essig und Weißwein zugeben. Bei niedriger Hitze so lange köcheln, bis der Wein fast komplett verkocht ist. Mit Salz und Pfeffer würzen und mit frischer Petersilie bestreuen.

Steinbockragout

Rankweiler Hof, S. 63

Zutaten für 4 Personen
800 g Steinbockschulter ohne Knochen | 3 EL Erdnussöl | 1 EL Tomatenmark | ¼ l kräftiger Rotwein | 300 ml Wildjus | 2 Lorbeerblätter | 1 Rosmarinzweig | 1 Thymianzweig | 8 Wacholderbeeren | 15 Pfefferkörner | 1 EL Preiselbeeren | 2 cl Weinbrand | 1 Orange, halbiert | bunte Gemüsewürfel (Karotten, Sellerie) | Speckscheiben | Salz, Pfeffer

Zubereitung
Das Fleisch in etwa 30 Gramm schwere Stücke schneiden, in Erdnussöl anbraten. Tomatenmark zugeben und so lange mitrösten, bis es die rote Farbe verloren hat. Mit Rotwein und Wildjus aufgießen, die restlichen Zutaten und Gewürze dazugeben und circa 1,5 Stunden weich schmoren. Dann das Fleisch herausheben und warm stellen. Die Sauce durchpassieren und, wenn nötig, noch etwas einkochen lassen oder mit etwas Kartoffelstärke eindicken. Das Fleisch wieder zurück in die Sauce geben, die gekochten Gemüsewürfel beifügen. Als Beilage passen Spätzle hervorragend.

Käsgrumpera

Rezepttipp aus dem Verlag

Zutaten für 4 Personen
500 g Grumpera (Kartoffeln) | 150 g Bergkäse | 150 g Speck, nicht zu fett | 2 EL Petersilie, gehackt | Kümmel | Salz, Pfeffer | Butter für die Form | Butterschmalz zum Auslassen

Zubereitung
Kartoffeln waschen, aber nicht schälen, und in eine feuerfeste Form schichten. Mit Salz, Pfeffer und etwas Kümmel bestreuen und im vorgeheizten Backrohr eine gute ½ Stunde (je nach Größe) weich garen. Herausnehmen, kurz abkühlen lassen und in Scheiben schneiden. Nun eine (oder mehrere kleine Portionsförmchen) feuerfeste Form mit Butter ausstreichen, die Kartoffelscheiben einlegen, mit Bergkäse bedecken und nochmals bei großer Oberhitze so lange im Backrohr lassen, bis der Käse schön geschmolzen ist. Währenddessen den Speck in kleine Würfel schneiden, in heißem Butterschmalz auslassen, vom Feuer nehmen und mit der gehackten Petersilie vermengen. Gratinierte Kartoffeln herausnehmen, mit den vorbereiteten Speckwürfeln bestreuen und rasch servieren.

Dazu passt frischer Blatt- oder Gurkensalat.

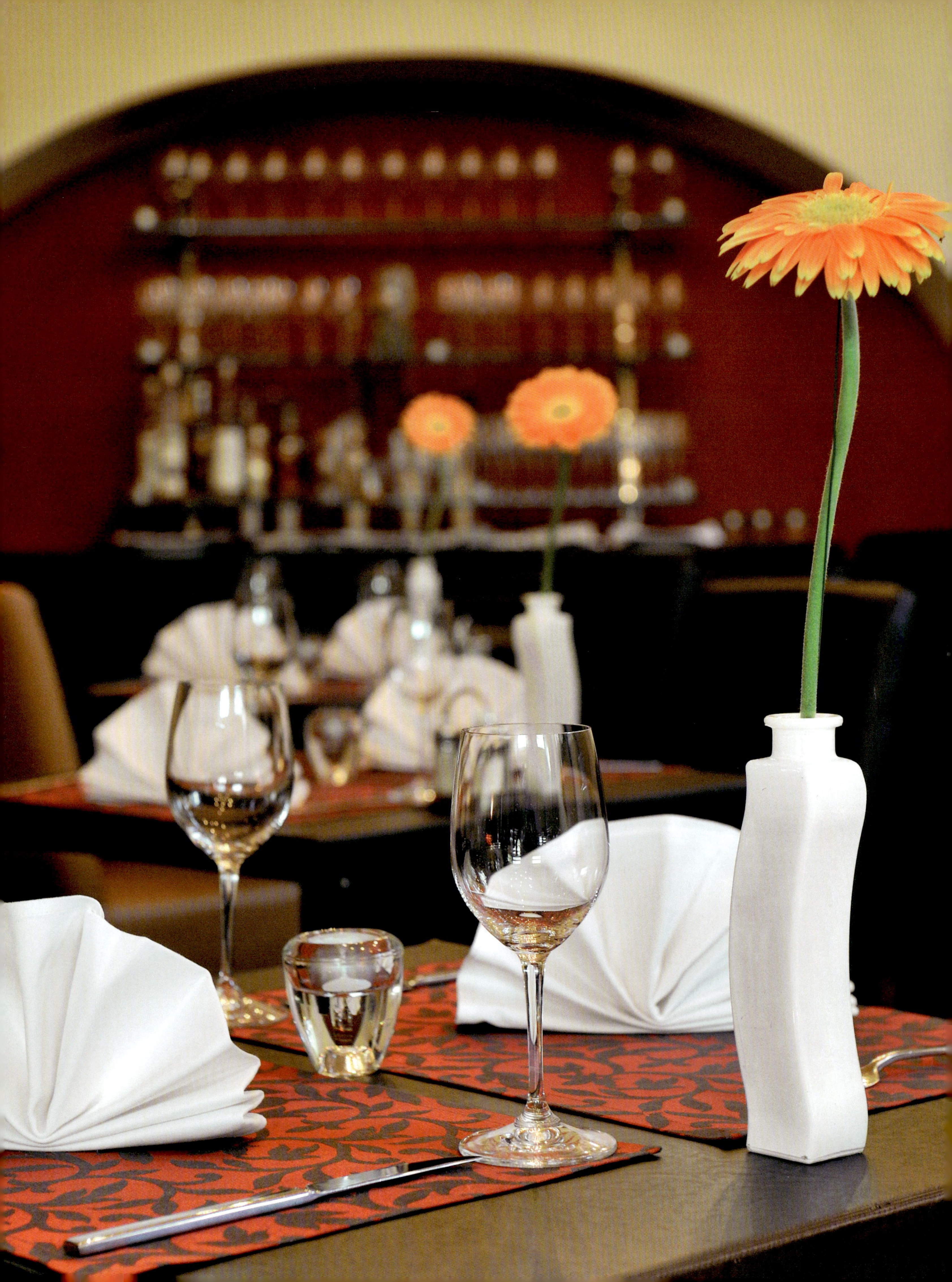

s'Glöggele am Steinebach

„Wir servieren klassische Gerichte, neu interpretiert, in einem alten Gemäuer mit nahezu mystischer Ausstrahlung."

Martin Schwärzler, Barchef

Für Liebhaber alter Industriearchitektur ist das Steinebach-Areal in Dornbirn ein Muss. Hier fertigte im 19. Jahrhundert die Firma F. M. Hämmerle, einst Österreichs größtes Textilunternehmen, seinerzeit aufsehenerregende bedruckte Baumwollstoffe. Die Färberei, Spulerei, Nadelfabrik und weitere Firmengebäude sind heute aufwendig saniert und beherbergen zahlreiche moderne Dienstleistungsunternehmen. Im sogenannten Glöggelehaus, auf dem die Glocke zum Arbeitsbeginn, zur Pause und zum Feierabend läutete, betreiben Alexander Egger und sein Team ein Restaurant, das in keine der üblichen Kategorien passen will. Im einzigartigen Ambiente eines alten Gewölbekellers werden österreichische Gerichte wie Wiener Schnitzel und Rindsgulasch ebenso serviert wie Mediterranes (Agnelotti mit Ricottafüllung, Pinienkernen und geschmorten Strauchtomaten) und Asiatisches (Kokos-Curry-Suppe mit Crevetten). Besonders beliebt ist je nach Saison frischer Bodenseefisch oder Wild vom Bregenzerwald. Mittags treffen sich hier gerne die Angestellten der umliegenden Betriebe zum günstigen Mittagstisch, abends sieht man sich wieder zum After-Business-Dinner, und anschließend verwandelt sich das ehrwürdige Anwesen regelmäßig zu einer der angesagtesten Partylocations im ganzen Umkreis. Faschingspartys, Hasenfest an Ostern, Oktoberfest, Christmas-Party und viele spontane Feiern, die einfach entstehen, weil im Glöggele und auf der Terrasse direkt am Bach gute Stimmung herrscht. So außergewöhnlich wie das Ambiente ist auch die gut bestückte Getränkekarte, die neben vielen alkoholfreien Getränken eine üppige Auswahl an überwiegend österreichischen Weinen, an Rum und einige der besten Single Malt Whiskys offeriert.

Thunfischsteak mit Riesengarnelen und asiatischem Gemüse

Das Rezept zur Spezialität des Hauses finden Sie auf Seite 86

Flüssiger Schokokuchen

Das Rezept zur Spezialität des Hauses finden Sie auf Seite 86

s'Glöggele am Steinebach
Steinebach 7
A-6850 Dornbirn
☎ 00 43 (0) 55 72 / 39 45 95
www.gloeggele.com

Gesundheitszentrum Rickatschwende

„Wir begleiten unsere Gäste auf dem Weg zu mehr Gesundheit und Vitalität."

Sabine Alge, Direktorin

Marinierter Stangenspargel mit Erdbeer-Wildkräuter-Salat und in Kirschholz geräuchertem Lachs

Das Rezept zur Spezialität des Hauses finden Sie auf Seite 87

Steil windet sich die Straße im Nordosten Dornbirns nach oben, aufs Bödele, den Hausberg der Stadt. Auf rund 900 Metern Höhe, in herrlicher Landschaft, liegt das Gesundheitszentrum Rickatschwende. Das mehrfach prämierte Vier-Sterne-Haus mit eigener Bergwasserquelle ist der ideale Ort, um abzuschalten, in guter Bergluft durchzuatmen, den freien Blick auf Bodensee, Rheintal und Schweizer Berge zu genießen – und allen Stress tief unten im Tal zu lassen. „Viele unserer Gäste leben auf der beruflichen Überholspur", sagt Direktorin Sabine Alge, „bei uns kann man mal rechts ranfahren und auftanken." Das ist Understatement für eines der führenden Gesundheitszentren Europas und passt zum edel-puristischen Stil des Hauses. Mit 50 Zimmern und 50 Mitarbeitern ist es angenehm überschaubar; beinahe familiär geht es zu unter den vielen Stammgästen und dem Team aus erfahrenen Ärzten, Therapeuten und Gourmetköchen. Bewegung, Ernährung, Freude und Zeit sind die Elemente der Rickatschwende-Lebensstil-Medizin, die auf der F. X. Mayr-Regeneration beruht. Die Gäste kuren hier, oder sie genießen einfach nur die Annehmlichkeiten von Hotel, Spa und Gourmetrestaurant mit Sommerterrasse. Haubenkoch Bernd Moosmann und sein Team kochen im Kurrestaurant und im Schwende-Stüble gleichermaßen und sorgen so dafür, dass in Rickatschwende Gesundheitsküche und kulinarischer Genuss kein Widerspruch sind, sondern Selbstverständlichkeit. Aus regionaltypischen Zutaten, aromatisiert mit Kräutern aus dem großen, herrlich duftenden hauseigenen Garten, zaubern sie Köstliches wie die Variation vom Bizauer Milchlamm an Balsamicoglace mit Schmortomaten und Kartoffel-Parmesan-Espuma, Steak vom Seesaibling mit Kaviar an Champagnergurken mit Kartoffel-Safran-Püree, Mangosorbet mit Chili und Prosecco. Genießen ist ein Lernprozess, heißt es im Gesundheitszentrum Rickatschwende. So schön kann Lernen sein!

Gesundheitszentrum Rickatschwende
Rickatschwende 1
A-6850 Dornbirn
☎ 00 43 (0) 55 72 / 2 53 50
www.rickatschwende.com

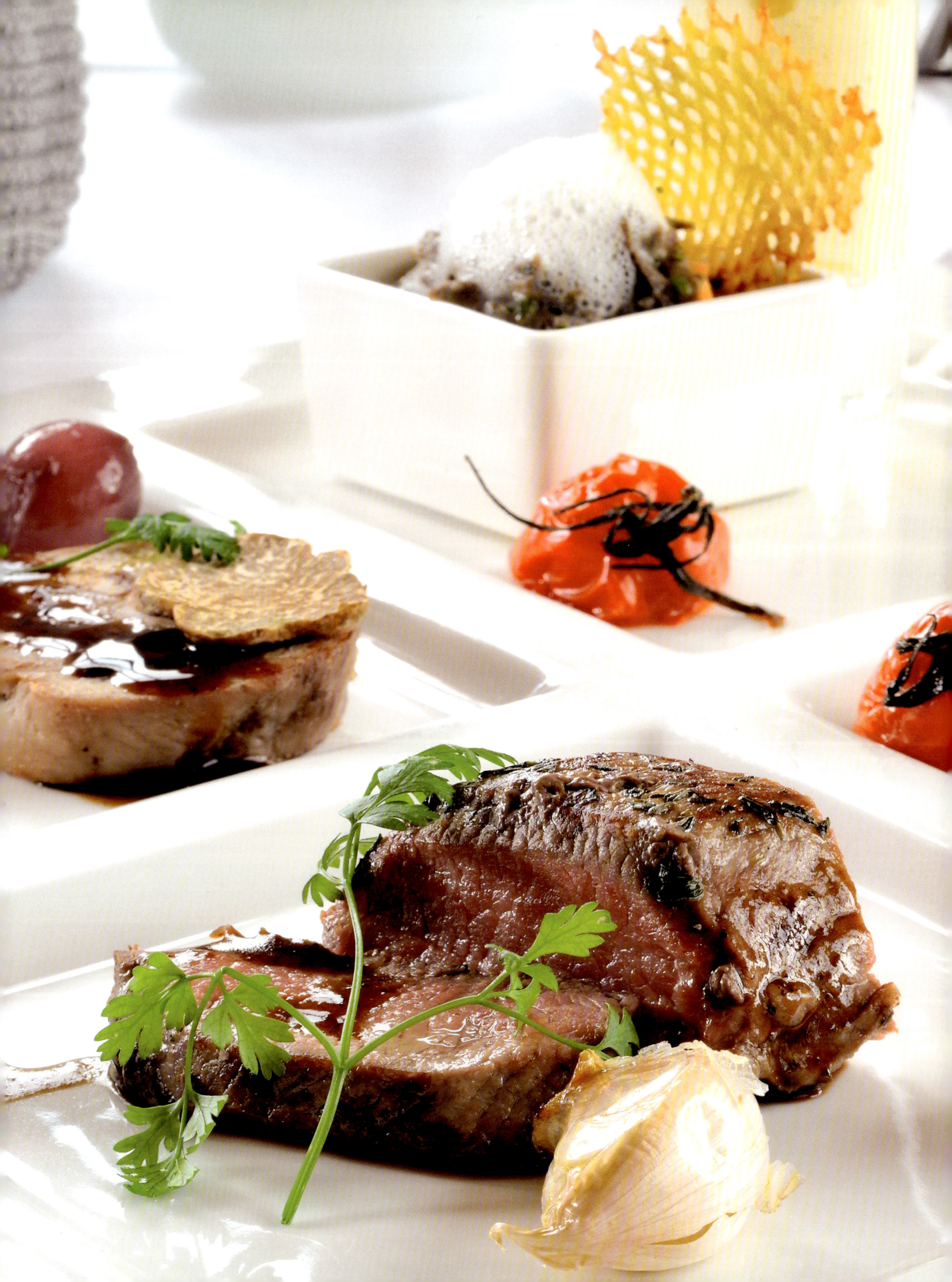

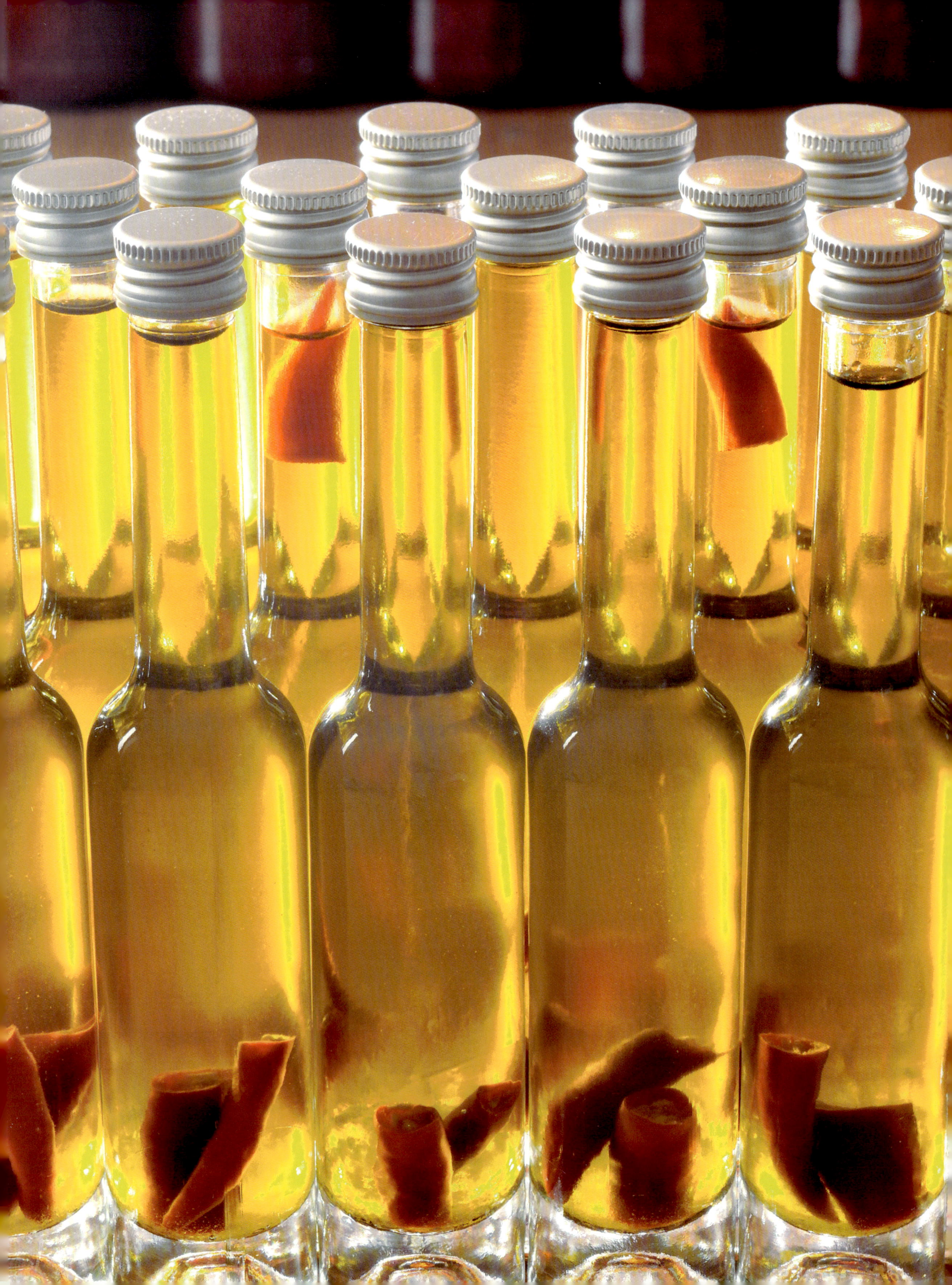

Söhmsen's Manufaktur

„Olivenöl, Basilikum wird einpüriert, Pinienkerne und Walnuss dazu, Parmesan, Gewürze, Salz und Pfeffer und fertig ist das Pesto."

Wolfgang Sohm, Inhaber

Spaghetti mit Tomatensauce: das Lieblingsgericht aller Kinder und fast aller Erwachsenen (auch wenn es nicht alle zugeben). Gut, einfach, schnell. Schnell? Nun ja – wenn man gerade die sonnenverwöhnten Eiertomaten aus Sizilien zur Hand hat, die im Glas oder der Dose gereift sind und einige Stunden Zeit mit Einkochen verbringen will. Besser, man nimmt gleich Söhmsen's Sugo Puttanesca, mit Tomaten, Sardellen, Kräutern, Kapern und Oliven. Oder die zornige Arrabiata mit feurigen Peperoncini, oder Aglio e Oglio, den Klassiker. Sugi und Pesti von Söhmsen's Manufaktur in Dornbirn schmecken nicht nur wie selbst gemacht, sie sind es, und zwar angefangen vom Einkochen, Würzen und Abfüllen bis zum Verpacken. Wolfgang und Barbara Sohm verwenden ausschließlich beste frische Zutaten, die sie nach original italienischen Rezepten verarbeiten. Auf vielen Reisen in die Toskana haben sich Freundschaften entwickelt, und manche italienische Mama hat gerne ihr Lieblingsrezept beigesteuert. Fast überflüssig zu erwähnen, dass keinerlei Konservierungsmittel, Aroma- oder Farbstoffe beigefügt werden, die Saucen sind nur durch Erhitzen haltbar gemacht. Das gilt auch für die weiteren Spezialitäten der Söhmsen-Manufaktur. Chutneys heißen die süßsauren Saucen, die Reisgerichten die asiatische Note verleihen und hervorragend zu Fisch und Fleisch passen, besonders zu Wild (Preiselbeer-Birne!) und unverzichtbar sind zu Käse und Raclette. Oder lieber Mango-Feige oder Ananas-Pfirsich? Nicht zu vergessen die exklusiven Senfsorten wie Feigensenf oder Orangensenf, Marmeladen aus heimischen Früchten und eine Auswahl feinster Antipasti. Die Saucen mit Suchtpotenzial gibt es garantiert nicht beim Discounter, sondern beim Feinkosthändler des Vertrauens. Der Weg dahin lohnt sich. Denn die attraktiv verpackten Gläser enthalten neben den guten Zutaten noch etwas absolut Unbezahlbares: Liebe und Leidenschaft.

Überbackene Schnitzel mit Tomatensauce und Mozzarella

Das Rezept zur Spezialität des Hauses finden Sie auf Seite 87

Söhmsen's Manufaktur
Johann-Strauß-Gasse 22d
A-6850 Dornbirn
☎ 00 43 (0) 55 72 / 2 98 11
www.sohmsen.at

Amann Kaffee

„Wir haben eine sehr große Leidenschaft zum Kaffee und möchten nichts anderes machen als ein Genussmittel, an dem sich die Leute freuen."

Peter Amann, Inhaber

Kaffee – allein das Wort kann schon die Lebensgeister wecken, und für unzählige Menschen weltweit gehört es zum schönen Morgenritual, den Tag mit einer Tasse des belebenden Getränks zu beginnen. Jeder Österreicher trinkt durchschnittlich etwa 160 Liter Kaffee jährlich, das sind drei Tassen täglich, etwas mehr als Deutsche und Schweizer. Wer die täglichen kleinen heißen starken Pausen wirklich genießen möchte, macht seine Kaufentscheidung in erster Linie von der Qualität abhängig und greift zu den Bohnen der Vorarlberger Rösterei Amann – ebenso wie viele anspruchsvolle Gastronomen, die ihren Gästen nach dem Essen Amann-Espresso servieren. Das Familienunternehmen verarbeitet ausschließlich handgepflückten Hochland-Arabica, überwiegend aus Äthiopien, Brasilien, Guatemala und Kolumbien – den Grand Cru unter den Kaffees. Das Klima der tropischen Lagen ab 1300 Meter Höhe verleiht den Bohnen Süße und milde Säure, und die Handpflückung garantiert, dass nur optimal reife und unverletzte Bohnen zum edlen Röstgut werden. Familie Amann bereist regelmäßig die Plantagen und kauft ausschließlich von Bauern, die persönlich bekannt sind und die ihre Plantagen nachhaltig bewirtschaften. In der Rösterei in Schwarzenberg wird der Rohkaffee schonend geröstet, das heißt relativ lang bei niedriger Temperatur, damit das feine Röstaroma optimal zur Geltung kommt und der Kaffee besonders bekömmlich wird. Spezielle Mischungen, Blends, in jahrzehntelanger Erfahrung entwickelt, geben dem Kaffee dann den typischen Geschmack, harmonisch, mit einer gewissen Fülle, angenehm im Abgang und mit nachhaltig gutem Geschmack. „Meine äthiopische Strauchgottheit", so nannte der Schweizer Schriftsteller Peter Weber sein tägliches Arbeitselixir. Gut möglich, dass er damit den Antigua der Rösterei Amann meinte.

Amann Kaffee GmbH
Bergmannstraße 18
A-6850 Dornbirn
☎ 00 43 (0) 55 72 / 2 82 88
www.amann-kaffee.at

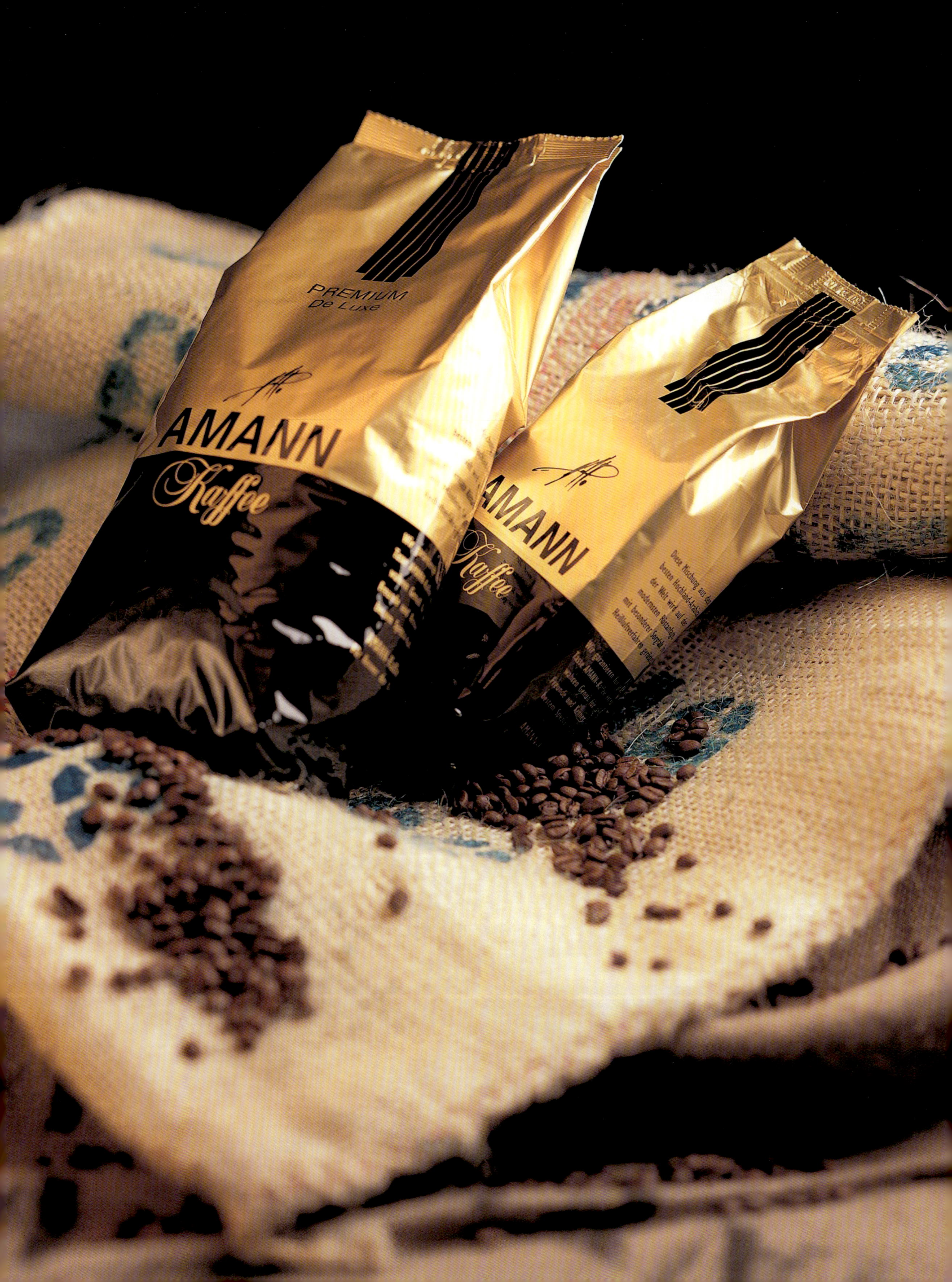
PREMIUM
De Luxe
AMANN
Kaffee
AMANN
Kaffee

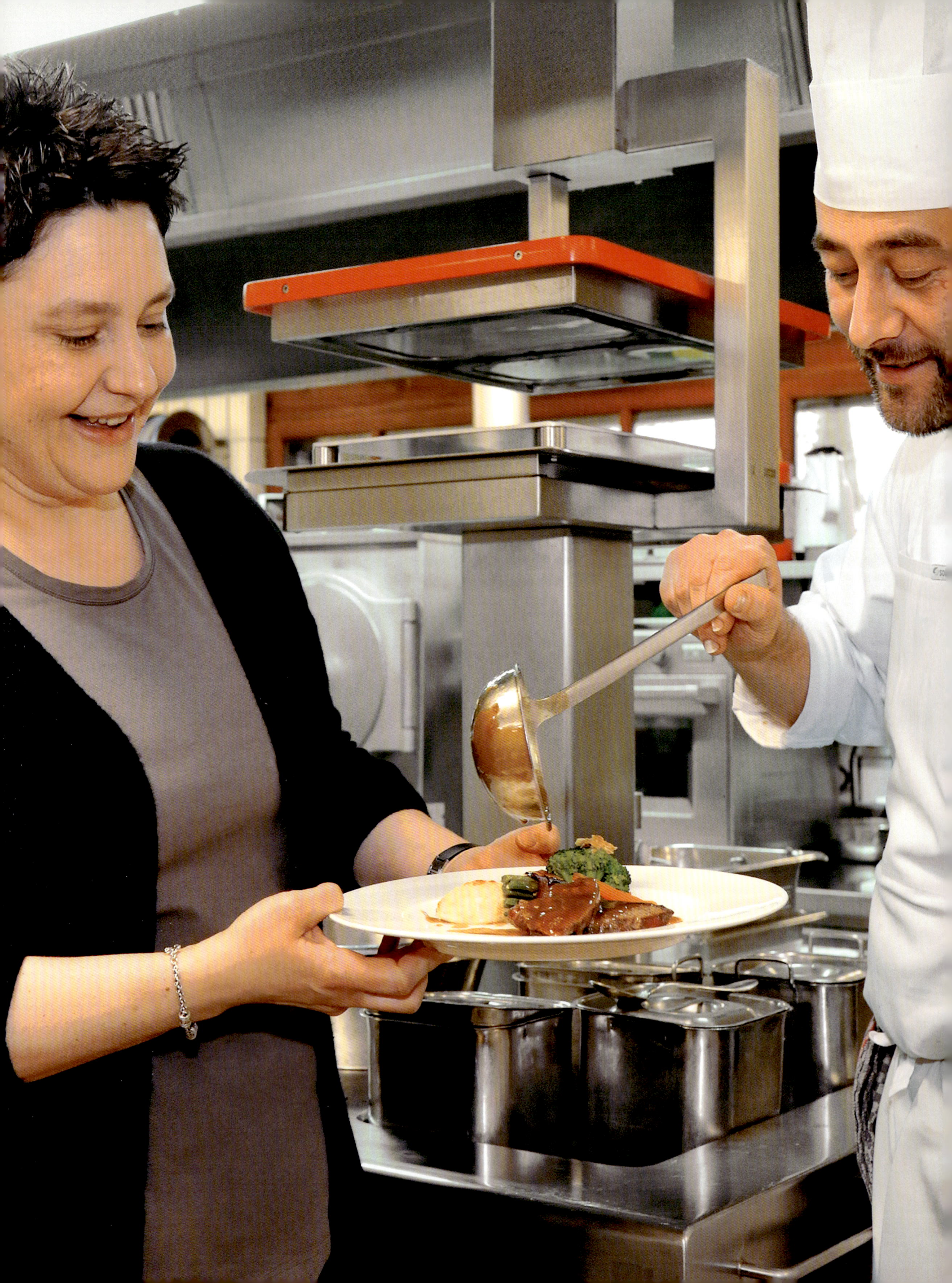

„Bei uns ist nicht alles schwarz oder weiß, möglich oder nicht möglich: Wir haben auch Graustufen und machen für unsere Gäste vieles möglich."

Ulrike Fink, Inhaber

Gasthof zum Krönele

Urlaub in Österreich fängt gleich hinter der Grenze an. Man überquert den Rhein bei Lustenau, fährt nach dem Grenzübergang ein paar Meter geradeaus und hält die Augen offen – dann entdeckt man den Wegweiser zum Gasthof Krönele und ist nach 200 Metern angekommen. Bereits beim warmherzigen Empfang spürt man die Atmosphäre eines eingespielten Familienbetriebes. Seit fünf Generationen ist das Krönele in Familienbesitz, um genau zu sein: in fester Frauenhand. Immer waren es die weiblichen Nachkommen, die die Geschicke des Hauses durch teils stürmische Wasser gelenkt haben. Seit 2007 führt Ulrike Fink das Hotel-Restaurant, und auch ihre ältere Tochter erprobt mit ihren sechs Jahren schon gelegentlich ihr Talent als Wirtin und plaudert unbefangen mit den Gästen, während Ulrike Finks Mutter weiterhin als gute Seele des Hauses nach dem Rechten schaut. Vier Hotelsterne haben sich die Frauen erarbeitet – gelegentliche Hilfe einer männlichen Hand nicht ausgeschlossen. Die Sterne interpretiert Ulrike Fink auf die ihr eigene charmante Art und Weise: je ein Stern für Vielfalt in angenehmer Atmosphäre, für das gute Preis-Leistungs-Verhältnis, für den sorgsamen Umgang mit der Natur und ihren Produkten, und der vierte Stern ist der Glücksstern zufriedener Gäste. Sowohl Geschäftsreisende als auch Urlauber lieben das Krönele, verfügt es doch gleichermaßen über eine gute Verkehrsanbindung und Naturnähe. Auf der reichlich bestückten Speisekarte mit traditionell österreichischem Schwerpunkt findet wirklich jeder seine Leibspeise und im kastanienbeschatteten Gastgarten, im Dampfbad und der Sauna kann man dem Arbeitstag ebenso wie dem Urlaubstag das Krönele aufsetzen.

Lustenauer Mostsuppe
Das Rezept zur Spezialität des Hauses finden Sie auf Seite 88

Gasthof zum Krönele
Reichsstraße 12
A-6890 Lustenau
☎ 00 43 (0) 55 77 / 8 21 18
www.kroenele.com

Lustenauer Senf

„Wenn Vorarlberger auswandern, dann vermissen sie nur drei Dinge: Bergkäse aus der Heimat, Vorarlberger Bier und Lustenauer Senf."

Reinhard Bösch, Inhaber

Luschnouarisch – das für Auswärtige schwer auszusprechende Wort bedeutet eine besondere Mundart des Alemannischen, die nur in Lustenau im Vorarlberger Rheintal gesprochen wird. Ob diese Sprechweise den Gaumen besonders empfänglich macht für würzig-scharfe Aromen? Jedenfalls stammt von hier der Lustenauer Senf, von dem die Einheimischen selbstbewusst sagen, er sei der beste der Welt; und wer ihn probiert hat, ist bereit, es zu glauben. Denn die würzigen Scharfmacher der Brüder Herbert und Reinhard Bösch sind nicht vergleichbar mit dem gelben Klacks auf der Würstelpappe, den die meisten Menschen für Senf halten. Lustenauer Senf besteht aus bis zu acht verschiedenen braunen (Brassica juncea) und schwarzen (Brassica nigra) Senfsaaten, die sich mit weiteren edlen Zutaten, mit viel Kreativität und dem wissenschaftlichen Forschungsdrang der Bösch-Brüder zu pikanten Spezialitäten paaren wie Dörrpflaumensenf, Senf mit Grappa und Rosinen, Senf mit Blutorangen oder zu den Klassikern wie Rheintaler Bauernsenf, süßer Hausmacher- und höllenscharfer Chilisenf. Eine besonders gewagte Kombination ist „Schwarzes Gold", mit eingedicktem Apfelsaft, gelbem Senfmehl, weißem Balsamessig, Traubenkernöl, Rohrzucker und Holzkohle. In vielen Restaurant- und Privatküchen auch außerhalb der Region gehören die typischen sechseckigen Gläser bereits zum vertrauten Anblick, denn die Kreationen aus Luschnou passen nicht nur bestens als Begleiter zu Wuorscht und Käs, sie verfeinern Saucen und Marinaden und sogar Desserts. Daher ist es für manchen Vorarlberg-Urlauber zur lieben Gewohnheit geworden, sich vor dem Nachhauseweg in der Grenzgemeinde Lustenau mit Senf einzudecken. Damit es bis zum nächsten Urlaub reicht, am besten gleich dutzatwiis.

Lustenauer Senf
Bösch GmbH & Co KG
Rheinstraße 15
A-6890 Lustenau
☎ 00 43 (0) 55 77 / 8 20 77
www.lustenauer-senf.com

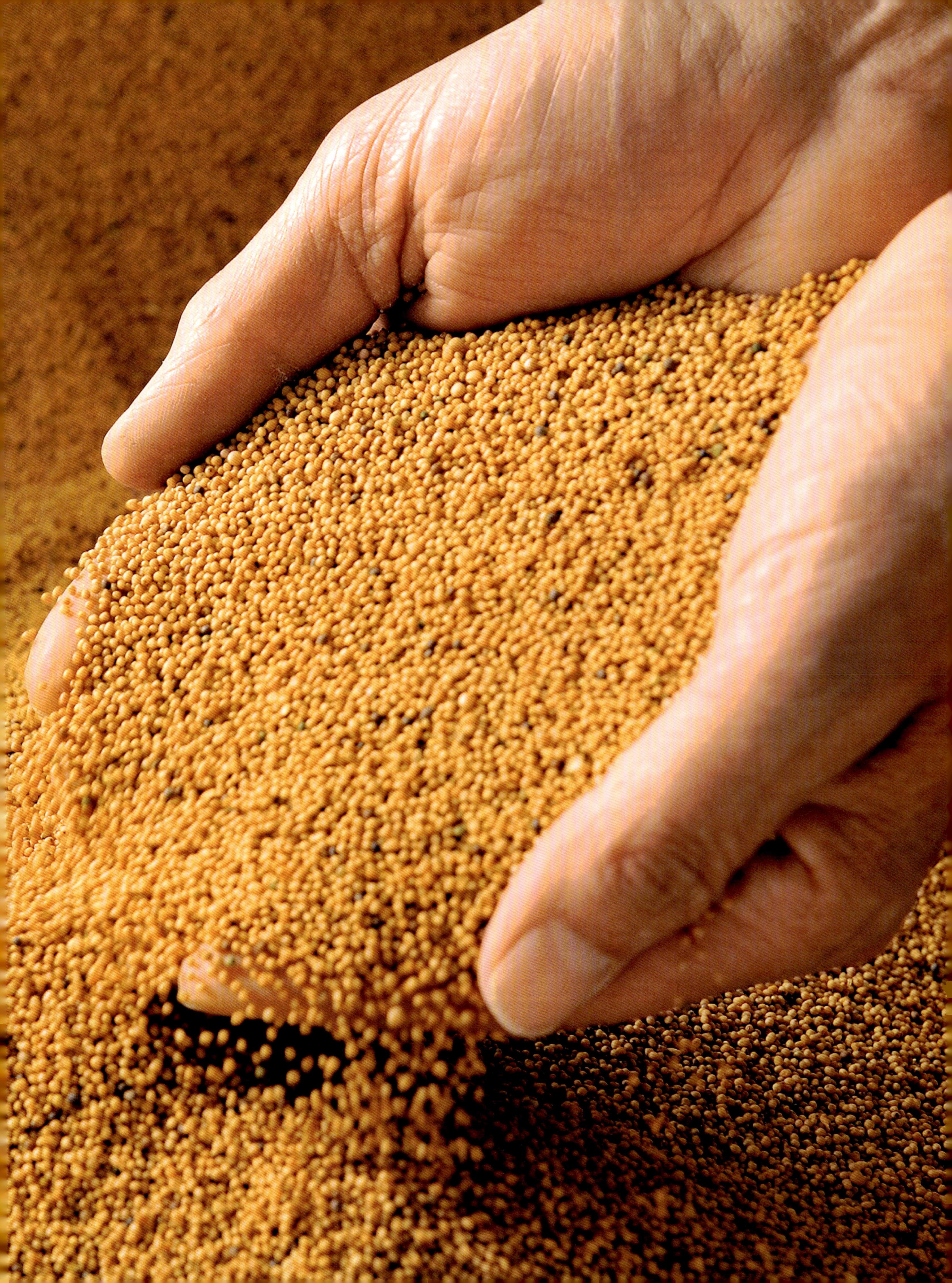

HÄMMERLE Subirer®

„Gute Obstbrände zu machen ist ein solides Handwerk; die feinsten Duft- und Geschmacksnuancen einer Frucht im Destillat einzufangen, ist eine Kunst."

Gebhard Hämmerle, Gründer

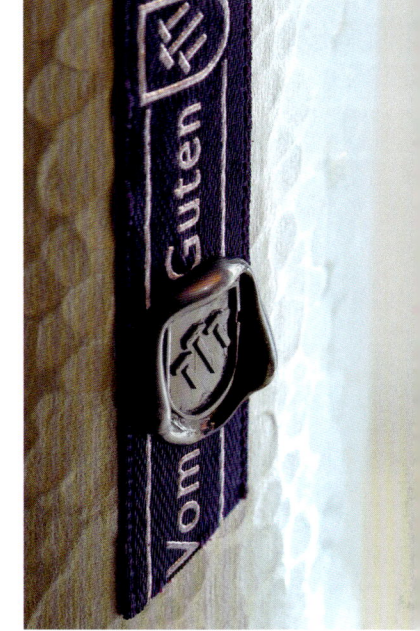

Privatbrennerei
Gebhard Hämmerle

Vor mehr als 120 Jahren hat Gebhard Hämmerle den Grundstein der Vorarlberger Edelbrennerdynastie der Familie Hämmerle gelegt. Als sein gleichnamiger Enkel und Nachfolger im Jahr 1952 beschloss, aus den besten Früchten jeder Ernte limitierte Jahrgangsbrände zu destillieren, war die Privatbrennerei Gebhard Hämmerle geboren. Heute spielt sie im Ultra-Premium-Segment österreichischer Destillerien eine führende Rolle. Seit Frühjahr 2009 sind nun vier ausgewählte Premiumsorten in einer limitierten Zahl von Magnumflaschen erhältlich.

Es handelt sich um seltene Varianten bekannter Fruchtsorten, wild wachsende Früchte oder Beeren, die speziell für die Privatbrennerei geerntet werden: Bartlett-Birne, Abricot d'Ampuis, Wilde Vogelbeere und Subirer Reserve. Die Bartlett-Birne ist eine besonders aromatische Variante der Williamsbirne aus Frankreich. Die Abricot d'Ampuis gilt unter Kennern als beste Aprikose überhaupt. Die Wilde Vogelbeere ist eine mährische Spielart der Eberesche, und bei der Subirer Reserve handelt es sich um das hocharomatische Destillat einer Vorarlberger Wildbirnenart. Präsentiert werden die vier Premiumbrände in einer vom italienischen Glaskünstler Massimo Lunardon mundgeblasenen Magnumflasche. Um den Freunden edler Destillate eine Plattform zu geben, startete die Privatbrennerei Gebhard Hämmerle zusätzlich einen Club für Gastronomen, Liebhaber und Genießer exklusiver Edelbrände. Der Gebhard Hämmerle Connaisseur Club, dem man über die Homepage des Unternehmens beitreten kann, ermöglicht den Mitgliedern, edle Raritäten, die nur in limitierter Flaschenzahl erhältlich sind, exklusiv vorab zu reservieren und zu bestellen. Zu den Aktivitäten des Clubs gehören auch Trainings und Degustationen.

Privatbrennerei
Gebhard Hämmerle
Vorachstraße 75
A-6890 Lustenau
☎ 00 43 (0) 55 77 / 85 95 50
www.haemmerle.com

Freihof Destillerie

„Hell goldfarben, mit brillantem Glanz präsentiert sich dieser Apfelbrand mit einem Reigen aus sonnengereiften saftigen Äpfeln, Bisquit und Vanille."

Verkostnotiz Freihof Selection Apfel, holzfassgelagert

Das Vorarlberger Rheintal und der Bodenseeraum bieten von Natur aus beste Bedingungen für den Obstbau. Unterschiedliche Obstsorten gedeihen im besonderen Klima rund um den Bodensee und insbesondere Hochstamm-Birnbäume prägen diese alte Kulturlandschaft. Ein idealer Standort also für die Freihof Destillerie, die 1885 gegründet wurde und sich aus dem bäuerlichen Gasthof Zum Freihof entwickelt hat. Heutzutage leitet die vierte Generation der Familie das Unternehmen, das sich zu einem der bedeutendsten Hersteller von Edelobstbränden in Österreich entwickelt hat. Der Qualitätsphilosophie der Freihof Destillerie fühlen sich alle Generationen verpflichtet: Wissen, wo die besten Früchte wachsen und sie zum besten Zeitpunkt ernten; sich dann darauf konzentrieren, dass Verarbeitung, Vergärung, Destillation und Lagerung beste Ergebnisse bringen. Klingt einfach, doch dahinter stehen 125 Jahre Erfahrung und Kompetenz der Destillationskunst. Die Früchte dieser Arbeit zeigen sich Jahr für Jahr bei den World Spirits Awards, an denen die besten Spirituosen der Welt prämiert werden. Bei der aktuellen Prämierung 2010 durften sich Mitarbeiter und Freunde der Freihof Destillerie gleich über sieben Goldmedaillen und eine Silbermedaille freuen. Die Klassiker Obstler, Marille, Himbeer und Vogelbeere wurden in der Kategorie Obstspirituosen und Geiste jeweils mit einer Goldmedaille ausgezeichnet. Geschäftsführer Peter Angel: „Ganz besonders freut es uns, dass wir auch mit den Spezialitäten Freihof Jagertee und Enzian sowie mit der Produktneuheit Freihof Selection Apfel im Holzfass punkten konnten." Die hohe Qualität der Produkte aus dem Hause Freihof wird seit Jahrzehnten immer wieder durch zahlreiche nationale und internationale Preise bestätigt.

Freihof Destillerie
Vorachstraße 75
A-6890 Lustenau
☎ 00 43 (0) 55 77 / 85 95 50
www.freihof.com

Williams

Thunfischsteak mit Riesengarnelen und asiatischem Gemüse

s'Glöggele am Steinebach, S. 71

Zutaten für 4 Personen

4 Thunfischsteaks à 150 g | *4 Riesengarnelen 8/12 St./kg* | *1 gelbe Rübe* | *1 Karotte* | *½ Sellerie* | *1 Lauch* | *1 rote Zwiebel* | *100 g Shiitake-Pilze* | *200 g Sojasprossen* | *100 g Kefen (Zuckererbsen)* | *3 EL Sojasauce* | *3 EL Austernsauce* | *schwarzer Sesam* | *½ Chinakohl* | *Zitronensaft* | *Salz, Pfeffer* | *Olivenöl zum Anbraten*

Zubereitung

Steaks und Garnelen in Olivenöl kurz anbraten, mit Salz, Pfeffer und Zitronensaft würzen. Das gesamte Gemüse entweder schälen oder säubern und in feine Streifen schneiden. Das geschnittene Gemüse in Olivenöl ebenfalls kurz anbraten, mit Soja- und Austernsauce ablöschen, eventuell noch mit Salz nachwürzen, dabei aber vorsichtig sein, denn die Sojasauce ist recht salzig!
Anrichten: Gemüse auf den Teller legen, Thunfisch und Garnelen auf das Gemüse aufsetzen, mit dem schwarzen Sesam bestreuen. Zur Dekoration eignen sich ideal frittiertes Zitronengras und ein paar Limettenscheiben.
Beilage: Basmatireis, in einer Schüssel extra servieren.

Flüssiger Schokokuchen

s'Glöggele am Steinebach, S. 71

Zutaten für 4 Personen

125 g Butter | *125 g dunkle Couverture* | *2 Eier* | *2 Eigelb* | *30 g glattes Mehl* | *30 g Puderzucker*

Zubereitung

Butter und Couverture über Dampf zusammen schmelzen, Eier und Eigelb dazugeben. Mehl und Puderzucker sieben und unter die Masse rühren. Feuerfeste Formen mit Butter ausreiben und mehlieren, die Masse einfüllen und bei 180 °C circa 10 Minuten im Heißluftofen backen.
Perfekt dazu passen leicht säuerliche Fruchtsaucen, Sorbets oder frische Früchte.

Marinierter Stangenspargel mit Erdbeer-Wildkräuter-Salat und in Kirschholz geräuchertem Lachs

Gesundheitszentrum Rickatschwende, S. 72

Zutaten für 2 Personen

6 Stangenspargel, je 3 weiß und 3 grün | *Wildkräutersalat (Kerbel, Löwenzahn, Dill, Rucola)* | *3 Erdbeeren, in Scheiben geschnitten* | *1 EL Pinienkerne* | *Haselnussöl* | *Erdbeeressig* | *Räucherlachs* | *Dijonsenf* | *Sauerrahm* | *Meersalz oder Vulkansalz, Pfeffer, Zucker*

Zubereitung

Spargel schälen und etwa 5 Minuten dämpfen.
Für die Kräutersalatmarinade etwas Haselnussöl, Essig, Dijonsenf, Zucker, Salz und Sauerrahm mit dem Stabmixer aufmixen. Die Marinade über den Salat geben. Wildkräuter mit Erdbeerscheiben, Pinienkernen, frisch geriebenem Meersalz und Pfeffer nach Geschmack würzen. Spargel lauwarm auf den Teller geben und mit etwas Haselnussöl und ein paar Tropfen Essig marinieren. Räucherlachs und Wildkräutersalat dazu anrichten.

Überbackene Schnitzel mit Tomatensauce und Mozzarella

Söhmsen's Manufaktur, S. 75

Zutaten für 4 Personen

4 Schweine- oder Kalbsschnitzel | *1 Glas (320 g) Söhmsen´s Pastasauce Verdure* | *200 g Mozzarella* | *Olivenöl* | *Salz, Pfeffer*

Zubereitung

Schnitzel leicht klopfen, halbieren, salzen und pfeffern. In eine mit Olivenöl ausgestrichene kleine Auflaufform schichten, Söhmsen´s Pastasauce darübergeben, mit Mozzarellascheiben belegen und im Backrohr bei circa 180 °C für 25 bis 30 Minuten überbacken. Dazu passen hervorragend Pasta oder Reis.

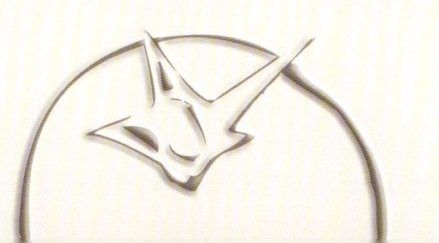

Lustenauer Mostsuppe

Gasthof zum Krönele, S. 79

Zutaten für 4 Personen

30 g Butter | *100 g Karotten* | *100 g Sellerie* | *½ l vergorener herber Most* | *½ l Rindssuppe* | *20 g Maizena (Speisestärke)* | *125 ml Sahne* | *20 g geräucherter Bauchspeck* | *1 Scheibe Weißbrot* | *Lorbeerblatt, Muskat* | *Salz, Pfeffer*

Zubereitung

Butter in einem Topf zergehen lassen. Die in feine Streifen geschnittenen Karotten und den gleichfalls geschnittenen Sellerie anschwitzen. Mit dem Most und der Rindssuppe weich kochen, aufgießen und weiterkochen. Lorbeerblatt hinzugeben. Maizena mit etwas Wasser anrühren und die Suppe binden. Mit der Sahne vollenden und mit Muskat, Salz und Pfeffer abschmecken. Den würfelig geschnittenen Speck in einer Pfanne rösten, das ebenfalls gewürfelte Weißbrot mitrösten und auf die angerichtete Suppe streuen.

Dazu reichen Sie ein Glas Most oder einen trockenen Weißwein.

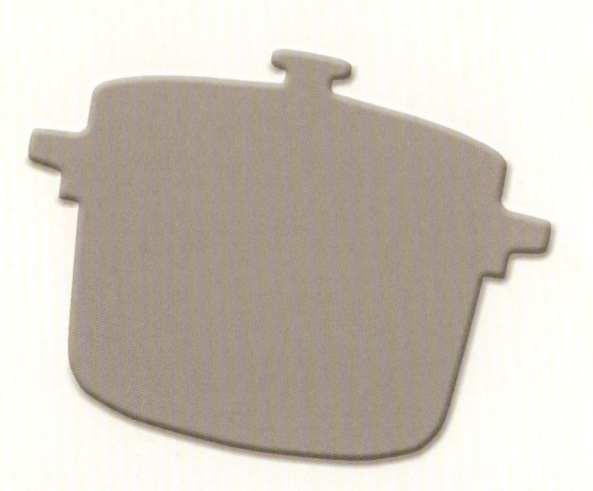

Bregenzerwälder Ofenbraten

Rezepttipp aus dem Verlag

Zutaten für 4 Personen

1 kg Schweinsbraten mit Schwarte | *400–600 g Kartoffeln* | *2–3 Knoblauchzehen, zerdrückt* | *Rindssuppe oder Wasser zum Begießen* | *Kümmel* | *Salz, Pfeffer* | *Schweinsknochen für die Form*

Zubereitung

Schweinsbraten mit Schwarte einige Minuten lang mit der Fettseite nach unten in fingerhohes, leicht köchelndes Wasser legen, herausnehmen und dann die Schwarte kreuzweise einschneiden. Braten rundum gut mit Salz, Pfeffer, Kümmel und den zerdrückten Knoblauchzehen einreiben. Eine feuerfeste Form etwa fingerhoch mit Wasser füllen, Knochen einlegen und den Braten mit der Schwarte nach unten darauf setzen. Bei fallender Temperatur von 220 °C auf 170 °C insgesamt 60 bis 90 Minuten unter wiederholtem Begießen mit Flüssigkeit braten. Wenn nötig noch Rindssuppe oder Wasser zugießen. Nach der halben Garungszeit Braten wenden und dabei die Knochen herausnehmen. Geschälte, in Scheiben oder Viertel geschnittene Kartoffeln zugeben und mitbraten. Ofenbraten mit Schwarte zum Schluss einige Minuten eventuell noch bei großer Oberhitze knusprig braten. Ofenbraten herausheben, kurz ruhen lassen und in Scheiben schneiden. Wieder zurück in die Bratform legen und mit den Kartoffeln auftragen.

Dazu passt warmes Sauerkraut mit Speckkrusteln.
Je nach Geschmack kann man zusätzlich zu den Kartoffeln auch noch Zwiebelringe mitbraten.

Luger-Haus am Marktplatz von Dornbirn

Nebelverhangenes Montafon

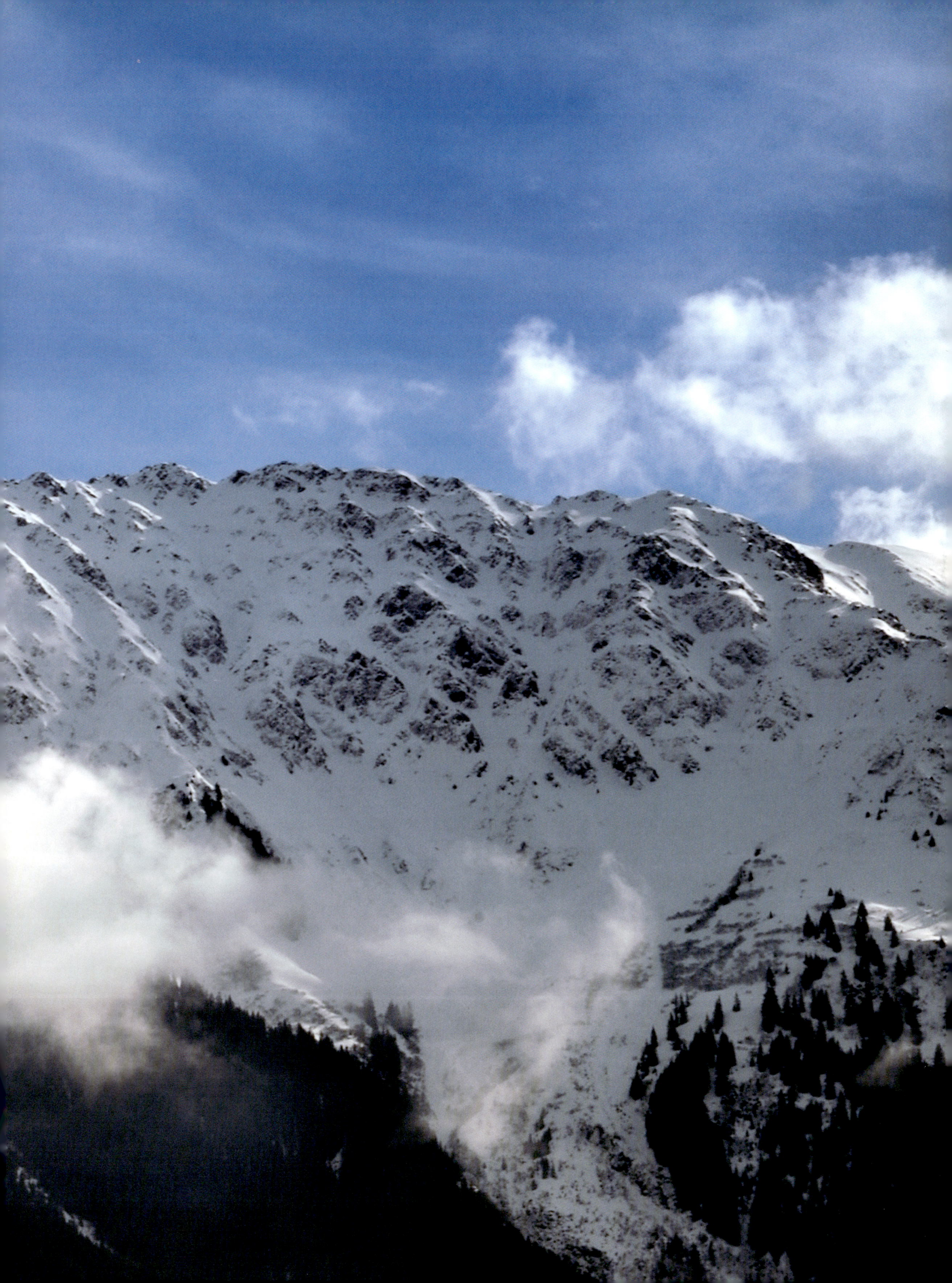

Lech am Arlberg, Mekka des Wintersports

Wintersport in Vorarlberg: Schifoan!

„Schifoan is des Leiwandste, was ma si nur vorstell´n kann", sang schon der österreichische Liedermacher Wolfgang Ambros. Und wenn es nach den deutschen Wintersportlern geht, ist die Alpenrepublik ihr liebstes Skiland. Was kaum verwunderlich ist: Skifahren hat in Österreich eine Tradition, die bis ins 19. Jahrhundert zurückreicht. Bereits um 1920 begann man hier mit der Erschließung der Alpen, um künftige Skiurlaube zu ermöglichen. Das hat dazu geführt, dass die österreichischen Skigebiete recht langsam gewachsen sind. Im Alpenbogen zwischen Bregenzer Wald und den Wiener Hausbergen sucht man also weitestgehend vergeblich nach Retortenskiorten wie in Frankreich, der Schweiz und Italien.

Von der kleinen Pension bis zum exklusiven Hotel ist hier alles einen Schuss rustikaler und jovialer als anderswo; in den Dörfern spielt der klassische Heimatabend noch eine große Rolle. Als Geheimtipp unter den Skiregionen in Österreich wird Vorarlberg gehandelt. Hier sind die Pisten weniger überfüllt, es geht gemütlich und gastfreundlich zu und auf die Pistenpflege ist Verlass. Spaß, Action und Entspannung lassen sich beim Wintersporturlaub in Vorarlberg perfekt in Einklang bringen. Dazu kommt noch eine ausgeprägte Familienfreundlichkeit.

So angenehm überschaubar wie die Orte in dieser Region sind auch die Skigebiete. Sportliches Skifahren geht einher mit dem Landschaftsgenuss: Vorarlberg als kleinstes österreichisches Bundesland ist geprägt von landschaftlicher Vielfalt – vom Hochgebirge bis zu den Weiten im Rheintal und dem anliegenden Bodensee.

Der Skiurlauber findet für seinen Winteraufenthalt unzählige Skipisten, die mit weit mehr als 300 Seilbahnen und Liften bequem erschlossen sind. Die Skipisten liegen in Lech und in Schruns-Tschagguns, zwischen Klösterle und Gargellen, im Brandner- und Walsertal und am Diedamskopf. Dazu kommen kilometerlange Langlauf-Loipen in durchweg reizvollen Regionen.

In dem kleinen Bundesland „vor dem Arlberg" befinden sich einige der bekanntesten und beliebtesten Skigebiete Österreichs. Einen Berg namens Arlberg gibt es entgegen einer weitverbreiteten Meinung allerdings nicht. Arlberg heißt vielmehr ein gewaltiger, über 3 000 Meter hoher Gebirgsstock, den sich Vorarlberg und Tirol teilen. Die Orte Lech, Zürs und Stuben gehören zu Vorarlberg, während St. Anton, St. Jakob und St. Christoph auf Tiroler Seite liegen. Alle fügen ihrem Namen den Zusatz „am Arlberg" bei. Womit wir auch schon mitten im mondänsten Vorarlberger Skigebiet wären. In dem kleinen Nobelskiort Zürs dauert die Saison von Anfang Dezember bis Ende April. Schon um die letzte Jahrhundertwende kamen die ersten Skiläufer auf die Berge in Zürs. Es ist also kein Zufall, dass dort 1937 der erste Skilift Österreichs entstand. Der Arlberg ist von seiner Ausprägung her allerdings eher ein typisches Tiroler Skigebiet. Ganz anders und sehr viel „vorarlbergerischer" geht es im Montafon zu mit seiner ganz eigenen Beschaulichkeit. Eines der für die Pistenpflege ausgezeichneten Skigebiete in Österreich ist hier die Region Silvretta Nova. Das Skiparadies Silvretta Nova und der Doppelort Schruns-Tschagguns haben sich als Skiplätze von Rang einen guten Namen in der alpinen Skigeografie gemacht. Eine weitere beliebte Destination ist der Bregenzerwald. Hier wurden die Skigebiete mit Bedacht ausgebaut: Naturschutz, Komfort und Sicherheit stehen an erster Stelle. Im „Wald" ist vor allem das hoch gelegene Gebiet Damüls-Faschina als Wintersportplatz bekannt.

So unterschiedlich die landschaftlichen Besonderheiten in Vorarlberg, so vielfältig sind auch die

Wintersport in Vorarlberg

Wintersportgebiete – gute 30 an der Zahl. Wer einen eher ruhigen, erholsamen Skiurlaub mit der Familie verbringen möchte, ist hier ebenso gut aufgehoben wie die Fans schneller Abfahrten und unterhaltsamen Après-Skis. Vor allem aber erwartet den Besucher in allen Skigebieten Vorarlbergs eine gute, regional betonte Küche mit allerlei kulinarischen Köstlichkeiten zu einem guten Preis-Leistungs-Verhältnis.

Lech am Arlberg

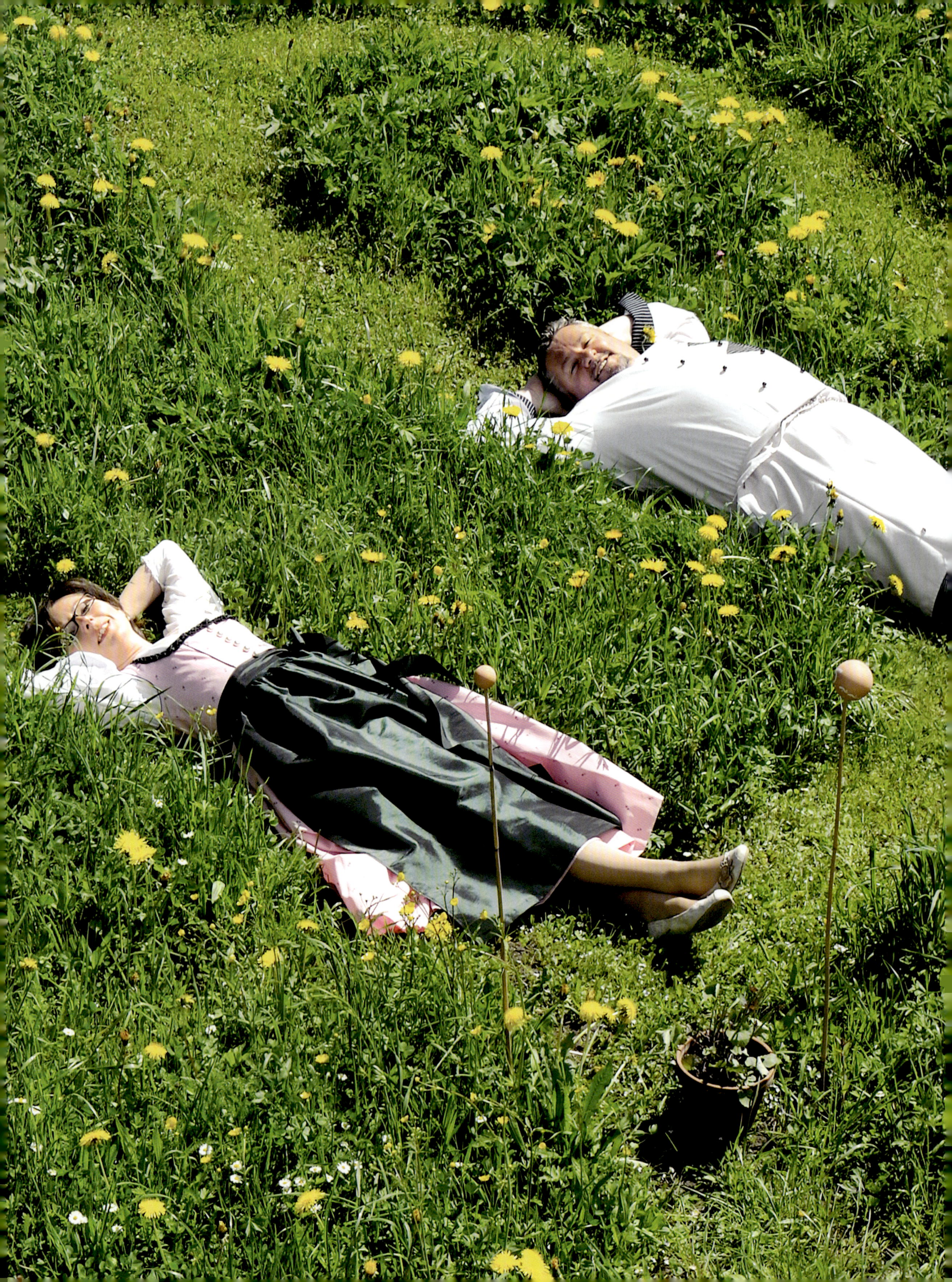

Wirtshaus-Restaurant Engel

„Für unser Löwenzahnblütengelee zupfe ich einen Berg Löwenzahnblüten, bis die Daumen wehtun – es schmeckt wunderbar zum Bergkäse."

Cornelia Wascher, Gastgeberin des Hauses

Auf der Arlberg-Schnellstraße zwischen Bludenz und Arlbergpass lohnt es durchaus, anders als der Name nahelegt, einen Gang herunterzuschalten und zu pausieren, um die Schönheit der imposanten Bergkulisse wahrzunehmen. Ein guter Ort zum Verweilen ist die Gemeinde Klösterle im Klostertal. Wer neben der Naturschönheit auch echte österreichische Gastfreundschaft erleben möchte, kehrt im Wirtshaus-Restaurant Engel bei Familie Wascher ein. Norbert Wascher kocht, während Cornelia Wascher den Service leitet. Ob es an den zirbenholzgetäfelten Stuben liegt, dass man sich sofort wohlfühlt? Immerhin harmonisieren die ätherischen Öle der Zirbelkiefer nachweislich das menschliche Befinden. „Wir servieren moderne österreichische Wirtshausküche mit regionalem Schwerpunkt. Manchmal greifen wir auf alte Rezepte zurück, die wir schlanker gestalten: weniger Butter und Sahne, dafür viele frische Wildkräuter", erklärt Cornelia Wascher. Auf der Karte findet sich Arlberger Hausmannskost und Traditionelles aus Österreich ebenso wie ein mehrgängiges Gourmetmenü. Cornelia Wascher ist diplomierte Wein- und Käsesommelière und ausgebildete Kräuterpädagogin und durchstreift regelmäßig die Bergwiesen auf der Suche nach Wildkräutern wie Sauerampfer, Giersch und Gundelrebe. Im Herbst erntet sie wildwachsende Berberitze, Schlehe, Hagebutten und Vogelbeere und gräbt Blutwurz, die sie zu Likören, Chutneys und Marmeladen verarbeitet. Auf der großen Wiese neben dem Wirtshaus hat sie ein begehbares, beschildertes Wiesen- und Wildkräuterlabyrinth angelegt, das den Gästen zugänglich ist. Einheimische, die sich sonntags zum Jassen an den schönen alten Montafoner Tischen niederlassen, fühlen sich im Engel ebenso wohl wie Skifahrer und Wanderer, die nach einer Tour zum Sonnenkopf im schönen Engel-Gastgarten bei einer reichhaltigen Mahlzeit und einem guten Tropfen neue Kräfte tanken möchten.

Wälder Hennele mit Spargel, Erdäpfeln in Gierschbutter und Wildkräuterdip

Das Rezept zur Spezialität des Hauses finden Sie auf Seite 110

Wirtshaus-Restaurant Engel
Arlbergstraße 50
A-6754 Klösterle am Arlberg
☎ 00 43 (0) 55 82 / 6 27
www.engel-kloesterle.at

Brauerei Fohrenburg

"Fohrenburger hat 13 Bierspezialitäten im Sortiment. Da ist sicher für jeden Biergeschmack etwas dabei."

Sabine Treimel, Marketingleiterin

Vorarlberg war schon immer etwas eigen. Getrennt vom übrigen Österreich durch den Arlbergpass, entwickelten sich eigene Gebräuche, auch eigene, für ungeübte Zuhörer manchmal schwer verständliche Dialekte, und was die Kulinarik anbelangt, weist das flächen- und einwohnermäßig zweitkleinste Bundesland eine bemerkenswerte Dichte an Haubenrestaurants auf. Selbst die Vorlieben beim Bierkonsum unterscheiden sich vom Rest der Republik, denn der Vorarlberger Biertrinker bevorzugt Spezialbier, während ansonsten überwiegend Märzenbier getrunken wird, erklärt Sabine Treimel, Marketingleiterin der Bludenzer Brauerei Fohrenburg. Das Fohrenburger Spezialbier Jubiläum hat mit 5,2 Volumenprozent Alkohol und 12,9 °P (Grad Plato) mehr Stammwürze als die meisten anderen Biere, es schmeckt würzig und unverwechselbar. Dem besonderen Vorarlberger Biergeschmack trägt die Brauerei Fohrenburg Rechnung, die sich seit ihrer Gründung 1881 auf die Herstellung von Spezialbier konzentriert. Daneben bietet sie 13 weitere Bierspezialitäten an, darunter mit dem Fohrenburger Weizen und dem Fohrenburger Ohne das einzige Weizenbier und alkoholfreie Bier im Land. Mit dem Kellerbier, Radler süß und sauer und Weizenradler sind die Wünsche der Konsumenten nach Abwechslung und Regionalbezug gut erfüllt. Zur Beliebtheit der Fohrenburger Biere trägt sicher auch das besondere Wasser bei, mit dem es gebraut wird: Es stammt aus zwei brauereieigenen Brunnen, die frisches Alpenquellwasser beisteuern. Wer also auf der kulinarischen Entdeckungsreise durch Vorarlberg auf regionaltypische Getränke Wert legt, sollte nach dem weißen Einhorn Ausschau halten, dem Wappentier der Brauerei Fohrenburg. Denn das wacht seit 130 Jahren über die Einzigartigkeit, Reinheit und Stärke des ihm anvertrauten Bieres.

Brauerei Fohrenburg GmbH & Co. KG
Fohrenburg Straße 5
A-6700 Bludenz
☎ 00 43 (0) 55 52 / 6 06 61
www.fohrenburg.at

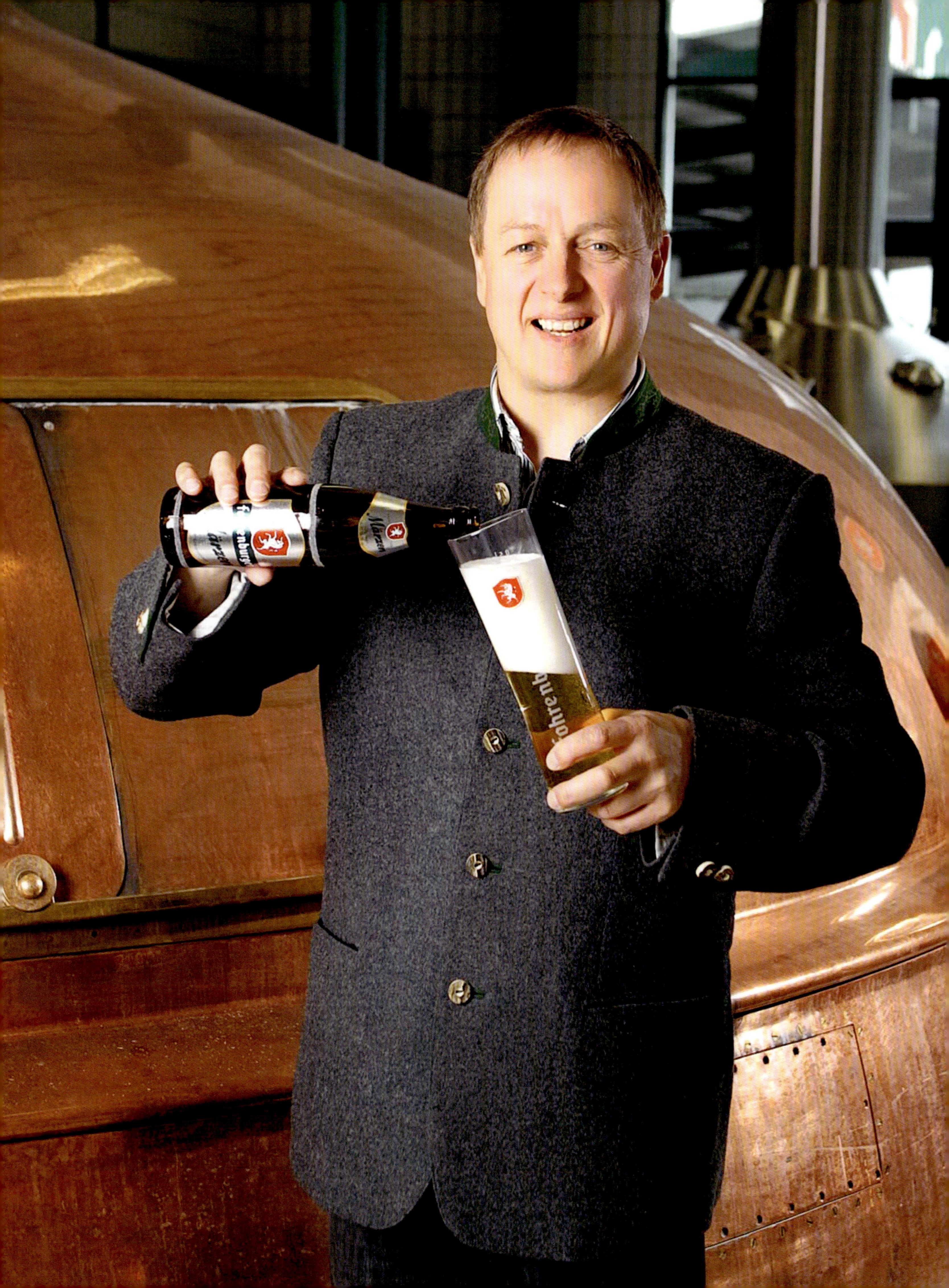

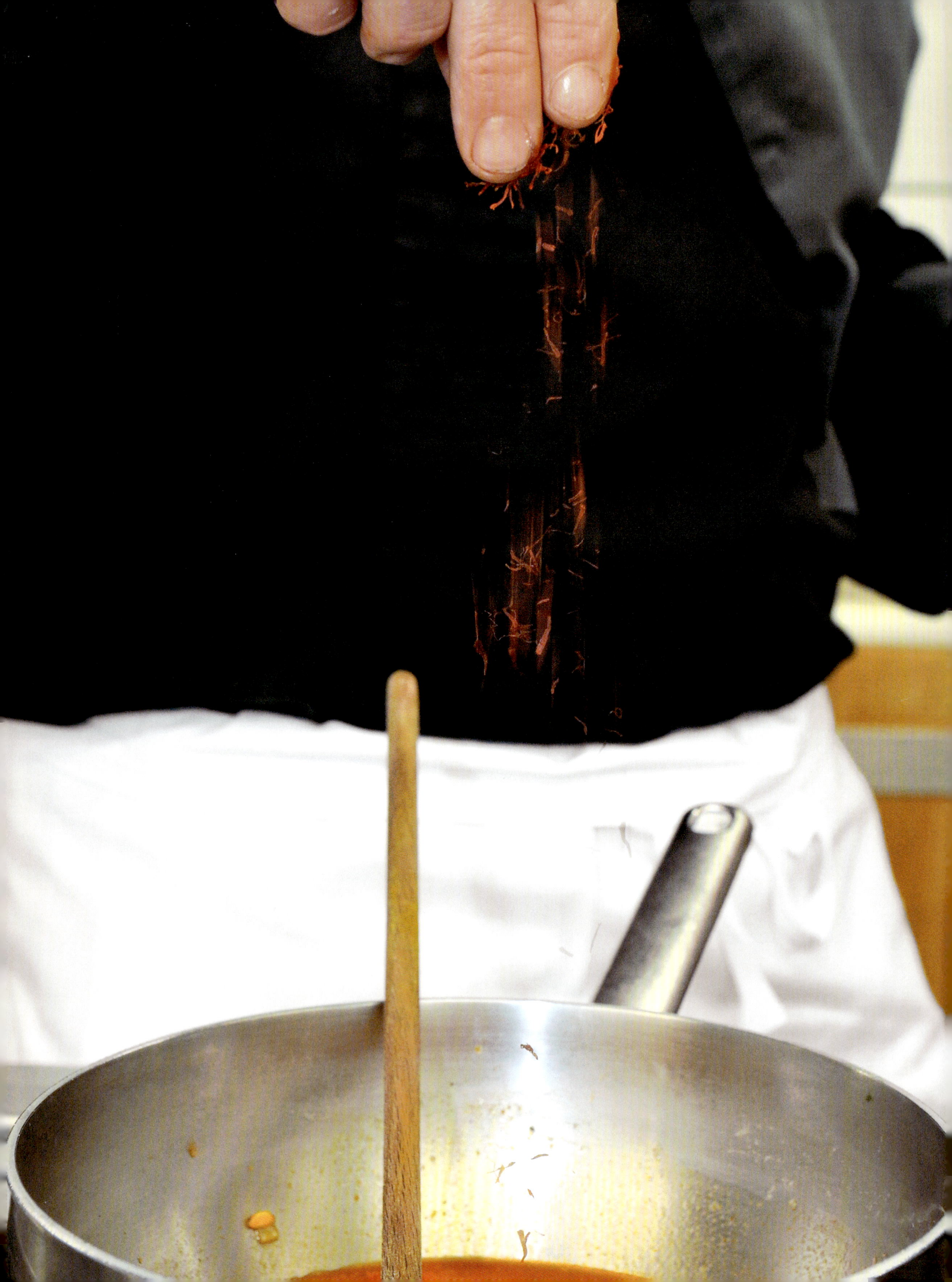

„Wir freuen uns immer darauf, unsere Gäste in ihrem zweiten Zuhause verwöhnen zu dürfen."

Bernhard Huber, Küchenchef

Alpenhotel Zimba

Das Brandnertal am Fuße der majestätischen Schesaplana ist mit seiner landschaftlichen Schönheit zu allen Jahreszeiten einen Besuch wert. Der Talschluss mit dem hoch gelegenen Lünersee gilt gar als der schönste der Ostalpen. Der Aufenthalt auf der Terrasse des Alpenhotels Zimba bietet daher einen mehrfachen Genuss: zum einen der traumhafte Blick auf die prachtvolle Bergwelt des Rätikon, zum anderen natürlich die feinen Menüs aus der Küche von Bernhard Huber, dem Sohn des Hauses. Das Vier-Sterne-Hotel ist nach einem weiteren Berg im Brandnertal benannt, der Zimbaspitze. Seit 55 Jahren befindet es sich in Familienbesitz und verfügt dank der Weitsicht und Emsigkeit seiner Inhaber über alle Annehmlichkeiten, die sich ein Gast wünschen kann – inklusive einem bezaubernden Badeteich im weitläufigen Garten. In der Zimba erwarten den Gast Menüs, die Bernhard mit der ihm eigenen Kreativität zusammenstellt und dabei auch die Vegetarier nicht außer Acht lässt. Er bevorzugt eine bodenständige, gerne aber international interpretierte Küche mit Überraschungen. Beispiel gefällig? Zanderfilet im Strudelteigblatt an fruchtiger Currysauce und Apfelrisotto ist so ein Gericht, das Feinschmecker dahinschmelzen lässt. Da Bernhard auch ein leidenschaftlicher Pâtissier ist, wäre es sträflich, sich eines seiner Desserts entgehen zu lassen. So etwas wie Halb gekochtes Schokoladensoufflée mit Pfeffereis und Orangenschaum zum Beispiel. Der junge Küchenchef arbeitet mit viel Liebe zum Detail und bevorzugt die gehobene Küche.

Freilich gibt es auch ganz und gar „zünftige" Angebote in der Zimba. Großer Beliebtheit bei den Gästen erfreuen sich das Bergfrühstück in der hoteleigenen Hütte, die Themenabende mit einheimischen Spezialitäten und das winterliche Bauernbuffet, das mit deftigen Gerichten wie Hirschragout und Schinken in Brotteig so ganz nach dem Herzen der Wintersportler ist.

Lammrücken im Speckmantel an Portweinreduktion mit Zucchini-Emmentaler-Tortillas und Tomaten-Safran-Risotto

Das Rezept zur Spezialität des Hauses finden Sie auf Seite 110

Alpenhotel Zimba
Studa 54
A-6708 Brand
☎ 00 43 (0) 55 59 / 3 51
www.zimba-brand.at

Cresta Hotel

„An erster Stelle stehen bei uns Freundlichkeit und Echtheit."

Petra Ganahl, Inhaberin

Filet vom heimischen Rind auf Breitnudeln

Das Rezept zur Spezialität des Hauses finden Sie auf Seite 111

Tschagguns ist ein kleiner, ruhig und hübsch gelegener Ort im ansonsten recht lebhaften Montafon. Und so ist das Cresta Hotel trotz seiner zentralen Lage bestens geeignet, um einmal richtig auszuspannen. Auch mit der Familie, denn Kinder sind hier gern gesehen. Das Personal ist jung und motiviert und vermittelt durchweg den Eindruck, dass man hier mit Spaß bei der Sache ist. Patronin Petra Ganahl gewinnt die Herzen der Gäste mit ihrer spontanen Freundlichkeit und ihr Sohn Sebastian – ein ebenfalls junger Küchenchef mit großen Ambitionen – dank seiner Küchenkreationen. Allein die hervorragenden Saucen belegen, dass hier einer seinen Beruf sehr ernst nimmt.

Sebastian Ganahl ist ein kreativer Traditionalist mit einem Hang zum Ausgefallenen. Wunderbar seine geschmorten Kalbsbäckle auf getrüffeltem Kartoffelpürree, der Zwiebelrostbraten mit Bratkartoffeln und Speckbohnen und der traditionelle Kaiserschmarrn mit Zwetschgenröster. Die Pasta ist handgemacht. Bei der Zubereitung der Speisen spielen frische Kräuter eine große Rolle. Die À-la-carte-Gerichte orientieren sich an den Gegebenheiten des Marktes; Sonderwünsche werden nach Möglichkeit berücksichtigt. Abends ist das Fünf-Gänge-Menü eine verführerische Alternative. Sicher ungewöhnlich ist die große Auswahl am täglichen Salatbuffet: An 25 Salaten und Antipasti kann sich der Gast bedienen – da dürfte kaum ein Wunsch offenbleiben. Das gilt auch für die Weinauswahl, deren Hauptaugenmerk auf den sehr vielfältigen österreichischen Anbaugebieten liegt.

In der gemütlichen Zirbelstube und im hellen Speisesaal mit Ausblick auf das gegenüberliegende Schruns fühlt man sich gleichermaßen gut aufgehoben. Überall ist Liebe zum Detail zu spüren, bei der Einrichtung wie bei den Speisen; alles wirkt sehr sympathisch. Die Gäste, die Sommer wie Winter aus der Schweiz, aus Frankreich, Italien und natürlich Deutschland kommen, wissen das zu schätzen.

Cresta Hotel
Zelfenstraße 2
A-6774 Tschagguns
☎ 00 43 (0) 55 56 / 7 23 95
www.cresta-hotel.at

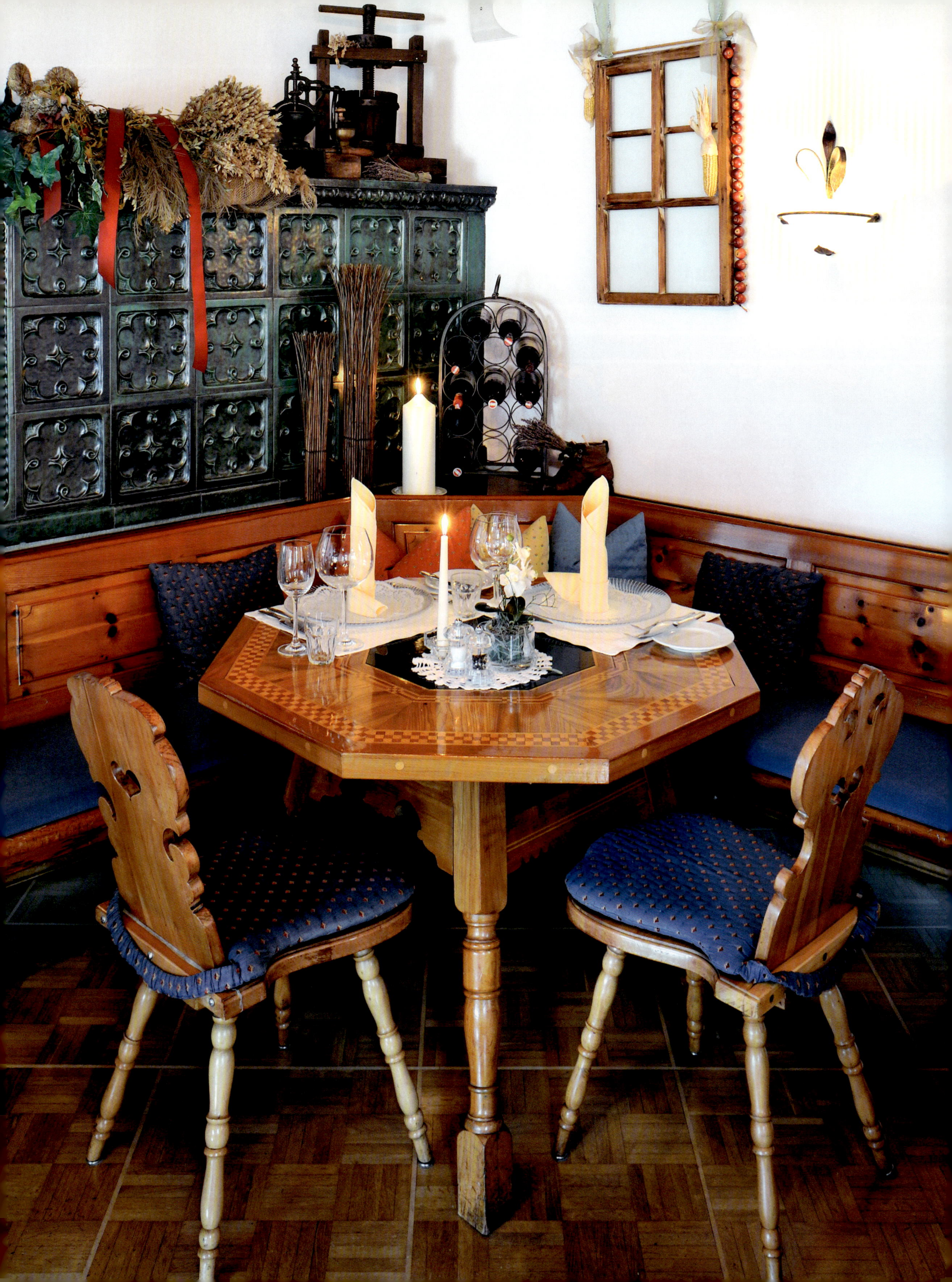

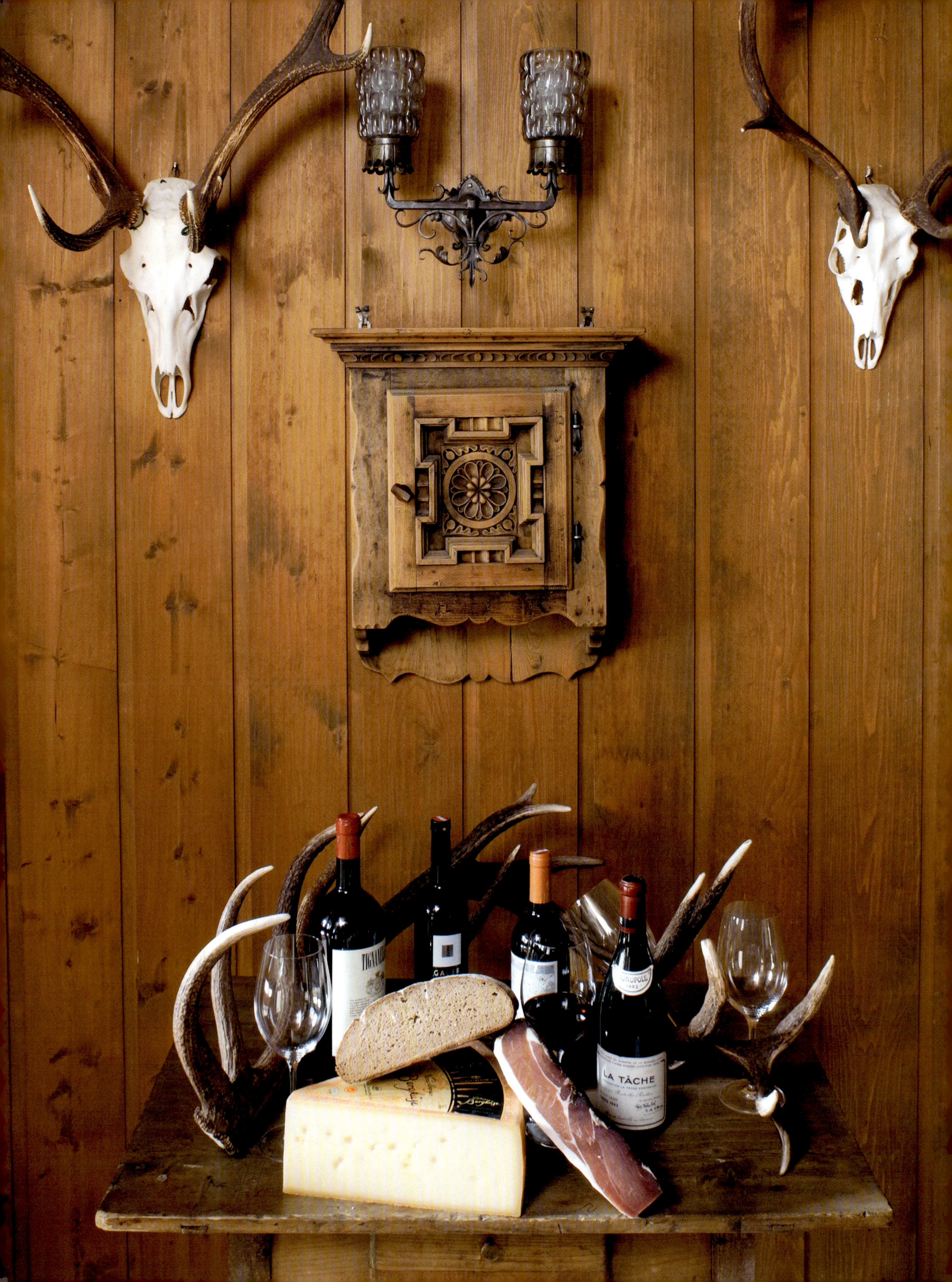
LA TÂCHE

"Bei uns gibt's alles frisch aus der heimischen Bergwelt."

Landgasthof Auhof

Günter Auerbach, Küchenchef und Inhaber

Wer sich einen Eindruck vom bodenständigen Selbstbewusstsein der Montafoner verschaffen möchte, ist bei Günter Auerbach an der richtigen Adresse. Gleichermaßen Inhaber und Küchenchef im gemütlich-gastlichen Auhof, ist er stets bestrebt, seinen Gästen Authentisches zu präsentieren. Hier gilt der Grundsatz: „Warum in die Ferne schweifen …?" Ja, warum auch? Forelle und Saibling kommen aus heimischen Gewässern, die es rundum in so großer Anzahl gibt, dass der Auhof eine bevorzugte Station von Fliegenfischern ist. Die Pilze sammelt man im Herbst eigenhändig in den umliegenden Wäldern und von der Jagdleidenschaft des Hausherrn zeugen stattliche Geweihe an den Wänden des Empfangsraumes. „Wir haben des Konzept des Hauses in den letzten Jahren entstaubt und uns damit für die Zukunft gewappnet", sagt er stolz.

Die Auerbachs arbeiten mit den Bauern der Region zusammen und was hier auf den Tisch kommt, trägt untrüglich den Montafoner Stempel. Der Sura Kees, ein auf hiesigen Alpen produzierter Frischkäse, wird in der Auhof-Küche in vielerlei, äußerst leckeren Variationen verarbeitet. Unter anderem auch im Montafoner Frischkäsesoufflée mit frischen Waldbeeren. Überhaupt ist die Auhof-Küche so begehrt, dass die Gästeschar sich inzwischen vornehmlich aus „Wiederholungstätern" rekrutiert. Eine Karte gibt es nicht. Wer hier speisen möchte, der ist gehalten, sich vorher anzumelden. Der Wirt bespricht mit seinen Gästen die Menüfolge. Vielleicht ist ein Bachsaiblingfilet mit Rhabarberrisotto darunter? Oder – zur Herbstzeit – der Gamsrücken mit sautierten Waldpilzen und Rosmarinpolenta? Unter der Vielzahl von Weinen finden sich mit Sicherheit die zum Menü passenden. Hauptsächlich Österreicher, ganz klar. Aber auch feine Italiener und Spanier sind darunter.

Sehr reizvoll ist der Aufenthalt auf der blumenreichen, mediterran anmutenden Gartenterrasse. Und das inmitten der Berge!

Schokoladen-Himbeer-Törtchen

Das Rezept zur Spezialität des Hauses finden Sie auf Seite 111

Landgasthof Auhof
Auweg 14
A-6780 Schruns
☎ 00 43 (0) 55 56 / 7 22 69
www.montafon.com/Auhof

Sporthotel Silvretta Nova

„Kleine Fehler können durch guten Service und Freundlichkeit ausgebügelt werden."

Markus Stemer, Direktor

Lammrücken mit Feven, Pioppini und Paprikaflaum

Das Rezept zur Spezialität des Hauses finden Sie auf Seite 112

Markus Stemer, der junge Hoteldirektor, mischt das mit seinen 40 Jahren fast ehrwürdig zu nennende Haus gehörig auf – und diese „Verjüngungskur" tut offenbar allen Beteiligten gut. Dem Gast bleibt nicht verborgen: Hier ist was los, hier passiert etwas! Das Silvretta Nova ist eine Destination für aktive Menschen: Von den verlockenden Angeboten im beeindruckenden Wellnessbereich bis zu zahlreichen Tennis-, Golf-, Mountainbike-, Wander- und vor allem Ski-Arrangements wird hier von Sommer bis Winter alles geboten, was das Herz der Sport- und Bewegungshungrigen erfreut.

Die Küche der weit verzweigten Silvretta Nova-Gastronomie steht dieser Vielfalt in nichts nach: Da gibt es Fondueabende in der hauseigenen Berghütte – grandiose Bergsicht inbegriffen. Oder Bergfrühstück auf der Nova Stoba in 2 000 Metern Höhe. Wer die Küche im Haus aus nächster Nähe kennenlernen möchte, findet dazu eine gute Gelegenheit am Sonntagabend: Nach einem musikalischen Empfang werden die interessierten Gäste zur Schmankerl-Runde durch die Hotelküche geführt, wo es neben einem ausführlichen Blick hinter die Kulissen leckere Vorspeisenhäppchen gibt – sozusagen als ersten Vorgeschmack auf die Küche. Die wiederum ist ein flotter Mix aus regionalen Traditionsgerichten und internationalem Flair. Küchenchef André Omlor, der unter anderem im Bregenzer Deuring Schlössle beim haubengekrönten Heino Huber Souschef war, kocht nur mit besten Zutaten. Regionales hat Vorrang; das Fleisch stammt beispielsweise vom örtlichen Metzger. Auch auf dem Käsebuffet findet man in erster Linie Vorarlberger Alpkäse. Und keine Frage: Die Weinkarte ist üppig.

Im À-la-carte-Restaurant Fässle, in den holzgetäfelten Räumlichkeiten des Hotel-Restaurants oder auf der großen Freiterrasse: Langeweile hat hier – auch kulinarisch gesehen – keine Chance.

Sporthotel Silvretta Nova
Dorfstraße 11b
A-6793 Gaschurn
☎ 00 43 (0) 55 58 / 88 88
www.sporthotelsilvrettanova.at

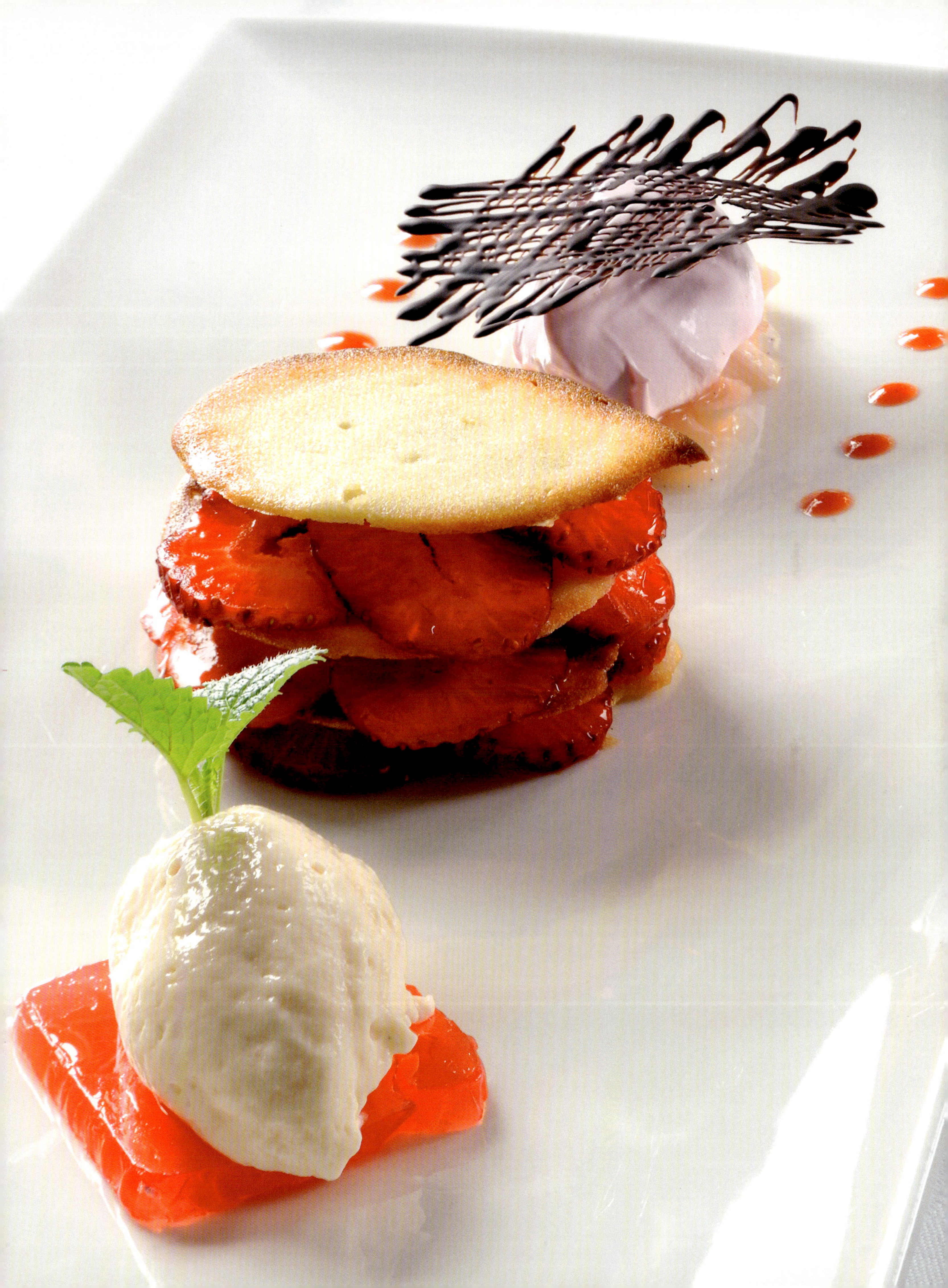

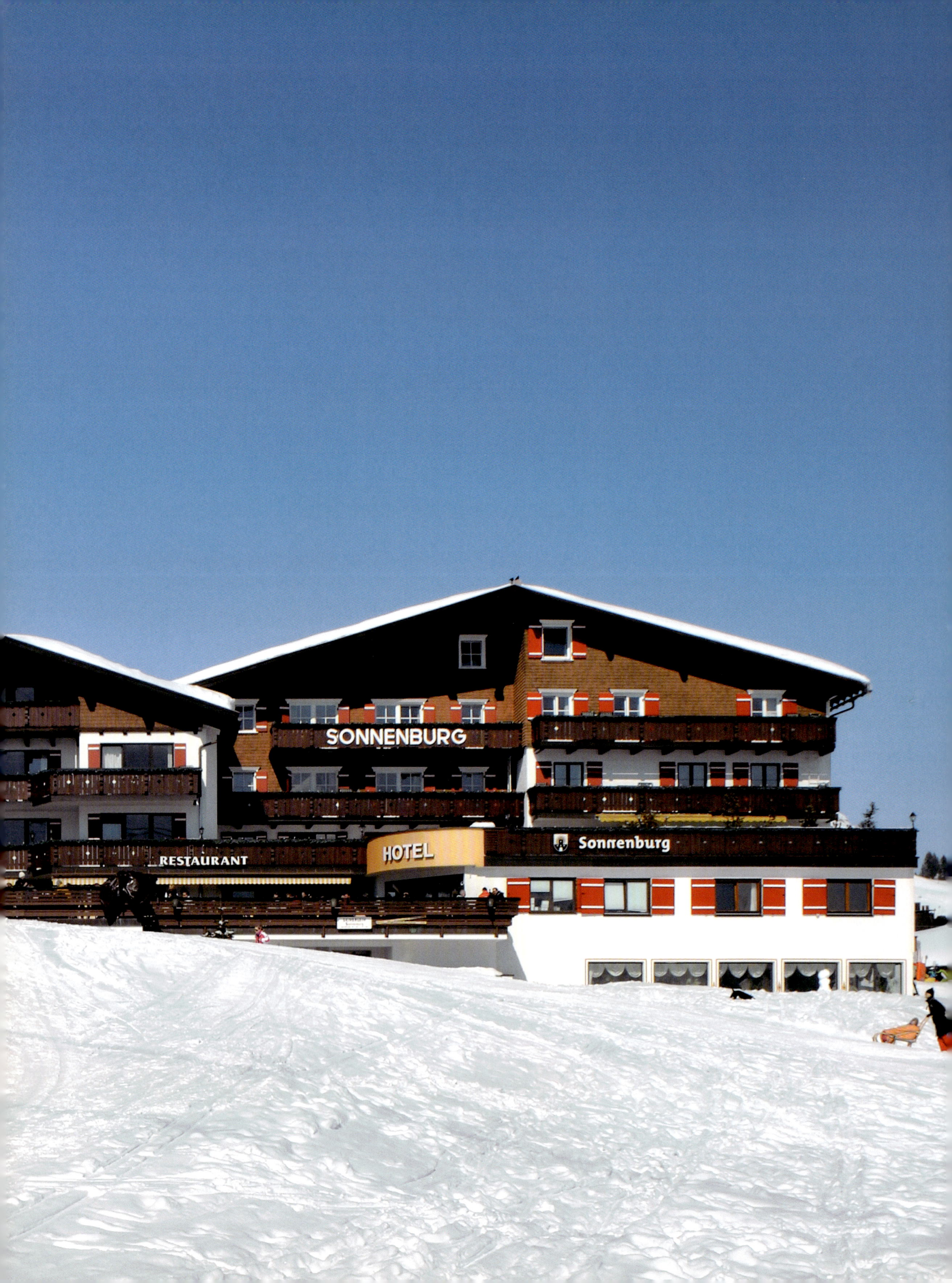
SONNENBURG
HOTEL
Sonnenburg
RESTAURANT

Hotel Sonnenburg

„Wir wollen, dass unsere Gäste die Sonnenburg als ihre zweite Heimat empfinden."

Gregor Hoch, Inhaber

Wenn es stimmt, dass Lech das Paradies für Wintersportler ist, dann ist der Ortsteil Oberlech dem Himmel noch ein Stück näher. Auf 1750 Metern Höhe gelegen, schneesicher bis in den Mai hinein. In Lech steigt man in die Gondel ein, die einen entspannt und autofrei über die schneeweißen Hänge nach oben trägt. So erreicht man das Hotel Sonnenburg bereits in Urlaubsstimmung, bequem und trockenen Fußes, während das Gepäck versorgt wird. Dies ist nur eine der vielen wohldurchdachten Annehmlichkeiten, die der Sonnenburg das Prädikat Vier-Sterne-Superior – für ein deutliches Mehr an Service – und die Treue der vielen Stammgäste eingebracht haben. Die Sonnenburg ist ein Familienbetrieb par excellence, geführt in der dritten Generation von Gregor und Waltraud Hoch, und Familien fühlen sich hier auch besonders wohl. Ein Schritt aus dem Haus, und man steht auf der Piste und kann abwärts wedeln, während die Kleinen in der Kinderskischule direkt vor dem Haus die ersten Schwünge üben. Und weil ein Pistentag erst durch ein zünftiges Abendessen zum perfekten Urlaubstag wird, legt die Sonnenburg großen Wert auf eine dem Appetit des Wintersportlers angepasste deftig-urige Küche. In der Crêperie Schüna, dem À-la-carte-Restaurant der Sonnenburg, bekommt man pikante, deftige und süße Crêpes mit Füllungen aller Art, verschiedene Fondues und auch das echte Raclette, vom großen Käselaib geschmolzen. Den Hotelgästen serviert das internationale Küchenteam täglich ein Sechs-Gang-Menü. Aber auch an geistig-kreative Nahrung denkt das gastliche Team der Sonnenburg, denn Seniorchefin Daisy Hoch ist Kunstliebhaberin, und Vernissagen bekannter Künstler sowie Kreativkurse gehören zum Programm des Hauses. Die herzliche Gastfreundlichkeit der Sonnenburg ist ohnehin eine Kunst für sich.

Crêpes mit Weichsel-Kirschwasser-Füllung

Das Rezept zur Spezialität des Hauses finden Sie auf Seite 112

Hotel Sonnenburg
Oberlech 55
A-6764 Lech am Arlberg
☎ 00 43 (0) 55 83 / 21 47
www.sonnenburg.at

Wälder Hennele mit Spargel, Erdäpfeln in Gierschbutter und Wildkräuterdip

Wirtshaus-Restaurant Engel, S. 97

Zutaten für 4 Personen

Hühnerbrust *4 Hühnerbrüstchen bester Qualität* | *Bärlauchöl (1 l gutes Pflanzenöl mit einer Handvoll trockener Bärlauchblätter 3 Wochen ziehen lassen, abseihen) oder gutes Pflanzenöl zum Anbraten* | *Salz, Pfeffer*
Erdäpfel *16 kleine heurige Erdäpfel (Kartoffeln)* | *Giersch (Gartenbeikraut, zu verwenden wie Petersilie)* | *Butter* | *Salz*
Spargel *je 8 weiße und grüne Spargel aus heimischem Anbau* | *Butter* | *Salz*
Wildkräuterdip *Verschiedene Wildkräuter nach Geschmack, wie Knoblauchrauke, Bärlauch, Brennnessel, Sauerampfer, Giersch, Gundelrebe* | *200 g Sauerrahm* | *Salz*

Zubereitung

Hühnerbrüstchen salzen und pfeffern, in Bärlauchöl kurz goldbraun anbraten, bei 170 °C 7 bis 8 Minuten in den Heißluftofen, anschließend etwas ruhen lassen.

Sauber gebürstete Erdäpfel mit der Schale kochen, Giersch grob hacken, in zerlassene Butter geben, gegarte Erdäpfel darin schwenken, salzen
Spargel schälen, in Salzwasser bissfest kochen, in Butter schwenken.
Wildkräuter grob hacken, mit Sauerrahm und Salz leicht verrühren (es soll nicht zu flüssig werden).

Hühnerbrüstchen in abgeschrägte Scheiben schneiden, mit Spargel, Erdäpfeln und Kräuterrahm anrichten, mit Wildblumen dekorieren.

Lammrücken im Speckmantel an Portweinreduktion mit Zucchini-Emmentaler-Tortillas und Tomaten-Safran-Risotto

Alpenhotel Zimba, S. 101

Zutaten für 4 Personen

Lammrücken im Speckmantel *4 Lammrücken à 120 g* | *1 Bund Thymian* | *4 Knoblauchzehen* | *250 g Portwein* | *16 dünne Scheiben Bauchspeck* | *50 g kalte Butter in Würfeln* | *Olivenöl* | *Salz, Pfeffer*
Zucchini-Emmentaler-Tortillas *350 g Zucchini* | *150 g Emmentaler* | *70 g Mehl* | *½ TL Backpulver* | *3 TL Petersilie* | *1 TL Knoblauch, fein geschnitten* | *2 Eier* | *Salz, Pfeffer* | *Olivenöl zum Ausbacken*
Tomaten-Safranrisotto *2 Schalotten, fein gewürfelt* | *½ TL Knoblauch, fein geschnitten* | *4 EL Tomatenmark* | *160 g Risottoreis* | *120 g Weißwein* | *1 TL Safranfäden* | *Geflügelfond oder Rinderbrühe* | *60 g kalte Butter zzgl. etwas Butter zum Anschwitzen der Schalotten* | *2 EL Mascarpone* | *160 g Parmesan* | *Salz*

Zubereitung

Lammrücken pfeffern, mit Knoblauchzehen, etwas Thymian und etwas Olivenöl eine Stunde im Kühlschrank marinieren. Dann Gewürze entfernen. Fleisch salzen, in Öl scharf anbraten, auskühlen lassen. In heiße Pfanne Portwein, Knoblauchzehen und Thymian geben und auf die Hälfte einreduzieren. Filets mit den Speckstreifen umwickeln und 30 bis 45 Minuten in den auf 90 °C vorgewärmten Backofen schieben.

Zucchini und Emmentaler mittelfein reiben. Mit Mehl, Backpulver und restlichen Zutaten gut vermischen. In heißem Öl goldbraun backen.

Schalotten in Butter leicht anschwitzen. Knoblauch und Tomatenmark zugeben, kurz mitrösten. Reis zugeben, umrühren, mit Weißwein ablöschen. Safranfäden zugeben. Nach und nach vorgewärmten Fond beigeben und köcheln lassen, bis der Reis bissfest ist.

Zum Anrichten Thymian und Knoblauch aus der Portweinreduktion nehmen und die kalte Butter unter Rühren zugeben. Risotto mit der kalten Butter, Mascarpone und Parmesan vollenden. Im Ofen unter Oberhitze kurz gratinieren.

Filet vom heimischen Rind auf Breitnudeln
Cresta Hotel, S. 102

Zutaten für 4 Personen
Rinderfilet 2 Rinderfilets à 200 g | Salz, Pfeffer | Öl zum Anbraten
Demi Glace 600 g Kalbsparüren | 600 g Kalbsknochen | 120 g Zwiebeln/Lauch | 80 g Karotten | 40 g Sellerie | 2 EL Tomatenmark | 120 ml Rotwein zum Ablöschen | 500 ml klare Brühe zum Aufgießen | Lorbeerblätter, Thymian und Rosmarin, Wacholderbeeren, Pfefferkörner, Salz | bei Bedarf Maizena zum Binden (Stärkemehl) | Johannisbeer-Aceto zum Abschmecken | 40 g Öl oder Bratenfett zum Anbraten
Nudeln 1 kg Mehl | 5 Eier | 15 Eigelb | Olivenöl | Salz | Pesto
Weitere Zutaten Cherrytomaten, Olivenöl, Salz, Pfeffer, Thymian, Rosmarin, Basilikum

Zubereitung
Am Vortag Kalbsknochen und Parüren bei starker Hitze in etwas Öl braun rösten. Gemüse und Tomatenmark dazugeben und alles mit Rotwein ablöschen. Klare Suppe zugeben. Ebenso Gewürze und Kräuter nach Geschmack und alles auf kleiner Stufe mindestens 2 Stunden köcheln lassen. Am nächsten Tag den Saucenansatz durch ein Feinsieb abseihen und weiter einreduzieren bis eine kräftige, dunkle Sauce entstanden ist. Abschmecken mit Salz und Pfeffer. Eventuell mit Maizena binden und mit etwas Johannisbeer-Aceto abschmecken (Die Demi Glace kann ungebunden eingefroren und für weitere Saucen genutzt werden.)
Rinderfilet mit Salz und Pfeffer würzen und leicht glatt drücken. In etwas Öl anbraten bis zur gewünschten Garstufe.
Für die Nudeln alle Zutaten zusammen kneten, bis ein glatter Teig entsteht. Sollte Nudelteig übrig bleiben, kann dieser problemlos eingefroren werden. Mit der Nudelmaschine feine Blätter rollen, in Streifen schneiden. Kurz in kochendes Salzwasser geben, abtropfen lassen und dann mit Pesto und Olivenöl zubereiten.
Rinderfilet auf ein Bett aus Nudeln legen und mit etwas Sauce nappieren. Alles zusammen mit in etwas Olivenöl angeschwitzten, mit Salz, Pfeffer, Thymian, Rosmarin und frischem Basilikum abgeschmeckten Cherrytomaten servieren.

Schokoladen-Himbeer-Törtchen
Landgasthof Auhof, S. 105

Zutaten für 8 Törtchen
Teig 250 g Mehl | 100 g kalte Butter | 100 g Zucker | 1 Ei
Dunkle Schokoladenmousse 1 Eigelb | 1 ganzes Ei | 100 g Zartbitter-Schokolade | 150 g Sahne
Weitere Zutaten 250 g Marzipanrohmasse | 200 g Himbeeren | 1 unbehandelte Limette | 2 Eiweiß | 60 g Zucker | 1 Vanilleschote | etwa 50 g Kokosraspel

Zubereitung
Die Teigzutaten zusammenkneten und gekühlt ruhen lassen. Teig auf circa 0,5 Zentimeter Dicke ausrollen, mit einem Ring von etwa 8 Zentimeter Durchmesser 8 Böden ausstechen und bei 180 °C im Backofen hellbraun backen – auskühlen lassen.
Für das Schokoladenmousse Ei und Eigelb im warmen Wasserbad schaumig schlagen. Zartbitter-Schokolade schmelzen, Sahne cremig aufschlagen. Die Eimasse mit der erwärmten Schokolade verrühren, Sahne unterheben. Marzipan messerrückendick ausrollen, passend für die Böden ausstechen. Auf die Böden legen, Tortenringe daraufstellen. Schokomousse in einen Spritzbeutel füllen, zwei Drittel der Höhe der Ringe mit der Mousse füllen, anschließend die frischen Himbeeren leicht hineindrücken, mit abgeriebener Limettenschale bestreuen. Törtchen kaltstellen. Aus Eiweiß, Zucker und Vanillemark einen steifen Schnee schlagen, Törtchen damit bestreichen, mit Kokosraspel bestreuen und bei maximaler Oberhitze oder im Grill überbacken. Törtchen samt Ring auf den Teller setzen. Mit einem dünnen Messer den Ring rundum lösen und vorsichtig abheben. Mit frisch pürierten Himbeeren servieren!

Lammrücken mit Feven, Pioppini und Paprikaflaum

 Sporthotel Silvretta Nova, S. 106

Zutaten für 4 Personen
Lammrücken *4 Lammrücken à 250 g* | *2 Thymianzweige* | *2 Rosmarinzweige* | *1 Knoblauchzehe* | *Olivenöl, etwas kalte Butter* | *Balsamicoessig* | *Salz, Pfeffer*
Paprikaflaum *250 g rote Paprika* | *1 Schalotte* | *1 Knoblauchzehe* | *30 ml Olivenöl* | *200 g Kartoffeln* | *150 ml Sahne* | *50 ml Gemüsefond* | *30 g Butter* | *Zimt* | *Salz, Pfeffer*
Gemüse *150 g Feven (Dicke Bohnen)* | *150 g Pioppini (Samthauben)* | *10 g Butter* | *Zucker* | *Salz, Pfeffer*

Zubereitung
Die Lammrücken würzen, in Olivenöl kurz anbraten, auf ein Blech mit den Kräutern und der Knoblauchzehe geben. Im auf 150 °C vorgeheizten Backofen etwa 10 Minuten garen. Anschließend etwas ruhen lassen.
Paprika, Schalotte und Knoblauchzehe in kleine Würfel schneiden. Alles in Öl anschwitzen. Geschälte und gewürfelte Kartoffeln dazugeben, mit Sahne und Gemüsefond 20 Minuten leicht köcheln lassen. Anschließend alles Gemüse in einem Mixer pürieren. Mit Salz, Pfeffer und einer Prise Zimt abschmecken. Butter in Flocken unterziehen.
Die Feven aus der Schale pulen. Pioppini kurz mit klaren Wasser abbrausen und in ein trockenes Tuch geben. Butter schmelzen, Gemüse zugeben, durchschwenken. Würzen.
Vor dem Anrichten den Essig mit dem Bratensatz der Lammrücken einreduzieren. Von der Kochstelle nehmen und mit einem Stabmixer Butter montieren. Den Paprikaflaum mit einer Ausstechform auf den Tellern platzieren.

Crêpes mit Weichsel-Kirschwasser-Füllung

 Hotel Sonnenburg, S. 109

Zutaten für 8 Crêpes
Crêpes-Teig *60 g Mehl, glatt* | *1 Ei* | *1 Eigelb* | *125 ml Sahne* | *250 ml Milch* | *Salz* | *Butterschmalz zum Backen*
Weichsel-Füllung *1 Glas Weichselkompott* | *1 Zimtstange* | *1 TL Maisstärke* | *1 EL Kirschwasser*
Dekoration *Sahne und Staubzucker*

Zubereitung
Die Crêpes-Zutaten werden zu einem glatten Teig verrührt. Das Butterschmalz portionsweise in einer beschichteten Pfanne schmelzen und den Teig ganz dünn einfließen lassen. Auf beiden Seiten backen und warmstellen, bis der ganze Crêpes-Teig verbraucht ist.
Für die Füllung die Weichseln abgießen und den Saft auffangen. Die Weichseln zur Seite stellen, den Saft mit der Zimtstange aufkochen und einreduzieren. Zimtstange entfernen. Maisstärke in Wasser glatt rühren, im Weichselsaft aufkochen und die Sauce mit Kirschwasser abschmecken. Die abgetropften Weichseln nun in den Sud geben und erwärmen.
Die Crêpes mit der Weichselsauce füllen, einschlagen und mit Staubzucker und Sahne garnieren.

Die Pfarrkirche von Lech am Arlberg

Weltgourmetdorf Lech am Arlberg

Lukullische Höhenflüge im Weltgourmetdorf

Zwar ist die Promiquote nicht so hoch wie in Kitzbühel, aber dafür schätzen Feinschmecker aus aller Welt den Ort aus besonderen Gründen: Lech-Zürs, die bekannte (Ski-)Destination am Arlberg, hat im internationalen Vergleich die höchste Gault Millau Haubendichte pro Einwohner. Genauer gesagt kommen auf die 3 000 Einwohner knappe 30 Hauben. In der Folge gelten selbst auf der Piste Skifahren und Schlemmen nicht als Widerspruch und während man andernorts zwischen den Abfahrten eine zünftige Vesper genießt, ist es hier stattdessen durchaus üblich, Austern zu schlürfen und Hummerzangen zu knacken.

Die Gourmet-Kritiker von Gault Millau und Falstaff sind voll des Lobes für diese alpine Feinschmeckerküche und verliehen Lech-Zürs gar das Prädikat Weltgourmetdorf.

Erlesene Veranstaltungen wie die Gourmetreihe „LöffelWeise" nehmen in Feinschmeckerkreisen mittlerweile eine kulinarische Sonderstellung ein. Hoteliers und Restaurantbesitzer der Region verwöhnen an diesen exklusiven Abenden zusammen mit Küchenchefs und prominenten Gastköchen, Winzern, Künstlern und Referenten, die aus London, Wien oder Bordeaux anreisen, die Gästeschar.

Der ursprüngliche Gedanke der Initiatoren von LöffelWeise war es, eine Plattform zu schaffen, die den kulinarischen Austausch der in der regionalen Gastronomie tätigen Köche untereinander, aber auch mit internationalen Gastköchen ermöglichen sollte. Mittlerweile ist die Gourmetreihe über diesen angestrebten Wissenstransfer hinausgewachsen und führt Sommeliers, Winzer und Referenten aus aller Herren Länder in angenehmer Atmosphäre zusammen. Keine Frage: Diese geballte Präsenz von Menschen, die sich allesamt der Kulinarik verschrieben haben, ist so etwas wie ein Garant für wunderbare Menükreationen, die selbstverständlich stets in überzeugender Harmonie mit erlesenen Tropfen serviert werden. Wen sollte es also wundern, dass immer mehr Gäste nicht nur wegen der Pisten und Wanderwege nach Lech und Zürs kommen, sondern wegen der hervorragenden Gastronomie und der wirklich einmaligen Auswahl an ausgezeichneten Restaurants?

Übrigens lagert in einem unterirdischen Keller im benachbarten, bereits zu Tirol gehörenden St. Christoph am Arlberg die weltgrößte Sammlung an Bordeaux-Großflaschen und erlesensten Jahrgängen …

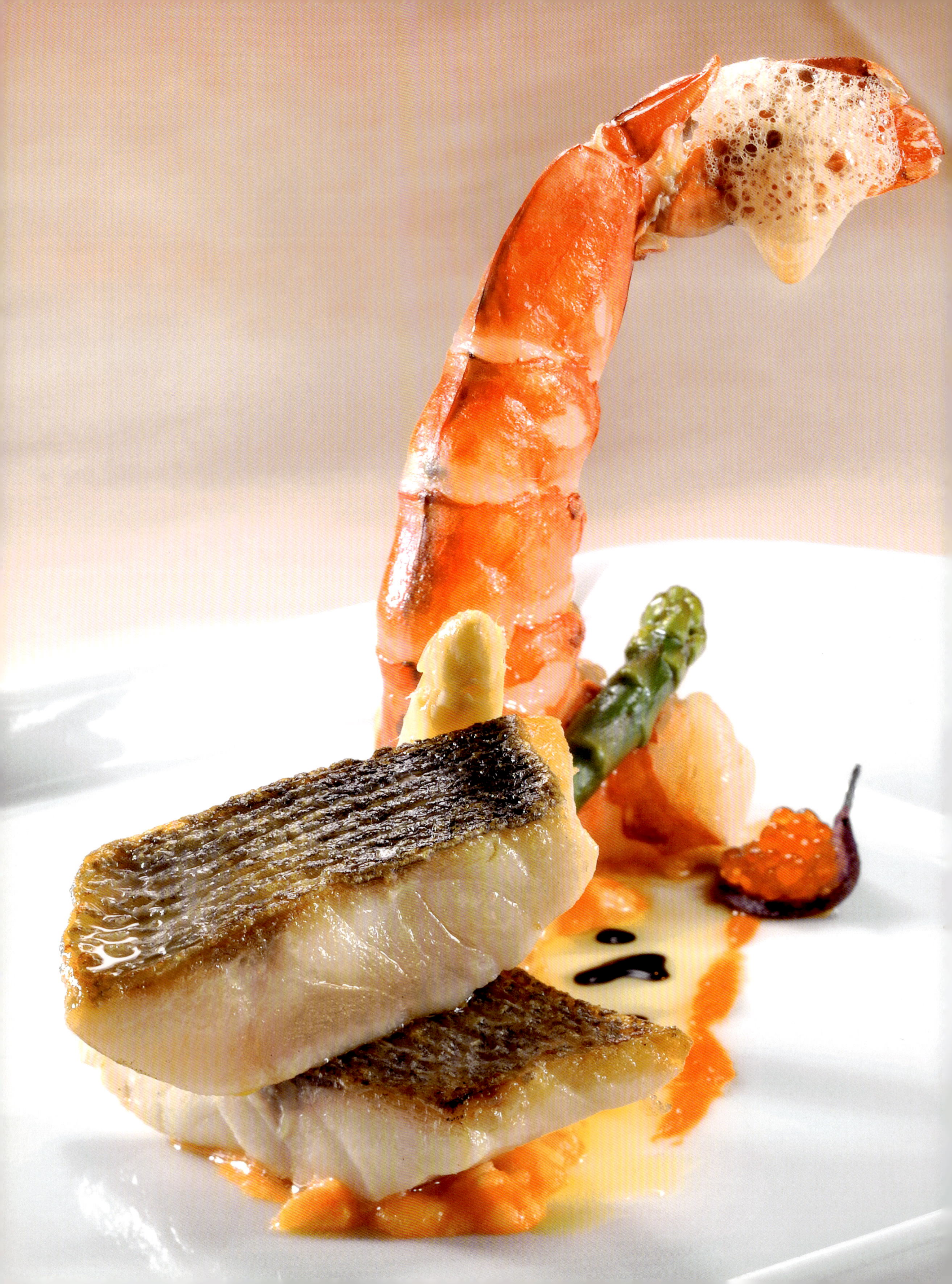

Hotel Tannbergerhof

„Bei uns wird das Wort Gastfreundschaft großgeschrieben. Wir sind für den Gast da und versuchen, ihm jeden Wunsch von den Augen abzulesen."

Peter Steinwidder, Direktor

In Lech am Arlberg, das sich gerne als Wiege des alpinen Skisports bezeichnet, herrscht wahrlich kein Mangel an Hotels und Pensionen. Zahlreiche Unterkünfte werben um die Gunst der Gäste, und wer sich für das Hotel Tannbergerhof entscheidet, hat eine gute Wahl getroffen. Denn der Tannbergerhof ist eine echte Institution. Eröffnet 1924, war er eines der ersten Häuser in Lech und ist heute eines der beliebtesten. Das mag an der Lage mitten im Zentrum liegen, an der Freundlichkeit und Zuvorkommenheit der Mitarbeiter, an den frisch renovierten Zimmern oder den Restaurants im alpenländischen Stil – wahrscheinlich an einer Mischung all der Annehmlichkeiten, die aus einem Urlaub den perfekten Urlaub machen. Wozu natürlich ganz wesentlich die Küche des Hauses beiträgt. Gutbürgerlich auf hohem Niveau kocht das Team um Küchenchef Michael Steinwender und Souschef Zoltan Fazekas. Österreichische Spezialitäten wie Variation vom Ländle Alpenrind mit Kartoffel-Steinpilzroulade und Saubohnen, oder im Lecher Bergheu gebratene Kalbsstelze mit Eierschwammerlknödel stehen ebenso auf der Karte wie Internationales, darunter Wolfsbarschfilet und Garnele auf Paprikarisotto mit Stangenspargel. „Jung, wild, sexy", so bringt Küchenchef Steinwender seine Linie auf den Punkt. Zum Après-Ski bietet der Tannbergerhof seinen von Höhenluft und Tiefschnee energetisierten Gästen gleich mehrere Bars, an denen sie sich beim Glühwein aufwärmen können. An der berühmten Eisbar treffen sich Einheimische, Touristen und manche Skilegende zur täglichen Open-Air-Party, und wenn die Nacht beginnt, geht das Fest in der Tannberger Bar weiter. Am nächsten Morgen wartet dann garantiert wieder eine weiß glitzernde Winterlandschaft auf die sportlichen Gäste.

Variation vom Ländle Alprind mit Kartoffel-Steinpilz-Roulade

Das Rezept zur Spezialität des Hauses finden Sie auf Seite 128

Hotel Tannbergerhof
Nr. 111
A-6764 Lech am Arlberg
☎ 00 43 (0) 55 83 / 22 02
www.tannbergerhof.com

Hotel Arlberg

„Wir hören oft von den Gästen ‚Zu euch zu kommen, das ist wie heimkommen; wir sind hier zuhause'. Das ist für mich die größte Auszeichnung."

Hannes Schneider, Eigentümer

Lech am Arlberg. Der Name klingt verführerisch, nach feinstem Pulverschnee und Schneesicherheit bis weit in den April hinein. Dabei hat der weltbekannte Urlaubsort der Abfahrtsläufer und Snowboarder auch im Sommer viel zu bieten: neben der herrlichen Gebirgslandschaft zwischen 1400 und 2 800 Metern Höhe, die zum Wandern, Mountainbiken und Nordic Walking einlädt, auch die strategisch günstige Verkehrslage, die es erlaubt, innerhalb von zwei bis drei Stunden in München, Zürich oder Stuttgart zu sein. Sogar Mailand ist in einem Tagesausflug erreichbar. Allerdings: Wozu wegfahren, wenn man im Urlaub so herausragend persönlich und zuvorkommend verwöhnt wird wie im Hotel Arlberg? Das sagen sich viele der Gäste, die zum Teil seit zehn, 15 Jahren immer wieder kommen und sich freuen, wenn ihr Stammzimmer wieder etwas bequemer, das Spa noch luxuriöser geworden ist. Eigentümer Hannes Schneider, Sohn des Gründers, kennt die Bedürfnisse seiner Gäste: „Wenn alles austauschbar und mediokrer wird, suchen die Menschen feste Ankerpunkte. Gäste, die von Berufs wegen sehr viel reisen, wollen im Privatleben keine Experimente mehr machen." Wer auf den Flughäfen und in den hotelkettengeführten Unterkünften der Welt unterwegs ist, freut sich, wenn er im Lieblingshotel auf gute Freunde trifft und wenn sich die Entscheidung eines kostbaren Urlaubstages darauf beschränkt: Nehme ich die ausgezeichnete Halbpension, gehe ich ins hoteleigene Haubenrestaurant La Fenice mit mediterranem Schwerpunkt, oder steht mir der Sinn heute eher nach echt österreichischer Küche in der Stube? Nach einem Tag auf der Piste oder im exklusiven Senses Spa ist es einfach gut zu wissen: ganz gleich, wie ich mich entscheide, es wird perfekt sein.

Hotel Arlberg
Tannberg 187
A-6764 Lech am Arlberg
☎ 00 43 (0) 55 83 / 21 34 0
www.arlberghotel.at

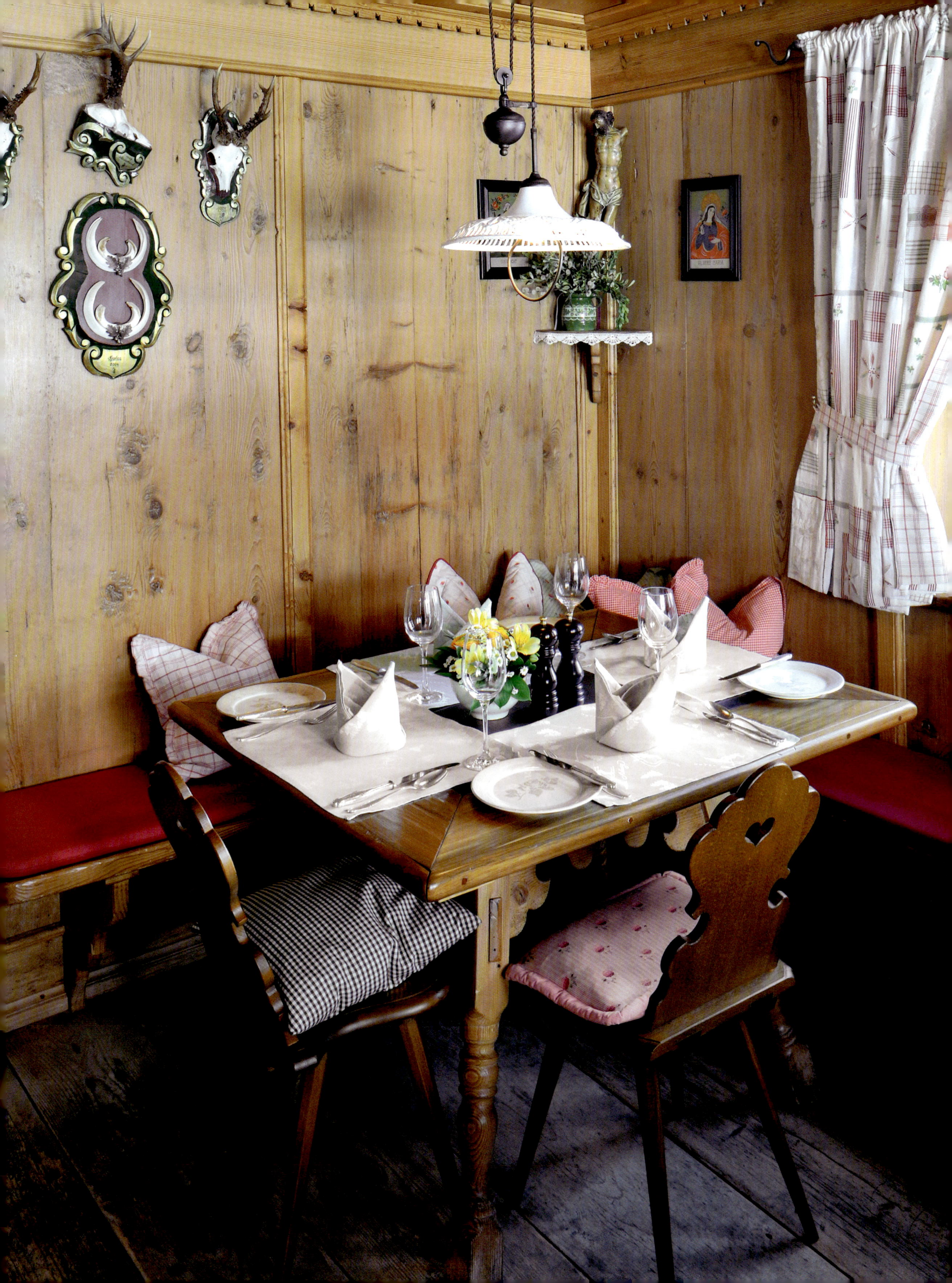

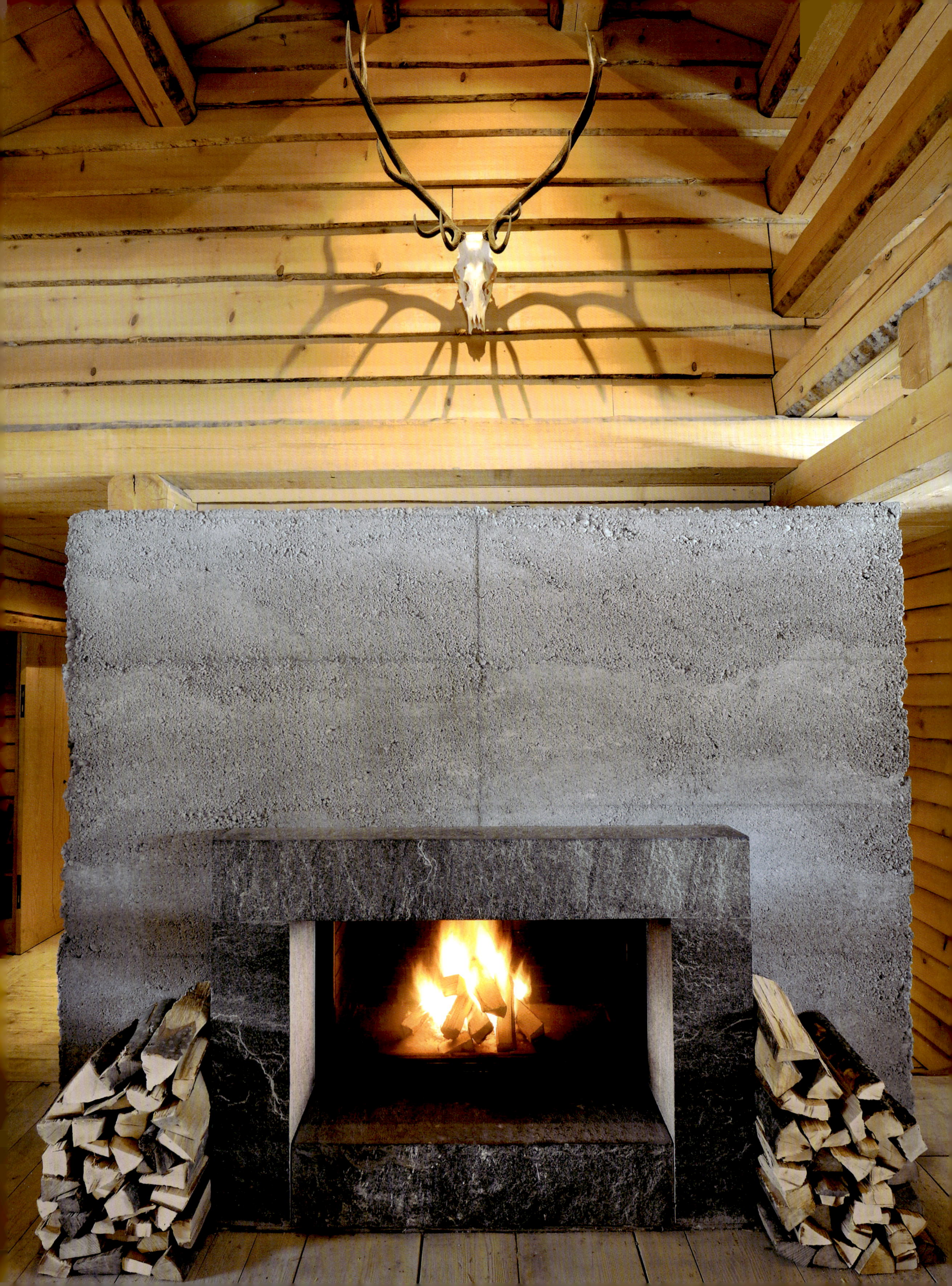

Skihütte Schneggarei

"Wenn man von draußen hier hereinkommt, in die Wärme und das Feuer im Kamin sieht – das ist einfach so schön."

Andreas Schneider, Mitinhaber

Was ist das Schönste am Wintersport? Tiefschneeabfahrten, Langlaufen, Snowboarden, Rodeln, Schneeschuhwandern, Buckelpistensprünge? In Lech am Arlberg ist alles möglich, und hinterher trifft sich das feierfreudige Schneevolk in der Skihütte Schneggarei. Das Holzhaus in Form eines Stadls wurde mit mehreren Architekturpreisen ausgezeichnet. Die Schneggarei liegt im Ortszentrum von Lech neben der Talstation der Schlegelkopfbahn, unmittelbar an der Piste. Raus aus dem Schnee, rein in die Wärme oder auf die Sonnenterrasse. Von mittags bis zum frühen Morgen ist hier durchgehend Betrieb und gute Stimmung. Gegen 12 Uhr laufen die ersten Skifahrer zum Mittagessen ein; deftige Speisen, zügig serviert, um das Skivergnügen nicht lange zu unterbrechen: Schneggarei-Burger, Bratwurst, Käsespätzle, frische Salate und eine Karte speziell für Kinder, die hier gerne gesehen sind. Als eine der wenigen Skihütten verfügt die Schneggarei über einen echten Pizza-Holzofen. Ab 15 Uhr steigt dann die Partylaune beim Après-Ski. Ein DJ legt Partyklassiker auf, Bier und Höherprozentiges unterlegt mit deftigen Kleinigkeiten und ein nettes unkompliziertes Team. Hier trifft sich ganz Lech zur schneeweißen Party vor dem knisternden Kamin. Wenn einige Stunden später die feiernde Runde eine Pause einlegt, betreten Gäste fürs Abendessen die Szene. Die Küche erweitert nun ihr Angebot um Filetsteak und Rib-Eye, Lecher Bachsaibling und asiatische Spezialitäten mit Tofu, "vor allem die Damen mögens gerne vegetarisch", weiß Schneggarei-Chef Andreas Schneider. Und wieder Szenenwechsel: Ab etwa 22 Uhr herrscht Barbetrieb bis gegen ein Uhr in der Früh. Übernachten kann man praktischerweise gleich nebenan im Almhof Schneider, geführt von Andreas Schneiders Bruder Gerold. Familie Schneider weiß eben, wie man Gastlichkeit schreibt.

Lecher Bachsaibling
Das Rezept zur Spezialität des Hauses finden Sie auf Seite 128

Käsespätzle
Das Rezept zur Spezialität des Hauses finden Sie auf Seite 129

Skihütte Schneggarei
Tannberg 629
A-6764 Lech am Arlberg
☎ 00 43 (0) 55 83 / 3 98 88
www.schneggarei.at

Hotel Hinterwies

„Seit vier Generationen sind alle Familienmitglieder begeisterte Skifahrer."

Carolin Manhart-Schertler, Inhaberin

Schwäbische Maultaschen nach Zisterzienser Art und geschmorte Tomaten

Das Rezept zur Spezialität des Hauses finden Sie auf Seite 129

Lech gilt zu Recht als eines der schönsten und bekanntesten Ressorts für das weiße Vergnügen. Es bietet die ideale Melange zwischen einem klassischen Wintersportort und dem ursprünglichen Charme eines dörflichen Charakters. 84 Bergbahnen und Lifte, 260 Kilometer gepflegter Pisten und 180 Kilometer Abfahrten im freien Gelände halten für jedes skifahrerische Können das Richtige bereit. Snowboarder finden einen Funpark, Langläufer traumhafte Loipen, dazu kommen Wanderwege, eine Naturrodelbahn mit Abendbeleuchtung, Pferdeschlittenfahrten und viele Veranstaltungen.

Am schönsten Fleckerl im Skiparadies Lech, nach Süden gelegen, sonnig und ruhig, befindet sich das Hotel Hinterwies. Der Skilift führt gleich neben dem Hotel vorbei, die Abfahrten reichen bis vor die Haustür, und nur wenige Gehminuten trennen das Hotel vom Ortszentrum. Die Zimmer und weitläufigen Suiten des Vier-Sterne-Superior-Hauses sind mit allen Annehmlichkeiten des sportlich-modernen Lebens ausgestattet. Gepflegte Freizeiteinrichtungen, wie Tischtennis und Tischfußball, Lese-, Fernseh- und Spielzimmer, sorgen für Abwechslung. Im neuen Wellnessbereich mit Sauna, Fitnessraum, Massage, Dampfbad, Whirlwanne und Solarium wärmen sich die Wintersportler nach einem Tag auf der Piste auf. Ein reichhaltiges Frühstücksbuffet eröffnet den perfekten Urlaubstag. Zwischendrin kann man sich beim Mittagstisch stärken oder mit selbst gebackenem Kuchen und Kaffee, und abends serviert das sympathische Hinterwies-Team sorgfältig komponierte Menüs und Weine aus dem gut sortierten Keller. Auch die kleinen Gäste fühlen sich im Hotel Hinterwies wohl, wenn sie im Skikindergarten oder der Skischule die ersten Gehversuche auf den Brettern machen oder im Spielzimmer neue Freunde finden. Nicht wenige Gäste, die schon als Youngsters hier das Wedeln gelernt haben, bleiben dem Hotel Hinterwies ein Leben lang treu.

Hotel Hinterwies
Tannberg 186
A-6764 Lech am Arlberg
☎ 00 43 (0) 55 83 / 25 31 0
www.hinterwies.at

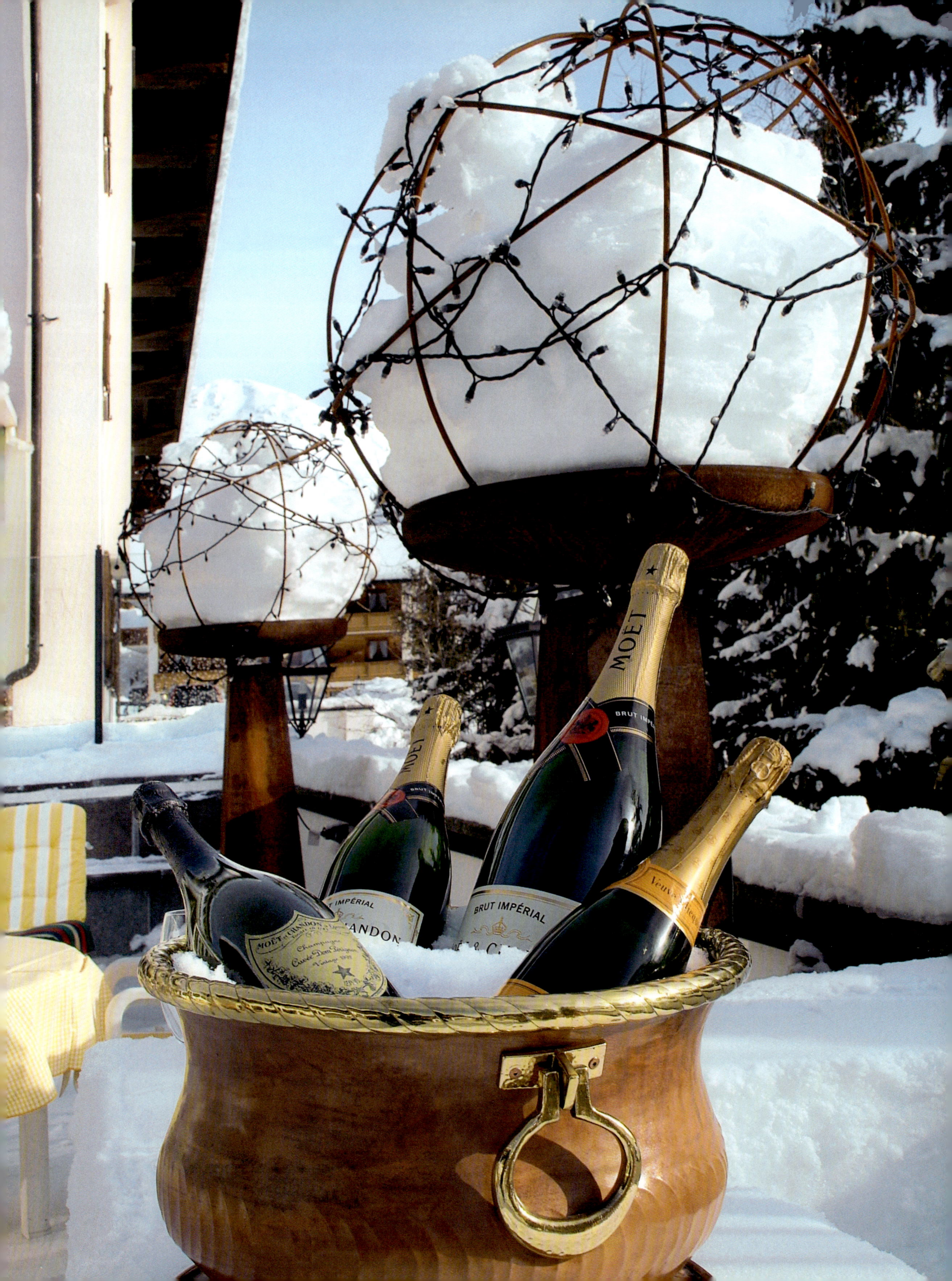

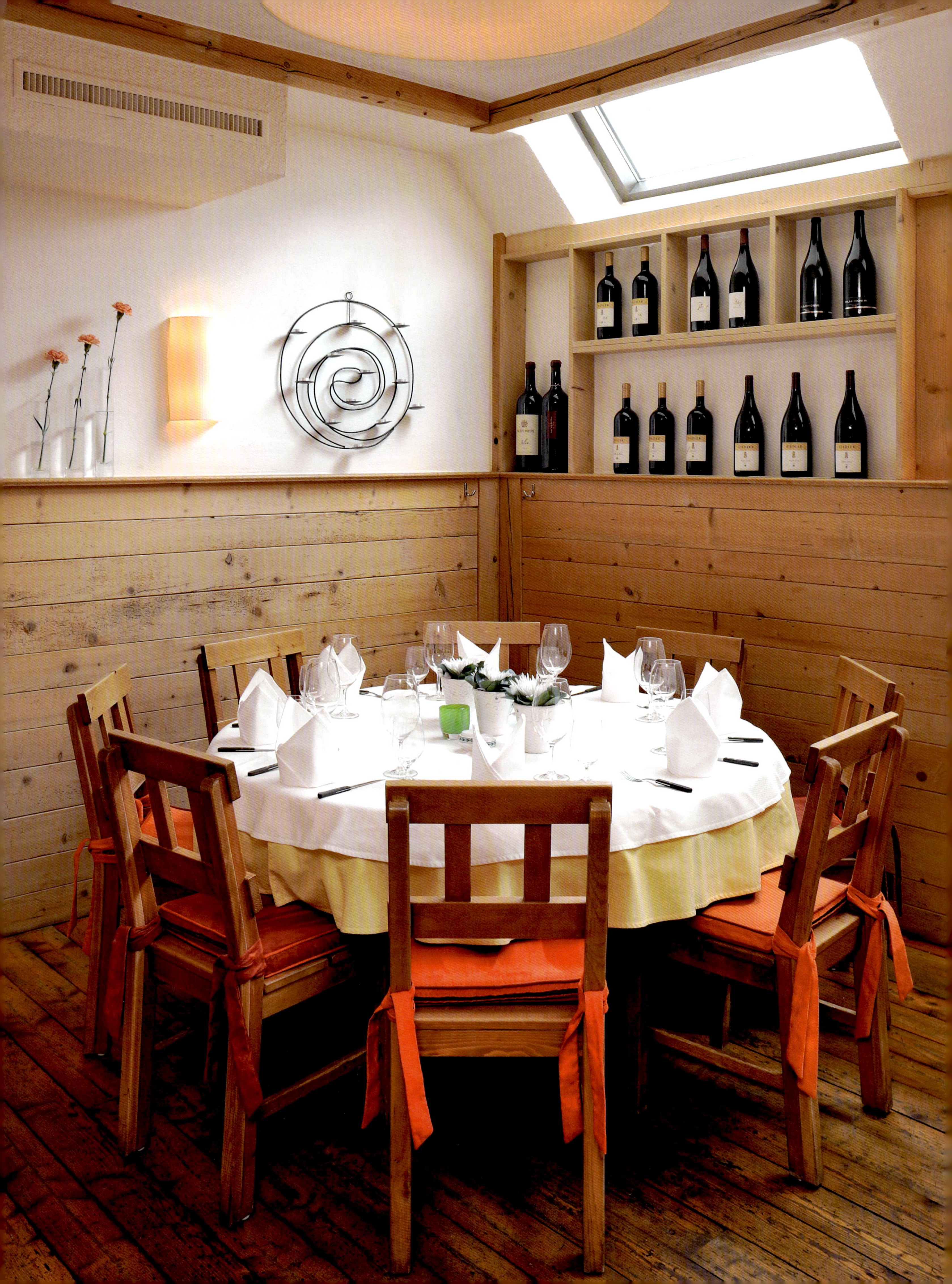

Lech am Arlberg

Pension Stäfeli

"Unsere Weinauswahl ist weit über die Region hinaus bekannt. Wir führen rund 100 österreichische Weine, davon mehr als 20 glasweise."

Heinz Birk, Inhaber

Arlberg und Wintersport, die beiden Worte gehören zusammen wie die Bindung zum Ski. Zum vierten Mal in Folge wurde die Region zu einem der weltweit besten Skigebiete gewählt. „Er ist legendär, er steht für Leidenschaft, er ist die Krönung, der Arlberg!", schreiben die Experten des Skiresort Service International. Legendär ist der weiße Ring, das längste Skirennen der Welt, das alljährlich rund um die Arlberg-Gemeinden Lech und Zürs ausgetragen wird. Wenn der Schnee dann im Frühjahr allmählich schmilzt, entkleidet er eine zauberhaft grüne blühende Landschaft, die sich auf der Wanderroute namens der grüne Ring erkunden lässt. Vorbei an Talsenken, Bergseen, Almwiesen und Wasserfällen begeben sich die Wanderer in eine mit viel Charme und Humor inszenierte moderne Sagenwelt.

Es empfiehlt sich, genügend Zeit mitzubringen, um die Region so gründlich zu erkunden, wie sie es verdient. Ein guter Ausgangspunkt ist der romantische Lecher Ortsteil Zug und ganz besonders das Hotel Garni Stäfeli, denn von hier eröffnen sich den Urlaubern alle Möglichkeiten, die Ferien erlebnisreich und erholsam zu verbringen. Im Winter liegen Lifte und Loipen praktisch vor der Haustür, im Sommer blühende Wiesen und gut beschilderte Erlebniswanderwege. Die gastfreundliche Familie Birk steht mit Rat und Tat zur Seite. Angefangen hat es vor 18 Jahren mit dem Hotel Garni, dem bald ein Weinlokal mit Weinhandel angeschlossen wurde. Das Haus ist stetig und gesund gewachsen, und heute zählt zum Stäfeli neben dem Hotel Garni das Wein Restaurant s'Achtele, eine Vinothek mit Weinhandel und das Einkaufsgeschäft Allerlei mit Schönem, Nützlichem und Spezialitäten aus dem österreichischen Kulinarium. Zur Unterkunft im Hotel Garni gehört das Frühstück vom reichhaltigen Buffet und im Winter zusätzlich eine Nachmittagsjause mit heißer Suppe, Speck und Käse, im Sommer ofenfrischer Kuchen. Übrigens ist das gastfreundliche Haus nicht nur für Genussreisende, sondern auch für Sport- und Bücherfreunde die ideale Unterkunft, denn es ist Mitglied der Bibliotels. In Bibliotels findet der Gast alle Vorzüge eines komfortablen Hotels und zusätzlich noch optimale Lesebedingungen. Und sollte der Blick einmal abschweifen von den Seiten, verweilt er gerne auf dem großartigen Bergpanorama, das man von vielen Stellen des Stäfeli aus genießt. Für zusätzliche Entspannung sorgt der 2010 komplett umgebaute Wohlfühlbereich: Neben Sauna, Dampfbad und Sanarium stehen den Gästen nun auch eine Erlebnisdusche und ein Ruheraum mit Duftlehmwänden zur Verfügung.

Besondere Beachtung verdient das Wein Restaurant s'Achtele, das allen Gästen offensteht, ob sie im Hotel wohnen oder nicht. Der Name ist Programm, denn viele Weine werden hier glasweise ausgeschenkt. Alle berühmten Weinbauregionen Österreichs treffen sich auf der Weinkarte: Grüner Veltliner und Riesling aus Niederösterreich, Morillon aus der Steiermark, Blaufränkisch und Zweigelt aus dem Burgenland, ferner eine beachtliche Auswahl an Magnumflaschen (1,5 Liter) und Großflaschen (drei und fünf Liter). Und weil ein gutes Glas Wein, in geselliger Runde getrunken, bekanntlich Appetit macht, verwöhnt Küchenchef Andreas Rumpf mit seinem Team die Gäste mit gehobener traditioneller Küche, die modern und originell interpretiert wird. Bekannt und beliebt sind die vielen Heurigenaufstriche, dazu Brot, hausgeräucherter Hirschschinken oder Johannschinken aus der Steiermark. Von den Gästen immer wieder gewünscht wird auch das Steirische Backhendl, ausgebacken in einer dünnen knusprigen Panade. Blunzngröstl auf Weinkraut, Krautknöpfle, Kalbsbeuscherl stehen ebenso auf der Karte wie Fleischgerichte, Wildspezialitäten aus heimischer Jagd und eine ernst zu nehmende Auswahl vegetarischer Gerichte. Das s'Achtele Wein Restaurant kann man auch komplett mieten für Feiern bis zu 50 Personen. Und da die Region rund um die gastliche Gemeinde Lech eine sagen- und legendenreiche ist, lässt sich mit gutem Grund sagen, dass der gute Ruf der s'Achtele-Küche gleichermaßen sagenhaft wie legendär ist.

Pension Stäfeli
Hotel Garni und s'Achtele
Wein Restaurant
Zug 525
A-6764 Lech am Arlberg
☎ 00 43 (0) 55 83 / 3 93 70
www.staefeli.at

Variation vom Ländle Alprind mit Kartoffel-Steinpilz-Roulade

Hotel Tannbergerhof, S. 117

Zutaten für 4 Personen

Rinderfilet *600 g Ländle Rinderfilet | 50 g Butterschmalz*
Geschmorte Rindswangerl *600 g Ländle Rindswangerl | 100 g Speck | 50 g Karotten | 50 g Sellerie | 50 g Petersilienwurzel | 100 g Schalotten | 200 ml Rotwein | 200 ml Kalbsfond oder Suppe | 2 EL Tomatenmark | 1 EL Senf | 5 Knoblauchzehen | 6 g Rosmarin | 6 g Thymian | Salz, Pfeffer | Öl zum Anbraten | Küchengarn zum Binden*
Kalbsbries *200 g Ländle Kalbsbries | 200 ml Milch | 2 g Rosmarin | 30 g Semmelbrösel | 50 g Butterschmalz*
Kartoffel-Steinpilzroulade *400 g Lecher Steinpilz | 120 g mehlige Kartoffeln, passiert | 180 g Butter | 40 g Weizenmehl | 3 Eigelb | 70 g Sahne | Muskat | 80 g Schalotten | 3 Knoblauchzehen | Parmesan | 2 EL Crème fraîche | Salz, Pfeffer aus der Mühle*

Zubereitung

Rinderfilet in Butterschmalz anbraten, bei niedriger Temperatur rosa braten und einige Minuten rasten lassen.

Bäckchen mit Salz, Pfeffer, Senf und Knoblauch würzen. Mit Küchengarn binden und in heißem Öl scharf anbraten. Fleisch herausnehmen. Gemüse, Speck und Schalotten anbraten, Tomatenmark mitrösten, mit Rotwein ablöschen, Kalbsfond aufgießen. Fleisch dazugeben und weichdünsten, immer wieder aufgießen. Sauce passieren und abschmecken. Fleisch abkühlen und portionieren.

Kalbsbries etwa 1 Stunde wässern. In Milch und Rosmarin blanchieren und 25 Minuten ziehen lassen, abtupfen, Adern und Fett entfernen. In Semmelbrösel panieren und in Butterschmalz ausbacken.

Butterabtrieb (Butter und Eigelb zusammen aufschlagen) herstellen. Mehl, Kartoffel und Sahne dazugeben, würzen. Auf ein Blech streichen und bei 180 °C backen. Für die Füllung die Steinpilze mit Schalotten und Knoblauch anbraten, mit Crème fraîche und Parmesan pürieren.

Den gebackenen Teig mit Füllung bestreichen und wie Biskuitroulade einrollen. Auskühlen lassen und schneiden.

Lecher Bachsaibling

Skihütte Schneggarei, S. 121

Zutaten für 6 Portionen

6 Saiblinge, küchenfertig | 3 Knoblauchzehen | ½ Bund Petersilie | 80 g Butter | 3 EL süßer Senf | Zitronensaft | Salz, frisch gemahlener Pfeffer

Zubereitung

Butter aufschlagen, Knoblauch, Pfeffer, gehackte Petersilie, Zitronensaft und süßen Senf dazugeben. Saibling waschen und trocken tupfen, salzen, mit der Senfpaste füllen und etwa 5 Minuten auf beiden Seiten in einer Pfanne braten. Mit Erdäpfeln (Kartoffeln) und Gemüse servieren.

Käsespätzle
Skihütte Schneggarei, S. 121

Zutaten für 4 Personen
600 g griffiges Mehl | 6 Eier | etwa 250 ml Milch | 450 g Bergkäse | Zwiebel | Muskatnuss | Salz, frisch gemahlener Pfeffer | Butterschmalz zum Anschwitzen

Zubereitung
Mehl, Eier, Milch, Salz, Pfeffer und Muskatnuss zu einem Teig verrühren. Den Teig durch ein Nockerlsieb in reichlich Salzwasser einkochen, stets mit Kochlöffel umrühren und die Nockerl aufkochen lassen. Abseihen und heiß abschwemmen. Zwiebelwürfel im heißen Butterschmalz anschwitzen, die gekochten Nockerl dazugeben und gut durchschwenken. Mit Salz, Muskatnuss und frisch gemahlenen Pfeffer würzen, Käse dazu und schmelzen lassen. Mit Röstzwiebeln und Petersilie garnieren.

Schwäbische Maultaschen nach Zisterzienser Art und geschmorte Tomaten
Hotel Hinterwies, S. 122

Zutaten für 4 Personen
Maultaschenteig *350 g Mehl | 3 Eier | 3 EL Wasser | 1 TL Essig | Salz*
Maultaschenfüllung *300 g gemischtes Hackfleisch (oder Brät, Bratenreste, Schinkenreste) | 2 Landjäger, ersatzweise Speck, kleingewürfelt | 3 Eier | 2 altbackene Brötchen | 1 Zwiebel, klein gehackt | 2 EL Petersilie, gehackt | 50 g Butter | Pfeffer, Salz, Muskat | Lauch nach Geschmack | Spinat nach Geschmack*
Weitere Zutaten *Eiweiß zum Verkleben*

Zubereitung
Für den Teig Eier, Wasser, Essig und Salz mit dem Schneebesen kräftig schlagen, dann das Mehl darunterkneten. Der Teig soll ziemlich fest sein. So lange kneten, bis er glatt ist, dann 20 bis 30 Minuten zugedeckt stehen lassen. Den Teig anschließend möglichst lang und dünn ausrollen. Danach in Quadrate von 15 x 15 Zentimeter schneiden.

Für die Füllung Zwiebeln, Petersilie und in Wasser eingeweichte und ausgedrückte Brötchen in Butter dämpfen, mit dem Hackfleisch, den klein geschnittenen Landjägern vermengen und mit Pfeffer, Salz und Muskat würzen. Je nach Geschmack kann man die Füllung mit etwas Spinat oder Lauch anreichern.

Die Füllung in die Mitte der einzelnen Teigstücke geben und glatt streichen, jedoch nicht bis zum Rand, denn dieser wird mit einem Pinsel überall mit Eiweiß, Wasser, Milch oder Bier bestrichen. Es geht sogar mit einem guten Cognac, falls man sich beim Kochen einen genehmigen will. Dann Rand auf Rand legen und mit dem Finger oder einer Gabel festdrücken. Nicht vergessen, dabei die Luft etwas aus der Maultasche zu drücken.

Die Maultaschen sofort in kochendes Salzwasser geben und 10 Minuten ziehen lassen. Danach herausnehmen und kalt werden lassen. Für eine Portion rechnet man 3 Maultaschen.

Schwarzenberg

Genuss Region Bregenzerwald – vom Schwozarmus zur Haubenküche

Früher, da gab es im Bregenzerwald Armut und täglich Schwozarmus. Schwozarmus (Wasser, Milch, Mehl, Salz, Schmalz) ist von der Haubenküche etwa so weit entfernt wie Schoppernau von Ravensburg in Oberschwaben, wohin arme Wälder Bauern ihre Kinder sommers zum Arbeiten schicken mussten, damit die aus der Schüssel waren, wie es hieß. Keine hundert Jahre später, heute also, blättern Sie in den Seiten dieser kulinarischen Entdeckungsreise Vorarlberg und sehen Rezepte wie marinierten Stangenspargel, Variation vom Ländle Alprind und Buttermilchparfait. Die ehemalige Schwozarmus-Region hat sich zur Genuss Region Bregenzerwald entwickelt, wobei das Wörtchen Genuss hier nicht im üblichen inflationär gebrauchten Sinne verwendet wird: Genuss Region ist eine geschützte Marke der AMA (Agrarmarkt Austria) und des Lebensministeriums. Sie verknüpft Landschaft mit kulinarischen Spezialitäten – das Lebensmittel erzählt die Regionalgeschichte. In ganz Österreich gibt es 113 Genuss Regionen (Stand 2009), davon sieben in Vorarlberg und eine im Bregenzerwald: Bregenzerwälder Alpkäse und Bergkäse wurde 2005 als Genuss Region ausgezeichnet. Von Laien gerne in einen Käsetopf geworfen, unterscheiden sich Alp- und Bergkäse allein schon durch den Ort ihrer Herstellung. Der Bregenzerwälder Bergkäse wird in den 17 Talsennereien, die halb- oder ganzjährig bewirtschaftet werden, hergestellt. Den Bregenzerwälder Alpkäse dagegen schöpfen die Senner ausschließlich auf den Alpen im Sommer. Über 90 Sennalpen gibt es noch, die die Höhen des Bregenzerwaldes mit zahlreichen Milchkühen bevölkern. Unterschiedliche Gräser und Kräuter verleihen dem Alpkäse aromareiche Geschmacksnuancen.

Die Kulturlandschaft im Bregenzerwald ist von der traditionellen Landwirtschaft, der sogenannten Dreistufenwirtschaft geprägt: Wiesen und Weiden in den Dörfern zwischen 600 und 1400 Metern Seehöhe, Vorsäße in den mittleren Höhen um 1500 Meter, die im Frühjahr und Herbst bewirtschaftet werden, und die Hochalpen auf 1600 bis 2000 Metern für die Sömmerung von Kühen, Kälbern, Stieren, Ochsen, Schafen, Ziegen. Es ist eine Landwirtschaft der kleinen Strukturen und der genossenschaftlichen Zusammenarbeit. Der Bregenzerwälder Durchschnittsbauer hat nur neun Stück Großvieh, durchschnittlich acht Hektar Hofweiden und zusätzlich Wald. Die Kühe fressen im Sommer

Die Alpe Felle (Schröcken) vor dem Mohnenfluh, hier wird Bergkäse gemacht

frisches Gras, im Winter bekommen sie Heu und Getreideschrot, niemals jedoch Silage (durch Gärung konserviertes Grünfutter). Das ist unabdingbare Voraussetzung, um Berg- und Alpkäse herzustellen, denn wenn Rohmilch zu Hartkäse verarbeitet wird, dürfen keine gärenden Futtermittel verwendet werden, da der Käse sonst Risse bekommt und der Geschmack leidet. Nur zwei Prozent der Milchbauern in Europa arbeiten heute noch silofrei, und der Bregenzerwald ist die größte zusammenhängende silofreie EU-Region.

Wie erklärt sich nun der Wandel vom Schwozarmus zur Haubenküche im Bregenzerwald? Als Katalysator diente der EU-Beitritt Österreichs 1995. Anstatt sich dem drohenden Milchpreisverfall zu ergeben, starteten die Sennereien eine Qualitätsoffensive, die sich zum Beispiel in der Gründung der Käsestraße Bregenzerwald äußerte, einer Vereinigung von Talsennereien, Sennalpen, einzelnen Käsemachern, ferner Tourismusbüros, Handwer-

Pfarrkirche Hl. Leonhard, Au

kern, Museen, Bahnen und Wirten. Der EU-Ursprungsschutz des Alp- und Bergkäses folgte und die Aufnahme in die Slow Food Arche des Geschmacks und die jährliche strenge Jurierung der Käse in Schwarzenberg. Es blieb nicht beim Käse. Klasse statt Masse gilt im ganzen Bregenzerwald, passend zum Charakter der Landschaft, und darauf haben sich neben den Landwirten auch Architekten, Hoteliers, Handwerker, Touristiker verständigt. Und so trifft auf die Genuss Region Bregenzerwald ganz besonders zu, was Goethe (übrigens ein Freund der berühmtesten Tochter des Bregenzerwaldes, Angelika Kauffmann, mehr darüber auf Seite 163) erkannte: Kein Genuss ist vorübergehend; denn der Eindruck, den er zurücklässt, ist bleibend.

Schwarzenberg

„MundArt ka net jeder sin!"

MundArt

Motto der acht MundArt-Häuser

MundArt, das Wortspiel aus Dialekt und Kochkunst. Man stutzt kurz und versteht. Denn es bringt die Philosophie der acht MundArt-Mitglieder exakt auf den Punkt: Dialekt, das bedeutet Tradition und Bekenntnis zur Herkunft, und Kochkunst beginnt mit der Qualität der Produkte. Wer als Gast ein MundArt-Haus besucht, kann sich darauf verlassen, dass alles, was auf der Karte steht, aus Zutaten höchster Güte und Frische zubereitet ist. Ganz überwiegend stammen die Produkte von handwerklich arbeitenden Lieferanten aus der Region. Traditionelle Gerichte aus Vorarlberg stehen eindeutig im Mittelpunkt bei MundArt, aber die vielfach ausgezeichneten Köche lassen sich nicht einschränken und naschen mit Lust und Kreativität in den Kochtöpfen und Gewürzgärten der ganzen Welt. Haubenlokale sind sie allesamt, aber das ist nicht entscheidend für MundArt. Entscheidend ist die Liebe zu ehrlicher geradliniger Küche, zu sorgfältigem Handwerk und zur Gastlichkeit.

Hittisau

MundArt

Gefüllte Perlhuhnbrust im Speckmantel auf Gersten-Gemüse-Risotto

Das Rezept zur Spezialität des Hauses finden Sie auf Seite 144

GASTHOF KRONE | Ein herausragendes Beispiel für diese Philosophie ist der Gasthof Krone in Hittisau, eingekleidet in das typische Schindelgewand des Bregenzerwaldes. Eine warmherzige, entspannt aufmerksame Atmosphäre empfängt die Gäste, die vom ersten Moment an spüren, hier am richtigen Ort heimgekommen zu sein. Ehrliche Küche statt Firlefanz, so könnte man das Credo der Familie Natter-Nussbaumer beschreiben, die die über 170 Jahre alte Krone in dritter Generation führt. Zu den Spezialitäten der vielfach ausgezeichneten Küche gehören Schweinshaxensulz mit roten Zwiebeln und Kürbiskernöl, Filet vom Almochsen sowie Forellen, die im Aquarium schwimmen, bevor der Gast sie je nach Gusto gebraten oder pochiert genießt. Seit Frühjahr 2010 stehen den Gästen weitere Wohlfühl-Gastzimmer zur Verfügung, umgebaut in klarer Bregenzerwälder Architektur, die die alten Mythen von Herkunft, Heimat und Handwerk mit Perfektion modern interpretiert.

Gasthof Krone
Am Platz 185
A-6952 Hittisau
☎ 00 43 (0) 55 13 / 62 01
www.krone-hittisau.at

MundArt

Sauerkrauteis
Das Rezept zur Spezialität des Hauses finden Sie auf Seite 144

HOTEL DAS SCHIFF | Nur wenige hundert Meter entfernt liegt das Romantik Hotel und Restaurant Schiff, ebenfalls eine Perle Bregenzerwälder Gastlichkeit. Der Gründervater hatte offensichtlich schon 1840 ein gutes Gespür für die perfekte Lage, denn die herrlich komfortablen Hotelzimmer bieten den freien Blick nach Süden auf die Bergkette der Winterstaude ebenso wie die Ruheräume des modernen Wohlfühlbereiches mit Sauna, Tepidarium, Dampfbad, Pavillon und Pool. Familie Metzler hat die Gastfreundschaft im Blut: Mutter Erna und Tochter Elisabeth kochen auf Haubenniveau, der Sohn und die Schwägerin managen das Haus. Zu Gast bei Metzlers: Das Motto wird gelebt und weiterentwickelt. Das Schiff soll für seine Gäste bis ins kleinste Detail eine kleine feine Oase der Entspannung und des Genusses sein. Das gelingt mit Stil und unaufdringlicher Eleganz. Vom Ambiente über den Service bis hin zur Küche wird Qualität auf höchstem Niveau geboten.

Hotel das Schiff
Heideggen 311
A-6952 Hittisau
☎ 00 43 (0) 55 13 / 62 20
www.schiff-hittisau.com

Schwarzenberg

MundArt

Tatar vom geräucherten Forellenfilet mit Feldsalat und Crème fraîche

Das Rezept zur Spezialität des Hauses finden Sie auf Seite 145

HOTEL HIRSCHEN SCHWARZENBERG | Wenn sich Haubenkulinarik und traditionelle Architektur am denkmalgeschützten Dorfkern treffen, dann ist der Genussreisende in Schwarzenberg gelandet, dem schönsten Dorf Vorarlbergs laut Dorfplatz-Wettbewerb 2010. Wie zwei Brüder stehen sie nebeneinander, der Hirschen und der Adler, verbunden durch jahrhundertealte Schwarzenberger Historie. Beiden verleiht der Gault Millau eine Haube. Die Tradition des Hirschen reicht bis ins Jahr 1601 zurück. Heute führt Franz Fetz das Haus, das er zusammen mit seinem Küchenchef Jochen Pölz zu einem Viersterne-Hotel-Gasthof entwickelt hat. Zwei kulinarische Linien durchziehen das Angebot: klassische österreichische Küche mit Kalbstafelspitz, Hieferscherzel (Rindshüfte) und Käsespezialitäten – teilweise von der eigenen Alpe – und internationale Ausflüge überwiegend in mediterrane Gefilde.

Hotel Hirschen Schwarzenberg
Hof 14
A-6867 Schwarzenberg
☎ 00 43 (0) 55 12 / 29 44
www.hirschenschwarzenberg.at

Schwarzenberg

MundArt

RESTAURANT GASTHOF ADLER | Glücklicherweise bietet Schwarzenberg mit unzähligen Wanderwegen oder Skipisten, dem Angelika-Kauffmann-Museum und der Schubertiade über genügend Potenzial, hier mehrere Tage zu verbringen. Denn wer sich einmal an die Gastlichkeit der MundArt-Häuser gewöhnt hat, freut sich umso mehr, gleich nebenan ein weiteres MundArt-Restaurant zu finden, den Adler. Die ochsenblutfarbene Holzbalkenfassade (Strickfassade sagt man hier) am Dorfplatz fällt sofort ins Auge und zieht den Gast freundlich an, hinein in die Stube – in „ein kleines, von der Wirklichkeit abgetrenntes Stück Leben" (Arno Schmidt), in das Herz jedes Wälderhauses. Adler-Wirt Engelbert Kaufmann serviert eine ehrliche, einfache und authentische Küche mit großem Respekt vor der Natur, die ihm seine Zutaten liefert. Einfache Produkte einfach zubereiten, so lautet sein Credo im Einklang mit der MundArt-Philosophie.

Kalbsbäckle-Salat

Das Rezept zur Spezialität des Hauses finden Sie auf Seite 145

Restaurant Gasthof Adler
Hof 15
A-6867 Schwarzenberg
☎ 00 43 (0) 55 12 / 29 66
www.adler-schwarzenberg.at

Bezau

MundArt

Lammkotelett auf Safran-Bohnen-Ragout mit Spinat-Brottasche

Das Rezept zur Spezialität des Hauses finden Sie auf Seite 146

GAMS, GENIESSER- & KUSCHELHOTEL | Die Haubendichte in diesem begnadeten Landstrich ist bemerkenswert, denn von Schwarzenberg aus keine zehn Kilometer weiter in südöstlicher Richtung gelangt man zum Gams, Genießer- und Kuschelhotel in Bezau. „Genuss ist alles, was den Sinnen schmeichelt", meint Ellen Nenning, und dazu gehört Zeit zu zweit, die Wellness-Landschaft Traumwelt da Vinci SPA, der Kokon und das Blütenschloss mit 54 Kuschelsuiten (Himmelbett, offener Kamin, Whirl-Wanne mit Sternenhimmel und Panoramablick vom Balkon) und natürlich das mit zwei Hauben ausgezeichnete Gourmetrestaurant Goldstück, das eine leichte kreative, durchaus aphrodisierende Küche zelebriert – die Vorspeise als Vorspiel. Die Weinbegleitung dazu können sich die Gäste im begehbaren, über einer Wasserfläche freischwebenden Weinglasturm auswählen, der rund 2 000 Flaschen bevorratet.

Gams, Genießer- & Kuschelhotel
Platz 44
A-6870 Bezau
☎ 00 43 (0) 55 14 / 22 20
www.hotel-gams.at

MundArt

Kalbskotelett mit Rosmarin-Polentaspitz, Morcheln und Spargel-Karotten-Gemüse

Das Rezept zur Spezialität des Hauses finden Sie auf Seite 146

HOTEL POST | Seit fünf Generationen ist das Hotel Post in Familienbesitz und feiert heuer unter der Leitung von Susanne Kaufmann seinen 160. Geburtstag. Die Geschenke bekommen die Gäste: vier neue Deluxe-Suiten und zusätzliche Zimmer mit Blick auf das Bergpanorama. Der aktuelle Relax-Guide hat das Susanne Kaufmann Spa mit dem Prädikat außergewöhnlich und zwei Lilien ausgezeichnet. Zusätzlich steht ein neues exklusives Badehaus mit mehreren Pools und Saunen zur Verfügung. Aber das schönste Geschenk, das Susanne Kaufmann ihren Gästen macht, ist das 2009 eröffnete Gourmetrestaurant Irma, vom Gault Millau mit zwei Hauben prämiert. Gerade mal zwölf Plätze hat das Schmuckstück. Das Interieur ist vom Stil der berühmten und kostbaren Wälder Frauentracht, der Juppe, inspiriert. Ein monatlich wechselndes Menü widmet sich ganz einem kulinarischen Thema, das nach allen Regeln der Küchenkunst variiert wird.

Hotel Post
Brugg 35
A-6870 Bezau
☎ 00 43 (0) 55 14 / 22 07-0
www.hotelpostbezau.com

Au

MundArt

HOTEL KRONE | Am Fuße der sagenumwobenen Kanisfluh liegt das Hotel Krone in Au. Man erkennt es sofort an der schlichten und doch ins Auge fallenden transparenten Holzverkleidung, die moderne Version der traditionellen Bregenzerwälder Schindelfassaden. Überhaupt liegt dem Kronenwirt Walter Lingg die Bewahrung guter Wälder Traditionen und Handwerke sehr am Herzen. Die Zutaten der ausgezeichneten Küche stammen nach guter MundArt überwiegend von Landwirten der Nachbarschaft, und wöchentlich führt er seine Gäste durch das Dorf mit Besuchen beim Käser, Schindeler und Holzer und in der heimischen Barockkirche. Im Obergeschoss der Krone lädt der lichtdurchflutete Sky Spa zur Entspannung ein, mit Panoramasauna, Sanarium, Aroma-Dampfbad und Infrarotraum mit Farblicht-Stimulation. Bei schönem Wetter genießen die Gäste die großzügige Gartenanlage mit Naturbadesee, und Unerschrockene nehmen ein erfrischendes Bad in der grün-blauen Oase der Bregenzer Ach.

Hotel Krone in Au
Jaghausen 4
A-6883 Au
☎ 00 43 (0) 55 15 / 2 20 10
www.krone-au.at

MundArt

RESTAURANT 's SCHULHUS | Wer das achtgängige MundArt-Menü bis zum krönenden Abschluss genießen will, muss die Schulbank drücken. Das ist ganz wörtlich zu verstehen, denn das Restaurant 's Schulhus in Krumbach ist in der ehemaligen Primarschule der Gemeinde untergebracht. Seit Gabi und Herbert Strahammer das alte Schulhaus gründlich entbeint und in moderner Vorarlberger Holzbauweise umgebaut haben, erinnert nichts mehr an dröge Schulstunden, und frischer Wind hat den Kreidestaub davongeweht.

Von der Rückfront des Hauses aus hat man einen weiten wohltuenden Blick über die sanfthügelige Moorlandschaft, die teilweise unter Naturschutz steht. Wie die Landschaft, so Gabi Strahammers Kochkunst: natürlich, ehrlich, wohltuend. Vollkommenheit aus besten Zutaten. Nichts hinzuzufügen, nichts wegzulassen. Begleitet von liebenswürdiger Gastfreundschaft und abgerundet von einer 1995er Trockenbeerenauslese vom Neusiedler See. Der perfekte Abschluss der Tour de MundArt.

Kaninchenrücken
Das Rezept zur Spezialität des Hauses finden Sie auf Seite 147

Restaurant 's Schulhus
Glatzegg 58
A-6942 Krumbach
☎ 00 43 (0) 55 13 / 83 89
www.schulhus.com

Gefüllte Perlhuhnbrust im Speckmantel auf Gersten-Gemüse-Risotto

🏠 Gasthof Krone, S. 136

Zutaten für 4 Personen

Perlhuhnbrust *4 Perlhuhnbrüste | 4 Schalotten | 2 Knoblauchzehen | 4 Scheiben Speck | 20 g Butter | 4 Thymianzweige | 20 dünne Scheiben Speck zum Einwickeln | schwarzer Pfeffer, Salz | Olivenöl zum Braten*
Sauce *50 ml Weißwein | 100 ml Geflügel- oder Kalbsfond | 2 EL Butter*
Gersten-Gemüserisotto *1 kleine Zwiebel | 100 g Karotten | 50 g Stangensellerie | 50 g Lauch | 200 g Gerste | 60 ml Weißwein | 1 Lorbeerblatt | 500 ml Bouillon oder Hühnersuppe | Parmesan, Butter | Olivenöl | Salz, schwarzer Pfeffer*

Zubereitung

Die Perlhuhnbrüste vom Knochen lösen und die Haut ablösen. Zwischen zwei Folien leicht plattieren. Schalotten, Knoblauch und Speck fein würfeln. Die Butter in einer Pfanne erhitzen und die Speckwürfel darin bei mittlerer Hitze anbraten, dann Schalotten und Knoblauch dazugeben und mitbraten. Die Blätter von 2 Thymianzweigen fein schneiden, unterheben und die Masse mit Salz und Pfeffer abschmecken. Die Perlhuhnbrüste leicht salzen und pfeffern, die Speckfüllung darauf gleichmäßig verteilen und rollen. In die Speckscheiben einwickeln. Die Perlhuhnbrüste mit den verbliebenen Thymianzweigen in Olivenöl anbraten. Im Ofen fertiggaren.

Den Bratensatz mit Weißwein ablöschen, einkochen und mit dem Fond aufgießen. Einkochen und mit Butter binden.

Für das Gersten-Gemüserisotto das Gemüse fein schneiden und in Olivenöl anschwitzen. Gerste zugeben und kurz mitrösten. Mit Weißwein ablöschen und Lorbeerblatt zugeben. Bouillon nach und nach zugießen und weich dünsten. Abschmecken und kurz vor dem Servieren Butter und Parmesan einrühren.

Sauerkrauteis

🏠 Hotel das Schiff, S. 137

Zutaten für 6 Personen

2 Äpfel | 100 g rohes Sauerkraut | 50 g Zucker | 125 ml Apfelsaft | 3 EL Mascarpone | 3 EL Sauerrahm | 1 EL Calvados | 2 Blatt Gelatine

Zubereitung

Die Äpfel schälen und in Würfel schneiden. Mit Sauerkraut, Zucker und Apfelsaft aufkochen und anschließend 10 Minuten köcheln lassen. Die noch warme Masse im Mixer pürieren und abkühlen lassen. Mascarpone, Sauerrahm und Calvados unterheben, die aufgelöste Gelatine unterheben, in kleine Becher abfüllen und tiefkühlen. Hält zugedeckt bis zu drei Wochen.

Tatar vom geräucherten Forellenfilet mit Feldsalat und Crème-fraîche

Hotel Hirschen Schwarzenberg, S. 138

Zutaten für 2 Personen

Tatar 2 Forellenfilets geräuchert, ohne Haut | 1 TL Schalotten, fein geschnitten | 1 TL Salatgurke, fein geschnitten | 1 Msp. Dill, gehackt | 2 EL Crème fraîche | Cayennepfeffer, Limonensaft | Salz

Marinade Feldsalat ⅛₆ l Traubenöl | 1 Kartoffel, gekocht | 1 kleiner Apfel, geschält und entkernt | 1 kleine Schalotte, fein geschnitten | 100 ml Apfelessig 5 % | 100 ml Brühe | 100 g Crème fraîche | Salz, Pfeffer

Weitere Zutaten etwas Feldsalat | 1 Wachtelei als Spiegelei | geräucherter Lachs

Zubereitung

Geräucherte Forellenfilets in erbsengroße Würfel schneiden und mit den restlichen Zutaten locker vermengen. Mit Cayennepfeffer, Limonensaft und Salz abschmecken.
Nockerl formen oder mithilfe eines Ringes anrichten.
Für die Marinade alle Zutaten mixen und durch ein Sieb streichen. Mit Salz und Pfeffer würzen.
Das Tatar mit dem marinierten Feldsalat, Spiegelei und dem geräuchertem Lachs servieren.

Kalbsbäckle-Salat

Restaurant Gasthof Adler, S. 139

Zutaten für 4 Personen

400 g gekochtes Kalbsbäckle | 50 g Frisée-Salat | 4 EL milder Mostessig | 6 EL Olivenöl | etwas Senf | Saft einer halben Zitrone | 2 EL Tomatenconcasse | 4 Blatt Basilikum | Salz, Pfeffer aus der Mühle

Zubereitung

Gekochtes, ausgekühltes Kalbsbäckle mit der Aufschnittmaschine in dünne Scheiben schneiden. Mit Mostessig, Öl, Salz, Pfeffer, Senf, Zitronensaft eine Marinade anrühren. Kalbsbäckle, Tomatenconcasse, Friséesalat, Basilikumblätter mit der Marinade mischen und liebevoll anrichten.

Lammkotelett auf Safran-Bohnen-Ragout mit Spinat-Brottasche

Gams, Genießer- & Kuschelhotel, S. 140

Zutaten für 4 Personen

Lammkotelett *4 Lammkoteletts à 120 g | 150 g Butter | 5 g Knoblauch | 10 ml Sahne | 10 ml Zitronenjus | 150 g Mie de pain (Semmelbrösel aus französischem Weißbrot) | eventuell 1 Ei | Rosmarin und Thymian, fein gehackt | Öl zum Anbraten | Salz, Pfeffer*

Bohnenragout *100 g Keniabohnen | 4 Scheiben Speck | 200 ml Safran-Hühnerfond | 40 g weiße Bohnen | 40 g breite Bohnen | 20 g Paprika, geschält | 20 g Tomatenconcasse | 10 g Käferbohnen | 2 Schalotten | Butter*

Spinat-Brottasche | **Teigmasse** *375 g Weizenmehl Typ 550 | 200 ml Wasser (20 °C) | 60 ml Olivenöl extra vergine | 10 g frische Hefe | 10 g Salz |* **Füllung** *frischer Blattspinat | Schalotten | Butter | Salz, Pfeffer, Muskatnuss, etwas Knoblauch*

Zubereitung

Das Fleisch mit Salz und Pfeffer würzen, danach mit Öl in der Pfanne rosa anbraten. Alle anderen Zutaten zusammen zu einer Kruste verrühren. Danach die Kruste auf das Lammkotelett geben und mit starker Oberhitze oder unter dem Salamander gratinieren.

Die Keniabohnen mit dem Speck zu vier Bündeln rollen. Den Hühnerfond erhitzen und die Zutaten in den Fond geben und mitkochen, kurz vor dem Anrichten mit Butter montieren.

Die Zutaten für die Brottasche zu einem Teig kneten und ruhen lassen. Nach dem Aufgehen des Teiges nochmals zusammenschlagen und wieder rasten lassen.

Den Blattspinat mit den Schalotten in Butter anschwitzen. Die Masse mit Salz, Pfeffer, Muskatnuss und ein wenig Knoblauch würzen.

Danach den Teig ausrollen, Kreise ausstechen und Spinatfülle darauf geben. Dann zu Halbmonden zusammenlegen und die Enden andrücken. Im Rohr bei 200 °C circa 10 bis 15 Minuten goldgelb backen.

Kalbskotelett mit Rosmarin-Polentaspitz, Morcheln und Spargel-Karotten-Gemüse

Hotel Post, S. 141

Zutaten für 4 Personen

4 Kalbskoteletts à 150 g | 150 g fertige Polenta | 12 Stangen grüner Spargel | 80 g Karotten | 60 g frische Morcheln | Strudelteig | Rosmarin, Thymian | Butter | Schalotten | Salz, Pfeffer aus der Mühle

Zubereitung

Die Koteletts mit Salz und Pfeffer würzen und in einer heißen Pfanne mit Rosmarin und Thymian scharf anbraten. Die Koteletts aus der Pfanne nehmen. Im vorgeheizten Rohr bei 170 °C unter ständigem Wenden circa 12 Minuten garen. Aus dem Rohr nehmen und bei 75 °C circa 10 Minuten ruhen lassen. Kurz vor dem Anrichten die Koteletts nochmals in brauner Butter leicht arrosieren.

Für den Spitz den Strudelteig ausrollen, die fertige Polenta mit Rosmarin vermischen und auf den Strudelteig verteilen. Nun die Polenta zu einem festen Strudel formen und bei 180 °C im Rohr knusprig backen. Vor dem Anrichten einmalig schräg in der Mitte halbieren, sodass man den Strudel aufstellen kann.

Den grünen Spargel vom holzigen Ende befreien und im kochenden Salzwasser bissfest blanchieren. Das Karottengemüse in Stäbe schneiden und ebenfalls in Salzwasser blanchieren. Vor dem Anrichten das Gemüse nochmals in Butter schwenken und mit Salz und Pfeffer würzen.

Die Morcheln vom unteren Stiel befreien und mit einer Bürste sauber putzen. Auf keinen Fall waschen, sonst werden sie wässrig. Nach dem Putzen die Schalotten und die Pilze in Butter langsam braten und mit Salz und Pfeffer würzen.

Kaninchenrücken

Restaurant 's Schulhus, S. 143

Zutaten für 4 Personen

Kaninchenrücken *4 Kaninchenrücken à 160 g* | *12 hauchdünne Scheiben vom luftgetrockneten Schinken unserer selbst gemästeten Duroc-Schweine* | *1 EL Olivenöl zum Anbraten* | *Salz und Pfeffer aus der Mühle*
Karottenpüree *400 g Karotten, geschält und geschnitten* | *2 EL Butter* | *Zucker* | *Salz*
Bärlauchspinat *150 g Blattspinat, blanchiert, abgekühlt* | *150 g Bärlauchblätter, blanchiert, abgekühlt* | *1 Schalotte, fein geschnitten* | *Salz, Pfeffer, Muskat* | *80 g Butter*

Zubereitung

Kaninchenrücken sauber zuputzen und mit Salz und Pfeffer würzen. Mit den Schinkenscheiben straff umwickeln und im Olivenöl rundum anbraten. Im Ofen bei 80 Grad nachziehen lassen.
Die Karotten in Butter kurz anschwenken, mit Salz und Zucker würzen, 100 Milliliter Wasser aufgießen, Deckel auflegen und weich dämpfen. Danach pürieren.
Die gut ausgedrückten Bärlauch- und Spinatblätter mit den in Butter angeschwitzten Schalottenwürfeln durchschwenken, mit Salz, Pfeffer und Muskat abschmecken und mit dem Karottenpüree und dem in Scheiben geschnittenen Fleisch anrichten.

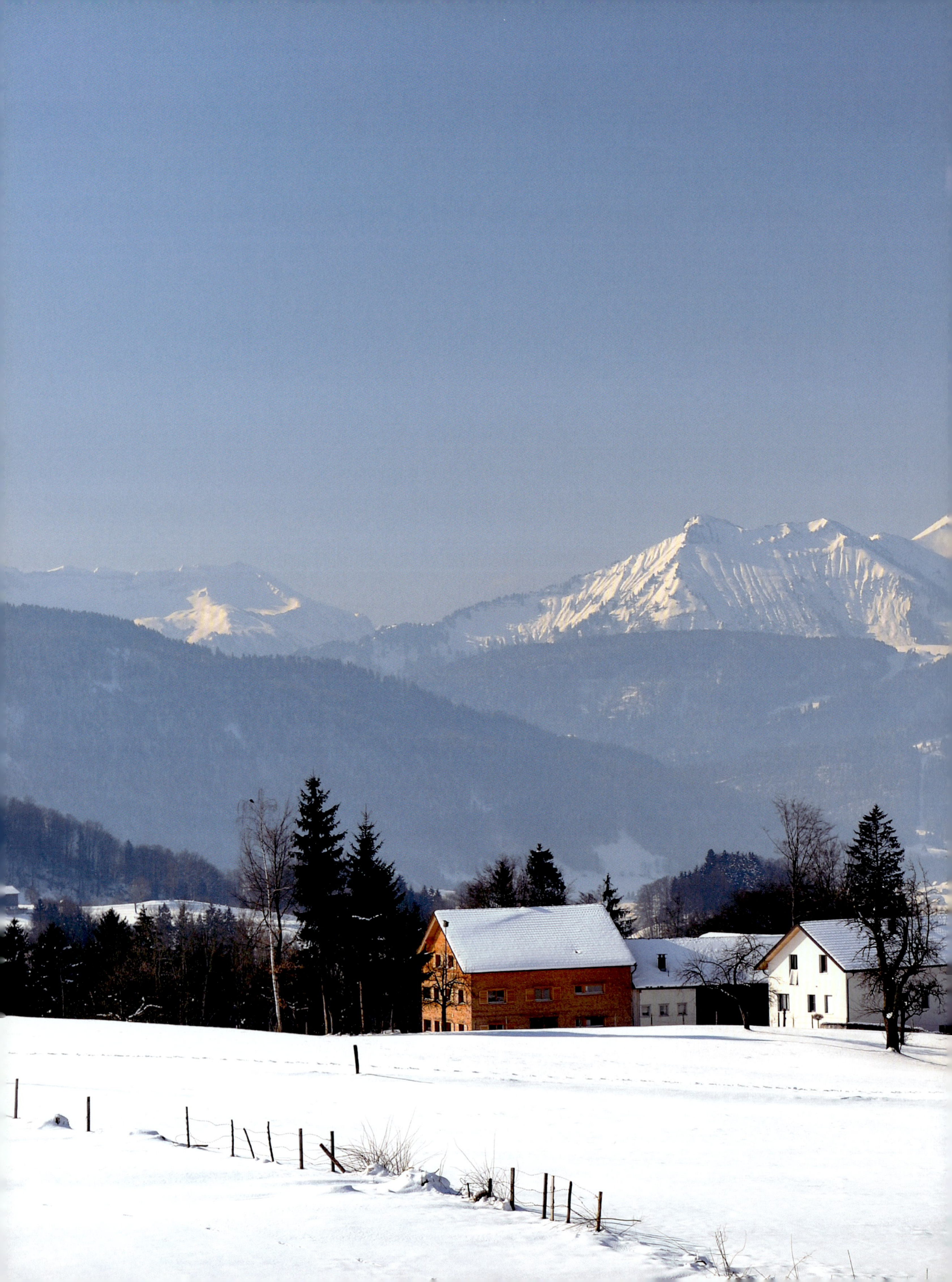

Der Bregenzerwald in winterlicher Pracht

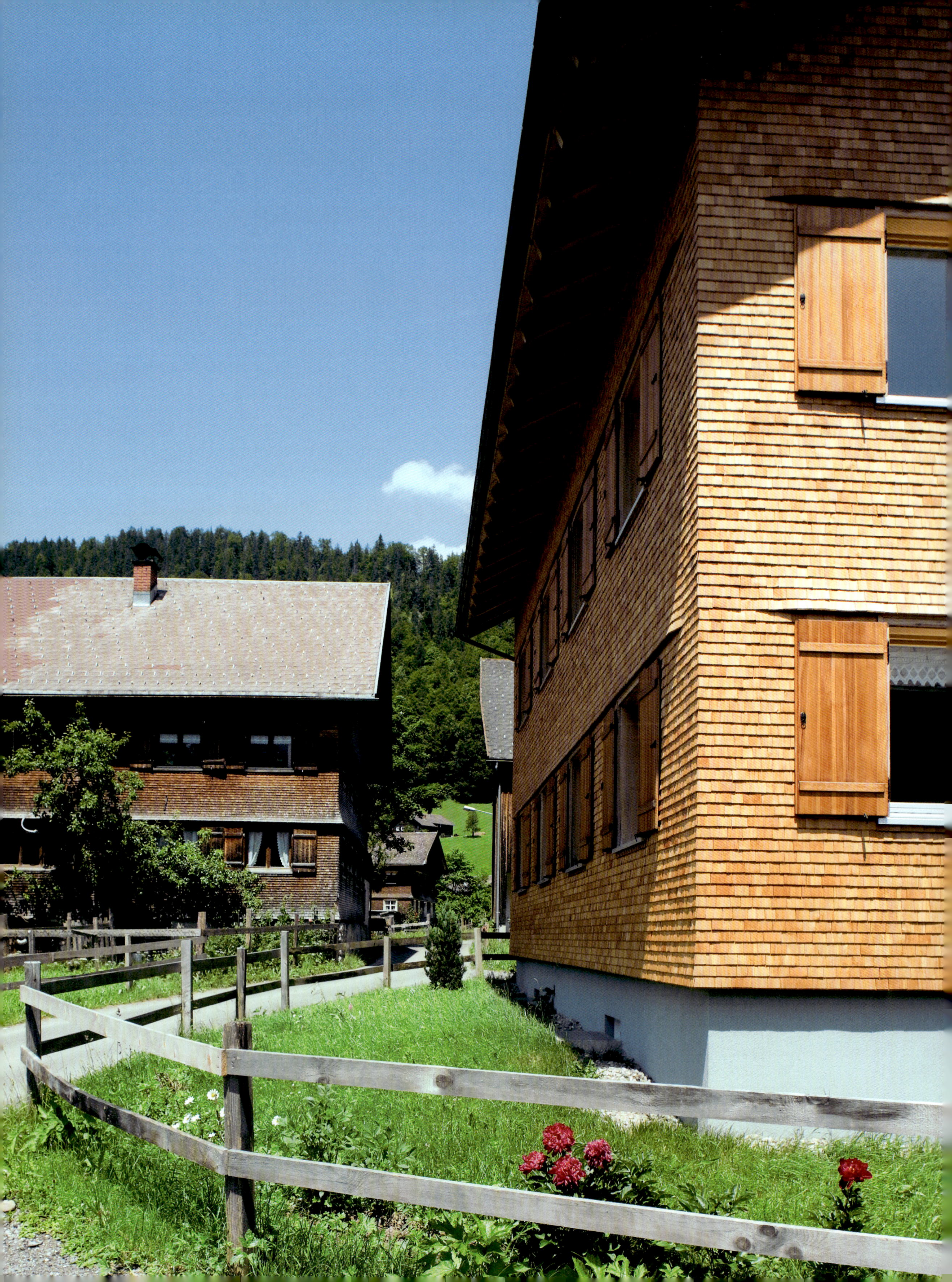

Egg

"Zur Wesensart der Bregenzerwälder gehört es, etwas Gutes, Schönes, Qualitätsvolles mit Substanz zu machen. Es gibt ein eigenes Wort dafür: ghörig."

Ulrike Marte, Marketing

Bregenzerwald Tourismus

Es soll Reisende geben, die den Bregenzerwald nur aufgrund seiner bekannt guten Küche besuchen, liegen hier doch auf dem begrenzten Raum zwischen Sulzberg und Damüls, zwischen Warth und Sibratsgfäll Haubenrestaurants gleich neben traditionellen authentischen Wälder Wirtshäusern. Die Talschaft hat jedoch noch viel mehr zu bieten, alles hart erarbeitet über Generationen hinweg von Menschen, denen das raue Klima und die alpine Landschaft nichts geschenkt hat. Daher gelten die Wälder, wie sie sich selbst nennen, als selbstbewusst, auch ein wenig eigensinnig; sie sind stolz auf ihre Wurzeln und mit Bedacht offen für Neues – eine starke Kombination, die gegen flüchtige Moden weitestgehend immun ist. Gute Beispiele sind Architektur und Handwerk, wo sich Funktionalität mit Schönheit, traditionelles Material mit moderner Interpretation vereint, und ein Kulturprogramm zwischen Schubertiade im Angelika-Kauffmann-Saal und Jazzkonzerten im Wirtshaus. Ob Kulinarik, Architektur, Handwerk oder Kulturelles – all das gedeiht auf dem Boden, den die Bregenzerwälder Bauern mittels der Dreistufenwirtschaft (Bewirtschaftung von Tal, Mittelalpe und Hochalpe) pflegen. Über diese und weitere Bregenzerwälder Besonderheiten informieren Themenprogramme, die viele Hoteliers und Gemeinden anbieten, teilweise speziell für Kinder. Ein Besuch im Käsekeller, in der Juppenwerkstatt, auf der Hochalpe oder eine Führung zum Thema Holzkultur – alles ist möglich. Wer nach soviel Genuss und Information das Bedürfnis nach Bewegung hat, kann sich im Winter auf Skipisten, Winterwanderwegen und Loipen, im Sommer auf Wanderwegen und Mountainbike-Routen verausgaben. Denn die Eintrittskarte zu den Bergerlebnissen ist im Sommer die Bregenzerwald Gäste-Card beziehungsweise im Winter der 3-Täler-Skipass für alle Gäste, die sich für den Bregenzerwald die Zeit nehmen, die ihm gebührt.

Bregenzerwald Tourismus GmbH
Gerbe 1135
A-6863 Egg
00 43 (0) 55 12 / 23 65
www.bregenzerwald.at

Alberschwende

Wirtshaus zur Taube

"Wir sind ein traditionsreiches Wirtshaus mit gehobener Wirtshausküche, nach dem Motto: So gut wie früher, nur heute."

Lothar Eiler, Inhaber

Rosa gebratenes Milchkalbsrückensteak vom Bregenzerwälder Milchkalb

Das Rezept zur Spezialität des Hauses finden Sie auf Seite 178

Wenn man den Ortsplan von Alberschwende zur Hand nimmt oder von oben auf den Ort blickt – ein Hubschrauberflug oder eine weitverbreitete Software machen's möglich – sieht man, dass alle größeren Straßen am Dorfplatz zusammenführen, und genau hier steht das Wirtshaus zur Taube, und zwar seit 500 Jahren. Damals schon führten Wege hier vorbei, zunächst Saumpfade, die nur mit Lasttieren begehbar waren, später dann zunehmend breite und komfortable Straßen. Die Taube wurde zur Poststation, an der Pferde und Neuigkeiten ausgetauscht wurden. Kein Wunder, hat sich das Haus zum kommunikativen wie kulinarischen Zentrum der Gemeinde entwickelt. Heute führt Lothar Eiler zusammen mit seiner Partnerin Helene die Taube und pflegt die einheimische Küche auf hohem Wirtshausniveau. Hier kann man am Feierabend gemütlich ein Bier trinken und dazu eine Wälderplatte mit Käse und Wurst der Region vespern, und ebenso gut lässt es sich in der Taube im Kreise der Familie gediegen speisen. Die Speisekarte bietet eine breite Vielfalt an Käse-, Fisch- und Fleischgerichten, Vegetarischem und Salaten. Als gelernter Landwirt verfügt Lothar Eiler über Fachwissen und gute Kontakte zu seinen gastronomischen Partnern und Lieferanten, die er namentlich auf der Speisekarte nennt. Ein architektonisches Schmuckstück ist Olgas Festsaal im ersten Stock, ein holzgetäfelter, original erhaltener Tanzsaal aus dem 19. Jahrhundert, in dem regelmäßig Familienfeiern, Betriebsfeste und Kleinkunstabende stattfinden. Und auch zum Arbeiten bietet die Taube Raum, denn auf dem modernen Hof des Brenners Helmut Flatz finden Seminare auf dem Bauernhof statt, begleitet und bewirtet vom Tauben-Team. Der Panoramablick auf den Bregenzerwald dürfte ebenso wie eine Verkostung der feinen Hausgebrannten zu manch geistigem Taubenflug beitragen.

Wirtshaus zur Taube
Hof 9 bei der Kirche
A-6861 Alberschwende
☎ 00 43 (0) 55 79 / 42 02
www.taube.at

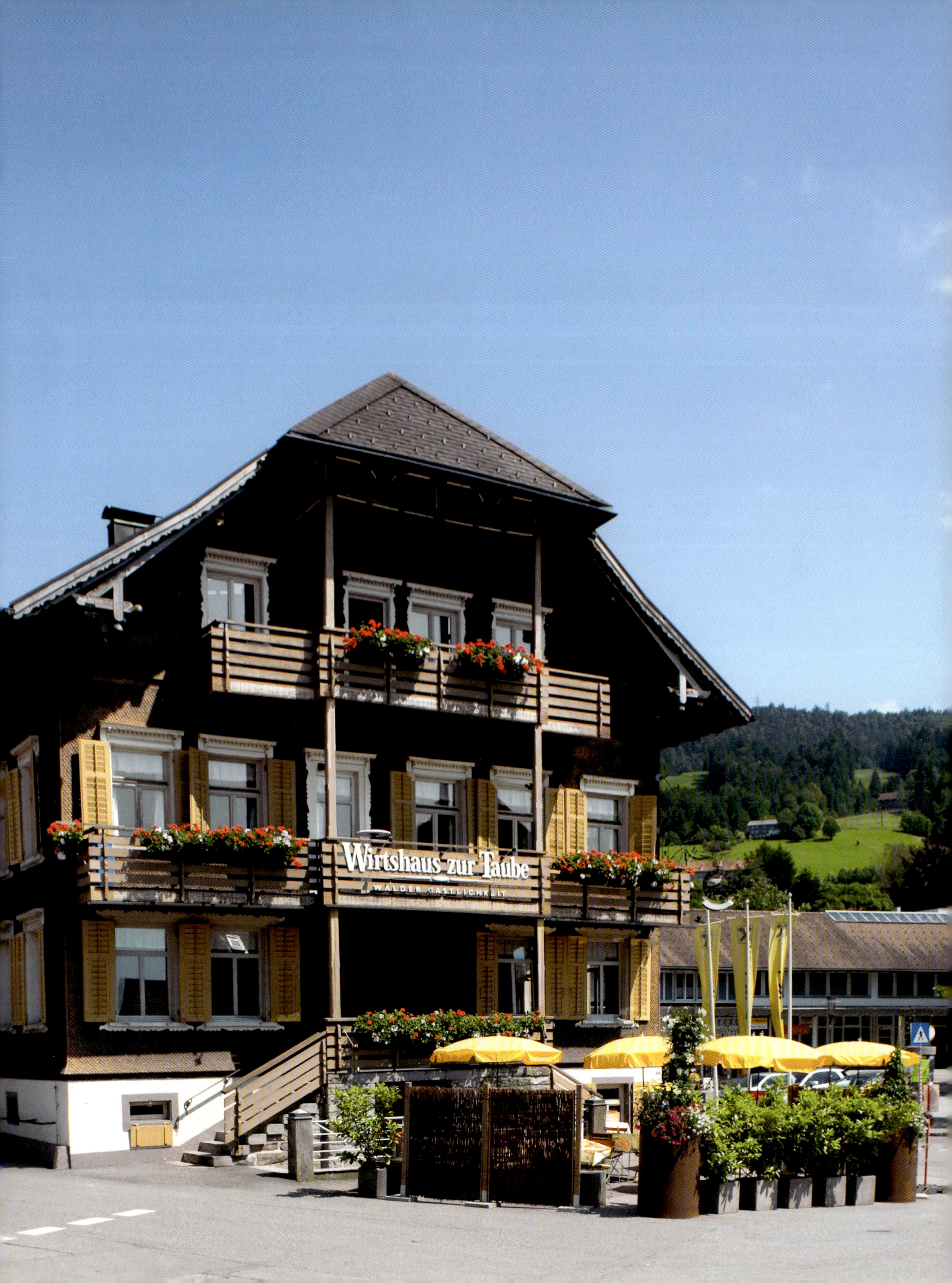
Wirtshaus zur Taube
WALDER GASTLICHKEIT

Käsekeller

Vorarlberger Käse – ein Identifikationsmerkmal

Saftig grüne Wiesen und Weiden prägen Vorarlbergs Landschaft bis hoch auf die Almen. Kein Wunder, dass sich hier die Kühe besonders wohl fühlen. Der Milch- und Käseproduktion kommt folglich seit Generationen eine herausragende Bedeutung für die hier noch weit verbreitete heimische Landwirtschaft zu: Vorarlberg wird nicht zu Unrecht als DAS Käseland bezeichnet und der Vorarlberger Bergkäse gilt als sein kulinarischer Botschafter. Immerhin werden über sechzig Prozent der hier gewonnenen Milch zu einer Vielzahl von Käsespezialitäten veredelt.

Das Besondere am Vorarlberger Käse: Durch die Drei-Stufen-Bewirtschaftungs- und Nutzungsform – Talbetrieb, Vorsäß und Hochalpe – werden pro Jahr rund achtzig Millionen Kilogramm hochwertigste Heumilch produziert. Das Futter der Heumilchkühe besteht ausschließlich aus saftigen Gräsern und Kräutern, sonnengetrocknetem Heu und Getreideschrot. Silage, also Gärfutter, ist hier tabu. Aus der naturbelassenen Heumilch schließlich wird auf rund 150 Alpsennereien der ursprungsgeschützte Vorarlberger Alpkäse und in rund 30 Sennereien der Vorarlberger Bergkäse erzeugt. Seit 1997 stehen beide unter EU-Markenschutz.

Voraussetzung für diese Auszeichnung ist, dass es sich um Produkte mit traditioneller Geschichte handelt, dass der Rohstoff zu hundert Prozent aus der Region stammt und dass die Verarbeitung nach traditionellem Herstellungsverfahren erfolgt. Der Bregenzerwald ist die größte zusammenhängende Region in der EU, die silofrei bewirtschaftet wird. Man beachte: Nur etwa zwei Prozent der europäischen Milch sind heute noch silofrei. Die Dorfsennereien im Bregenzerwald produzieren aus dieser qualitativ hochwertigen Milch ganz besondere Spezialitäten, die vor Ort in zahlreichen Sennerei-Läden angeboten werden. Auch Gastronomie und Handel verstärken ihren Einsatz zugunsten der bäuerlichen Familien und forcieren den Verkauf von Bregenzerwälder Käsespezialitäten. Eine tolle Vermarktungsidee ist die KäseStrasse, ein Zusammenschluss von Bregenzerwälder Bauern, Wirten, Handwerkern und Handelsbetrieben: Hier finden sich Sennereien, Alpen, Museen, aber auch Wirtshäuser und Restaurants, die aus der regionalen Spezialität kreative und vor allem köstliche Gerichte zaubern.

Eine weithin bekannte Vorarlberger Spezialität ist der Sura Kees aus dem Montafon. Ursprünglich

Vorarlberger Käse

wurde er seit Beginn der Nutzung der Bergweiden auf den Alpen Vorarlbergs hergestellt. Dass die Sauerkäse-Erzeugung durch den aufkommenden Labkäse nicht gänzlich verdrängt wurde, ist den Montafonern zu verdanken, die auf ihren Alpen und in Käsereien bis heute den Sauerkäse produzieren. Der Sura Kees ist etwas für Gesundheitsbewusste: Er hat einen vergleichsweise geringen Fettgehalt, aber trotzdem vollwertiges Eiweiß. Gerne wird er zu „gsottener Grumpira" (Kartoffeln) gegessen. Ein guter, reifer Sura Kees hat eine glatte, glänzende und leicht speckige Oberfläche mit goldgelber bis rötlich-brauner Schmiere. Innen ist er hellgelb bis weiß, schnittfest und geschmeidig. Käseliebhaber können diese Spezialität in zahlreichen Montafoner Restaurants kosten, mal traditionell, mal raffiniert zubereitet.

Insgesamt finden sich im Vorarlberger Käsesortiment über vierzig Sorten mit verschiedenen Geschmacksrichtungen und unterschiedlichen Reifegraden. Gut die Hälfte der hergestellten Menge wird zu Vorarlberger Bergkäse, rund dreißig Prozent kommen als unterschiedliche Schnittkäsesorten auf den Markt. Der Rest der Produktion fällt auf Weichkäse und auf Vorarlberger Alpkäse. Die hochwertige Qualität der Produkte wird bei EU-weiten und internationalen Prämierungen immer wieder bestätigt.

Der Käse zwischen Rhein und Arlberg, Allgäu und Silvretta ist allerdings weit mehr als kulinarischer Leckerbissen: Er ist gleichermaßen Symbol für die Vorarlberger Lebenskultur, die Identifizierung mit ländlicher regionaler Qualität, die Philosophie eines Lebens im Einklang mit der Natur. Kurz: Er ist als wesentlicher Bestandteil des Vorarlberger Selbstverständnisses nicht wegzudenken.

157 Vorarlberger Käse

Montafoner Sura Kees

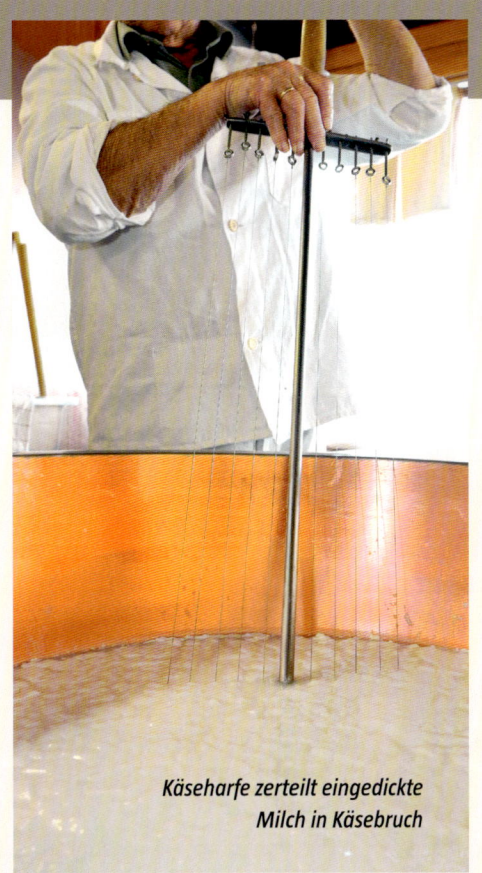

Käseharfe zerteilt eingedickte Milch in Käsebruch

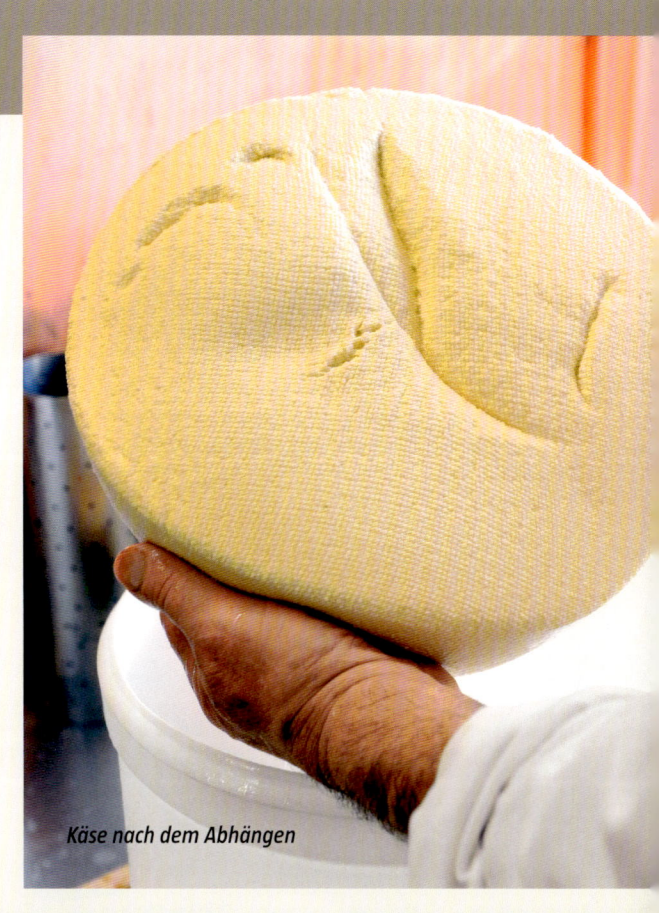

Käse nach dem Abhängen

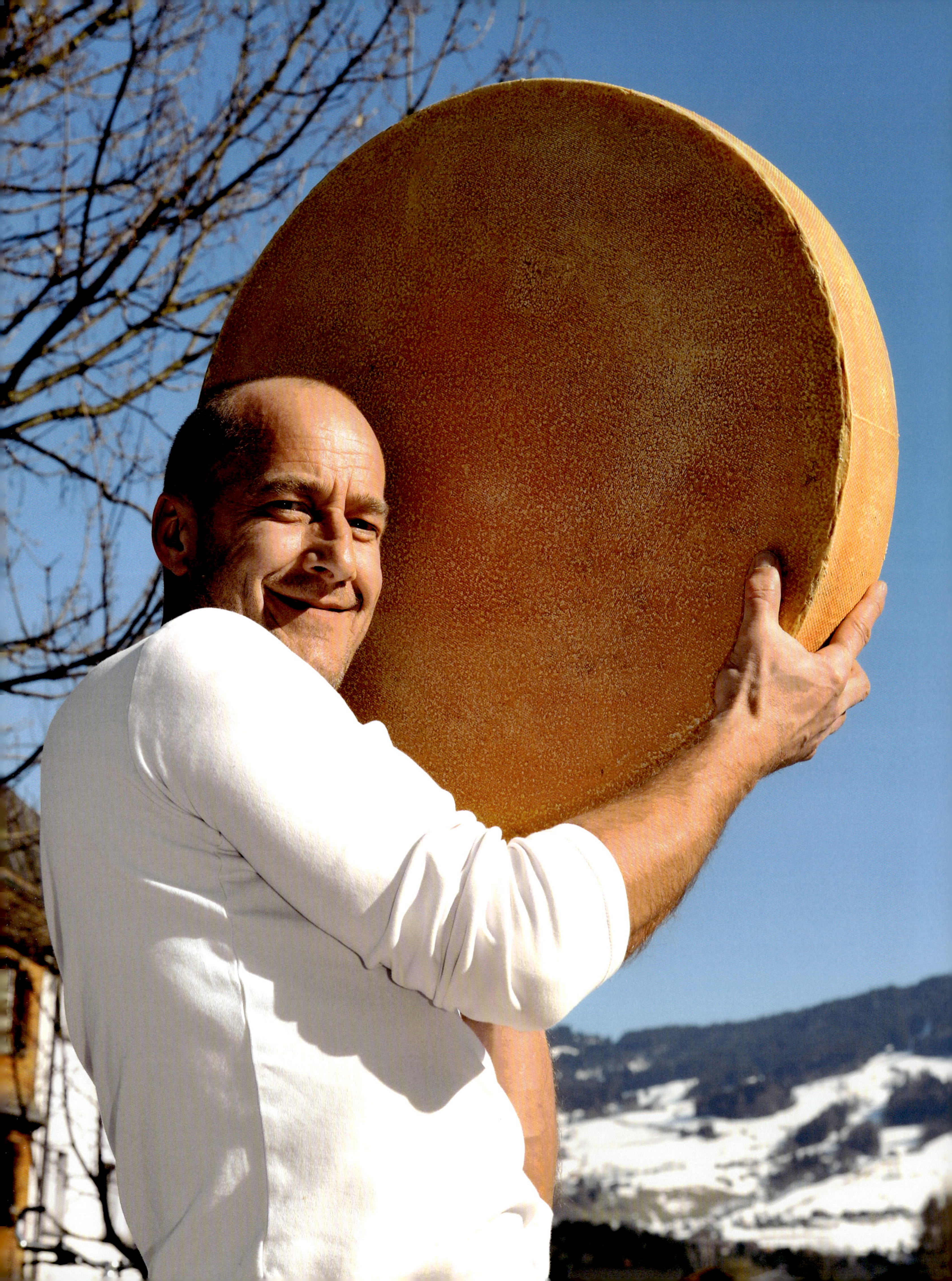

Andelsbuch

„Unsere Bauern sind sehr innovativ und tragen dazu bei, dass wir hier eine große Auswahl an sehr gutem Käse anbieten können."

Michael Lipburger, Geschäftsführer

Das Bregenzerwälder Käsehaus

Der Bregenzerwald und der Käse: das gehört zusammen wie der Stephansdom zu Wien, die Madeleines zu Marcel Proust, wie Romeo zu Julia – eine Liebesgeschichte ist es auf jeden Fall. Zahlreiche Sennereien und Bauern produzieren im Bregenzerwald Käse, 4500 Tonnen jährlich. Würde er ausschließlich von den Bregenzerwäldern selbst gegessen, bedeutete das einen Pro-Kopf-Verbrauch von 150 Kilo im Jahr. Aber da der Wälder Käse weit überregional bekannt ist, kommen Besucher aus aller Welt, um sich im Bregenzerwälder Käsehaus mit Vorräten einzudecken. Hier stehen über 80 verschiedene Käse zur Auswahl, Schnitt-, Hart- und Weichkäse, aus Kuh-, Schaf- und Ziegenmilch, außerdem Mostbröckli und Hirschschinken, Milch, Quark, Sennereibutter, Butterschmalz, Schnäpse und Liköre und das Genusspaket, ein preisgekröntes, attraktiv verpacktes Kistlein voller Wälder Spezialitäten. Der Renner ist natürlich der echte Bregenzerwälder Bergkäse, drei bis zwölf Monate gereift und aufwendig gepflegt. Die Käseexperten Peter Hubert und Michael Lipburger kennen jede Sennerei, jeden Bauernhof persönlich und wissen, wie der Käse entsteht, wie es im Stall aussieht und ob es den Kühen gut geht. Es mag romantisch klingen, dass nur Milch von glücklichen, also wenig gestressten Kühen guten Käse ergibt, doch Lipburger und Hubert haben es selbst getestet und für wahr befunden. „Manche Bauern haben sogar Musik im Stall", erklärt Michael Lipburger; Beethoven soll besonders beliebt sein beim Milchvieh. Eine lehrreiche Gaudi ist das Schaukäsen, bei dem die Gäste nicht nur bei der Käseherstellung zuschauen, sondern selbst mit anpacken, wenn die Milch mit dem Lab dick gelegt und dann mit der Käseharfe zum Bruch zerschnitten wird. Degustation, Verdauungsschnäpsle und viel Freude sind inbegriffen.

Das Bregenzerwälder Käsehaus
Spezialitäten GmbH
Hof 144
A-6866 Andelsbuch
☎ 00 43 (0) 55 12 / 2 63 46
www.kaesehaus.com

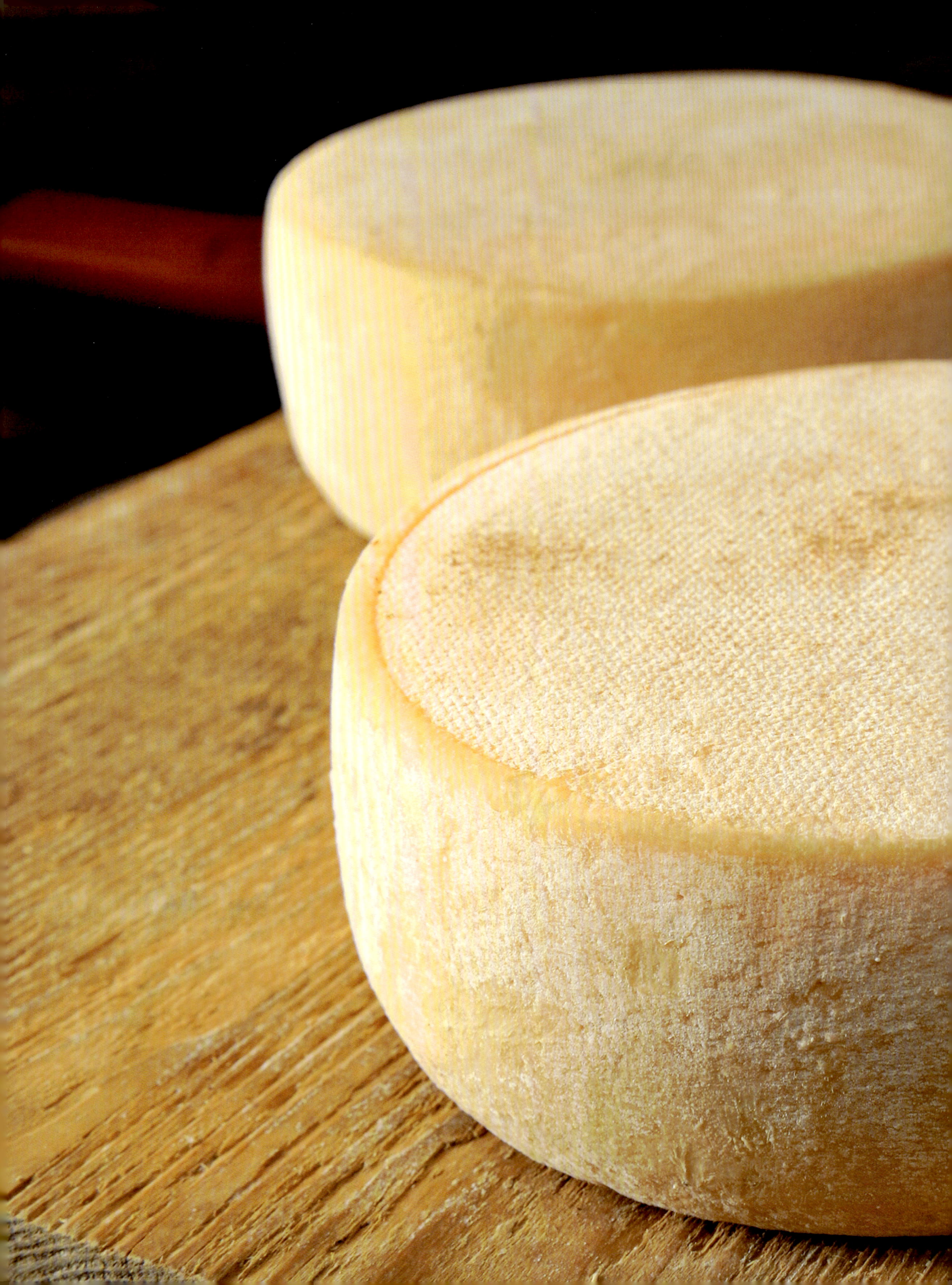

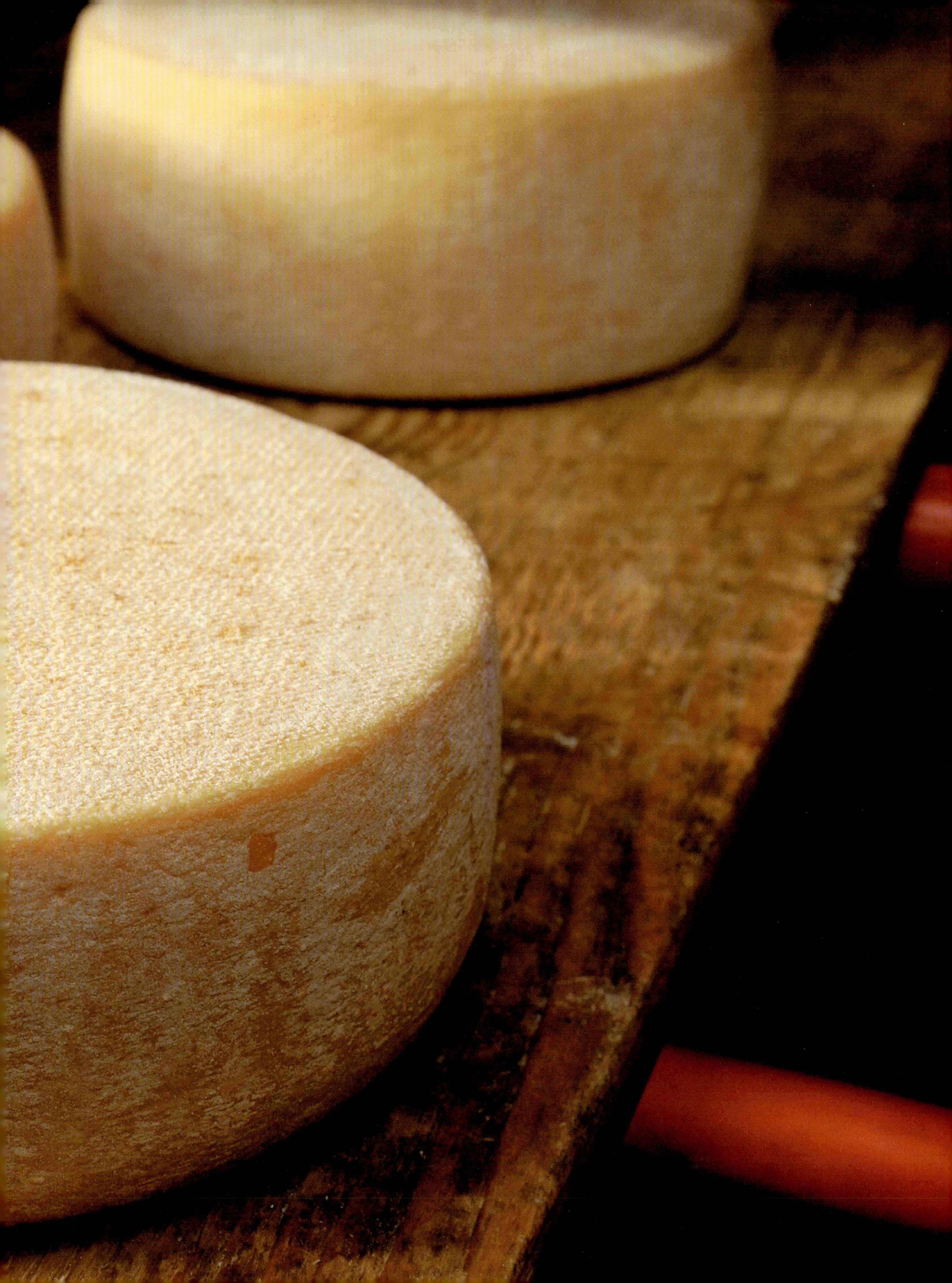

Angelika-Kauffmann-Museum, Schwarzenberg

Angelika Kauffmann: Wälderin und Weltbürgerin

Sie porträtierte Königinnen und Kaiser, korrespondierte mit den Geistesgrößen Europas und war laut Herder die „vielleicht kultivierteste Frau Europas". Dennoch ist sie heute außerhalb der Kunstszene wenig bekannt. Die Autorin begibt sich auf Spurensuche ins Angelika-Kauffmann-Museum nach Schwarzenberg.

Angelika Kauffmann (1741 bis 1807) war das, was man heute eine perfekte Netzwerkerin nennt. Hätte es damals schon Facebook, Xing und Co. gegeben, die Liste ihrer Freunde und Follower wäre lang, und so wie heute der tägliche Mailverkehr und die Pflege der Social Media Kontakte einen beträchtlichen Teil an Lebenszeit in Anspruch nimmt, so verbrachte die kommunikative Angelika Kauffmann viel Zeit mit der Pflege ihrer zahlreichen privaten und geschäftlichen Briefkontakte. Sie verstand es, beide Bereiche ebenso charmant wie geschäftstüchtig miteinander zu verknüpfen – auch das ein keineswegs neues Phänomen der heutigen Zeit. Zu ihrem Netzwerk zählten Johann Wolfgang von Goethe und Anna Amalia von Sachsen-Weimar-Eisenach; an Friedrich Gottlieb Klopstock schrieb sie: „Ich hoffe sie werden mich ja auch unter die Zahl Ihrer Freunde rechnen." Sie hat Klopstock übrigens nie persönlich getroffen – Facebook lässt grüßen!

Dass Angelika Kauffmann, als Bürgerliche, als Frau zumal, einen solchen Lebensweg nahm, war alles andere als selbstverständlich. Die damalige rechtliche und soziale Stellung von Frauen bringt eine Zeitgenossin Kauffmanns, Olympe de Gouge, auf den Punkt: „Mann, bist du fähig, gerecht zu sein? Sag mir, wer hat dir die selbstherrliche Macht verliehen, mein Geschlecht zu unterdrücken?" Angelika Kauffmann schaffte es mit einer Mischung aus Glück, Mut, Charme, Unabhängigkeitswillen, Können und viel harter Arbeit, das rechtlich-soziale Korsett ihrer Zeit wenn schon nicht abzulegen, so doch stark auszuweiten (Olympe de Gouge dagegen endete wegen ihrer aufmüpfigen Worte unter der Guillotine, aber das ist eine andere Geschichte). Schon als Kind wurde die künstlerische Begabung der jungen Angelika deutlich und seitens des Elternhauses intensiv gefördert – keineswegs selbstverständlich damals. Obwohl sie nie eine Schule besuchte, war sie hochgebildet: Der Vater, selbst Maler, unterrichtete sie in seinem Metier, die Mutter lehrte sie Sprachen, Deutsch, Italienisch, Englisch und Französisch. Aber auch mathe-

Pfarrkirche Schwarzenberg

matisch und rechtlich muss sie bewandert gewesen sein, schließlich entwickelte sie sich zu einer geschäftlich äußerst erfolgreichen Frau.

Als Angelika elf Jahre alt war, zog die Familie nach Como, das damals zu Österreich gehörte. Hier regierten die kunstliebenden Grafen von Salis, die zu wichtigen Auftraggebern, vermutlich auch Türöffnern wurden. Bereits in ihren jungen Jahren reisten die Eltern, später der Vater (die Mutter starb 1757) mit ihr nach Italien, wo sie zum einen unzählige Stunden lang die großen Meister kopierte, zum anderen viele Kontakte zu einflussreichen Persönlichkeiten knüpfen konnte. Zurück im Bregenzerwald, malte sie zusammen mit dem Vater die Fresken der Apostelköpfe in der Kirche von Schwarzenberg, die heute noch zu besichtigen sind. Es folgten weitere Reisen, nach Italien, England, Irland. Die englische Königsfamilie, der Großfürst und die Großfürstin von Russland und Kaiser Joseph II. (Kaiser des Heiligen Römischen Reiches Deutscher Nation) zählten zu ihren Kunden, sie porträtierte den Antikenforscher Johann Joachim Winckelmann, Johann Wolfgang von Goethe, Johann Gottfried Herder. Kauffmann zählte zu den 28 Gründungsmitgliedern der Royal Academy und reichte zur Gründung ein Historiengemälde ein – eine Provokation, denn das Anfertigen von Historiengemälden war Männern vorbehalten. Geschäftstüchtig wie sie war, ließ sie von den besten Kupferstechern ihre Gemälde reproduzieren und sorgte so dafür, dass ihre Motive international bekannt wurden. „The whole world is angelica-mad", schrieb ein Zeitgenosse. Und privat? Die kurze Ehe mit einem Heiratsschwindler sorgte für Klatsch und Tratsch und große finanzielle Verluste, doch das Lehrgeld zahlte sie nicht vergeblich: Bei ihrer zweiten Ehe mit dem venezianischen Maler Antonio Zucchi schloss sie einen Ehevertrag, der

Angelika-Kauffmann-Saal

festlegte, dass sie allein über ihr Vermögen und ihre Einkünfte verfügte und ihren Geburtsnamen behielt – beides ungeheuerlich für die damalige Zeit.
Bei allem Ruhm und Erfolg blieb Angelika Kauffmann ihrer Heimat stets verbunden. Davon zeugen ihr Selbstbildnis in der Tracht der Bregenzerwälderin und die vielen Briefe, die sie an Verwandte und Freunde im Bregenzerwald schrieb: „Alle Ehren der welt sätigen mein verlangen nicht das vatterland wider einmahl zu sehen." Das „vatterland" erwidert diese Verbundenheit und eröffnete 2007 in Schwarzenberg das nach ihr benannte Museum. Moderne, angenehme Ausstellungsräume wurden in den über 450 Jahre alten historischen Gebäudekern integriert, in bester Vorarlberger Holzarchitektur-Schule. Wer Schwarzenberg auf der kulinarischen Reise besucht, sollte sich den kulturellen Hauptgang nicht entgehen lassen.

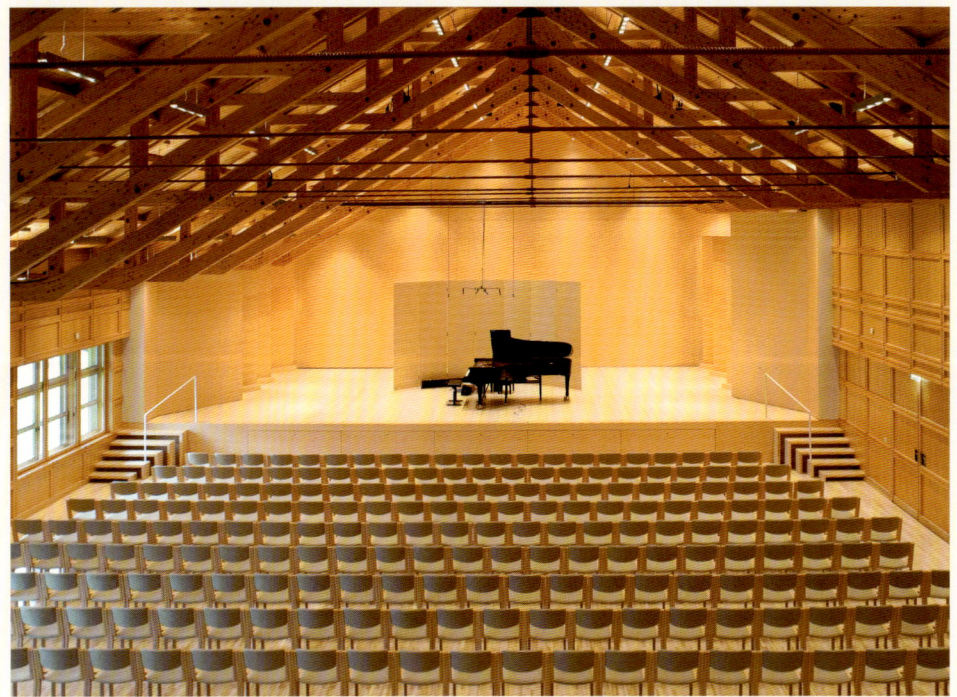

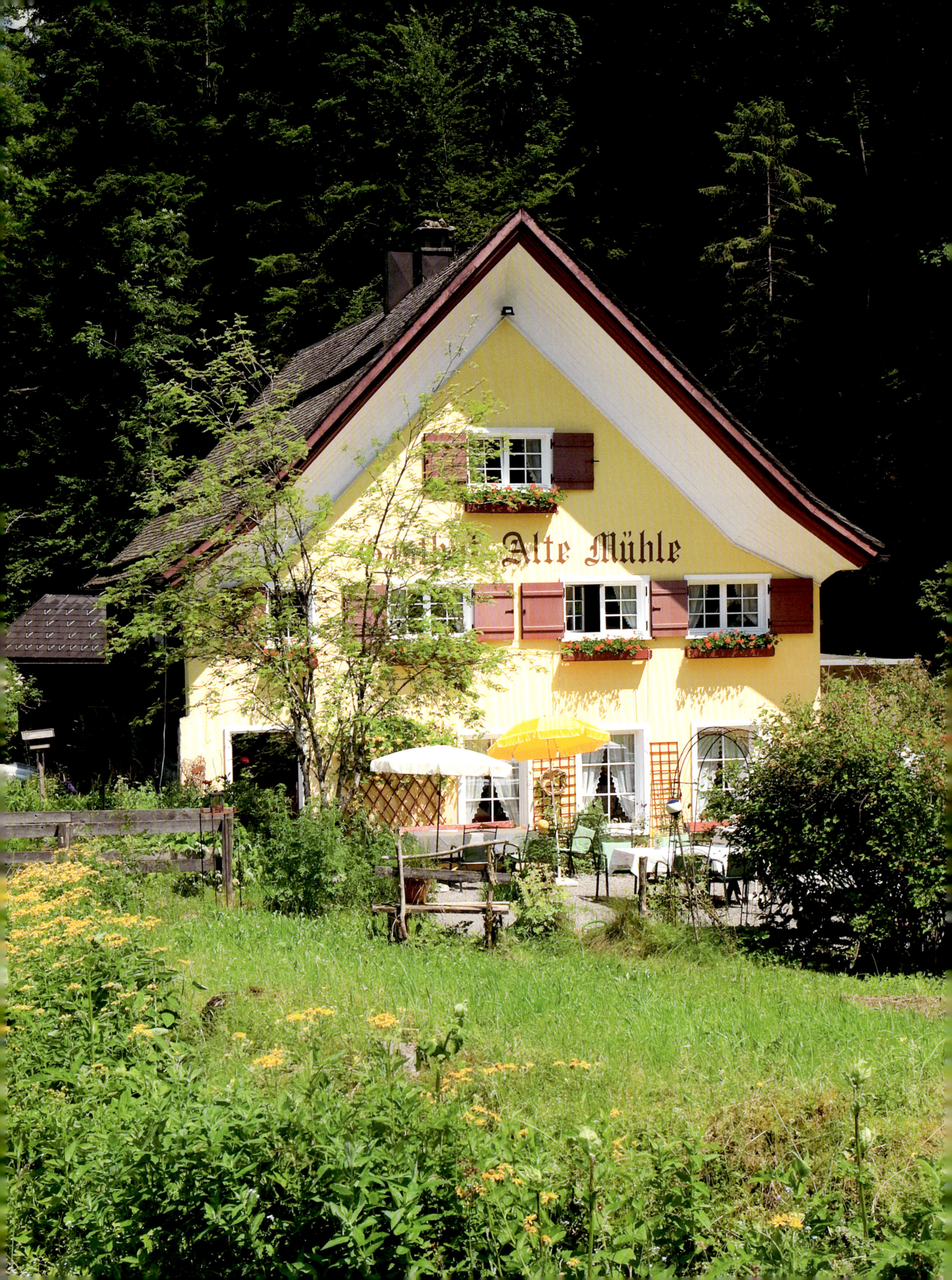
Alte Mühle

Alte Mühle

"Unsere Gäste finden bei uns Ruhe, Entspannung, gutes Essen und die heimelige Atmosphäre eines echten Familienbetriebs."

Marietta Wild, Inhaberin

Um die Alte Mühle anschaulich zu beschreiben, hilft ein Griff ins Märchenvokabular. Ein Hauch von Hexenhäuschen, die Blütenpracht aus Dornröschen, das Mühlrad der schönen Müllerin und nicht zuletzt Hans im Glück – denn als solcher fühlt sich ein Gast, der sich dem Hause nähert. Familienhund Lara liegt auf der kleinen Holzbrücke, die den Mühlbach überspannt, und begrüßt freundlich die Gäste, die mit etwas Glück auch noch eine Wildentenfamilie bei der Nachwuchspflege beobachten können.

Solchermaßen mit Romantik und Vorfreude eingestimmt, betritt man das sonnengelb und ochsenblutfarben gestrichene Haus. 1746 erstmals erwähnt, erlebte es in den vergangenen Jahrhunderten Zeiten als Schmiede, Sägerei, Bäckerei, Stickerei, wobei das Mühlrad die harte körperliche Arbeit erleichterte; heute dient es als Dekoration und Namensgeber des schmucken Landgasthofes. Inhaberin Marietta Wild leitet den Service, ihre Mutter Heide Ludwigs kocht eine solide Küche mit Raffinesse, ihr Sohn Dominik hat gerade seine Kochlehre abgeschlossen und probiert zusammen mit seiner Großmutter begeistert neue Kreationen, die auf der Speisekarte landen, sobald die gesamte Familie die Begeisterung teilt. Bekannt und begehrt sind vor allem Wild- und Pfifferlingsgerichte. Ein eigener Jäger bringt Reh, Hirsch oder Wildschwein direkt vom Jagdgebiet Bödele, und Sammler liefern ihre Pfifferlinge aus dem Bregenzerwald ins Haus. Der Gastraum hat knapp 30 Plätze, was zur familiären Atmosphäre beiträgt, und unterstützt durch Marietta Wilds sympathische kommunikative Art kann es leicht passieren, dass die Gäste miteinander ins Gespräch kommen.

So hat sich im Laufe der Jahre durch Mundpropaganda und lobende Worte mehrerer Gastrozeitschriften eine beachtliche Stammkundschaft entwickelt, die sich sommers am Blüten- und winters am Schneereichtum des Märchengartens am Mühlbach freuen.

Buttermilchparfait mit Kräutern

Das Rezept zur Spezialität des Hauses finden Sie auf Seite 178

Alte Mühle
Dorn 138
A-6867 Schwarzenberg
☎ 00 43 (0) 55 12 / 37 80
www.alte-muehle.cc

Landhotel Hirschen

„Was wir selbst gerne genießen, geben wir von Herzen an unsere Gäste weiter."

Rosemarie Feurstein, Inhaberin

Hirschhüfte, rosa gebraten, mit Pilzschupfnudeln und Blaukraut

Das Rezept zur Spezialität des Hauses finden Sie auf Seite 179

Das Landhotel Hirschen in Hittisau ist weit mehr als ein gepflegtes Urlaubsdomizil mit warmherzigem Ambiente inmitten herrlicher Natur. Erholungssuchende Gäste können hier ihre Urlaubstage mit Yogakursen, Kräutertagen oder einer Heilfasten-Gesundheitswoche bereichern. Die Gastgeberinnen, die Schwestern Gabriele Bechter und Rosemarie Feurstein, haben Zusatzausbildungen als Kräuterpädagogin, Yogalehrerin und in energetischer Körperarbeit absolviert, und das heilsame Wissen über den Einklang von Natur und Mensch teilen sie freigiebig mit ihren Gästen. Genauso wie die vielen regionalen naturbelassenen Zutaten der Küche, die die ganze Familie beisteuert: Der Bruder bewirtschaftet eine Landwirtschaft mit Vieh, die Schwester eine eigene Alm, Fleisch und Wurst steuert die Metzgerei des Ehemanns bei, und die aromatischsten Kräuter gedeihen im großen Garten. Das Team um Küchenchef Michael Bechter und Beiköchin Monika Rick, beide schon seit fast 20 Jahren im Hirschen beheimatet, bereitet daraus eine wohltuend naturbelassene Küche, mit deftigen Bregenzerwälder Gerichten sowie vegetarischen und veganen Spezialitäten. In der modernen Wellness-Oase im Dachgeschoss genießen die Gäste Honig- und Kräuterstempelmassagen, Farb- und Klangtherapie, Heubäder, ayurvedische Behandlungen und alles, was zum Wohl von Körper, Geist und Seele beiträgt. Hausgemachte Kräutersalben sorgen auch nach dem Urlaub noch für Wohlbefinden und die Linderung mancher Unpässlichkeit. Zu den eindrücklichsten Urlaubserlebnissen im Landhotel Hirschen gehört sicher, frühmorgens auf der Familienalm zuzuschauen, wie die Sennerin den Bergkäse schöpft, und sich das frühe Aufstehen anschließend mit einem herrlichen Alpfrühstück zu belohnen. Die kraftvolle Energie eines solchen Morgens trägt einen gut gelaunt durch den ganzen Urlaubstag – und weit darüber hinaus.

Landhotel Hirschen
Platz 187
A-6952 Hittisau
☎ 00 43 (0) 55 13 / 23 20
www.landhotel-hirschen.at

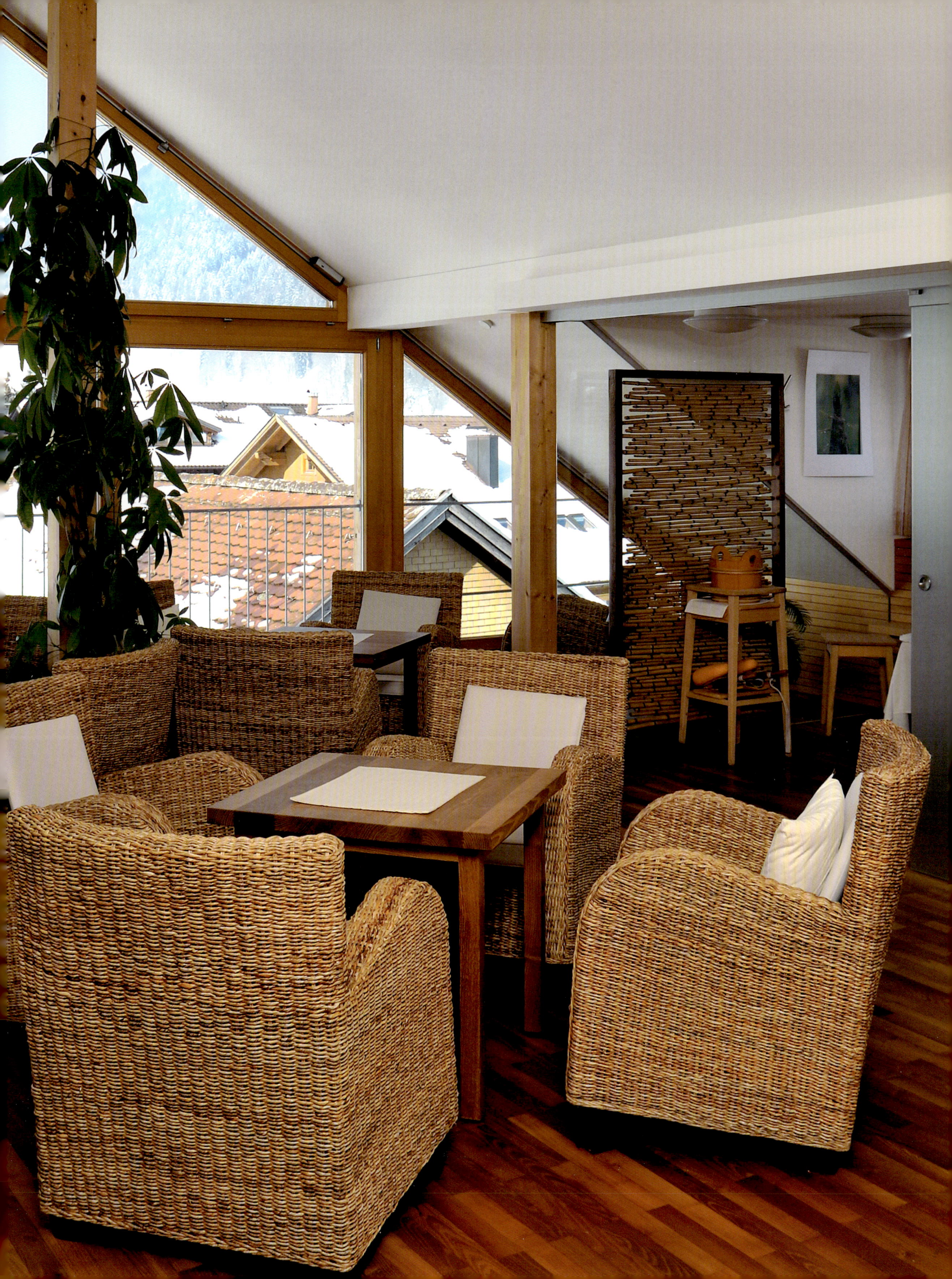

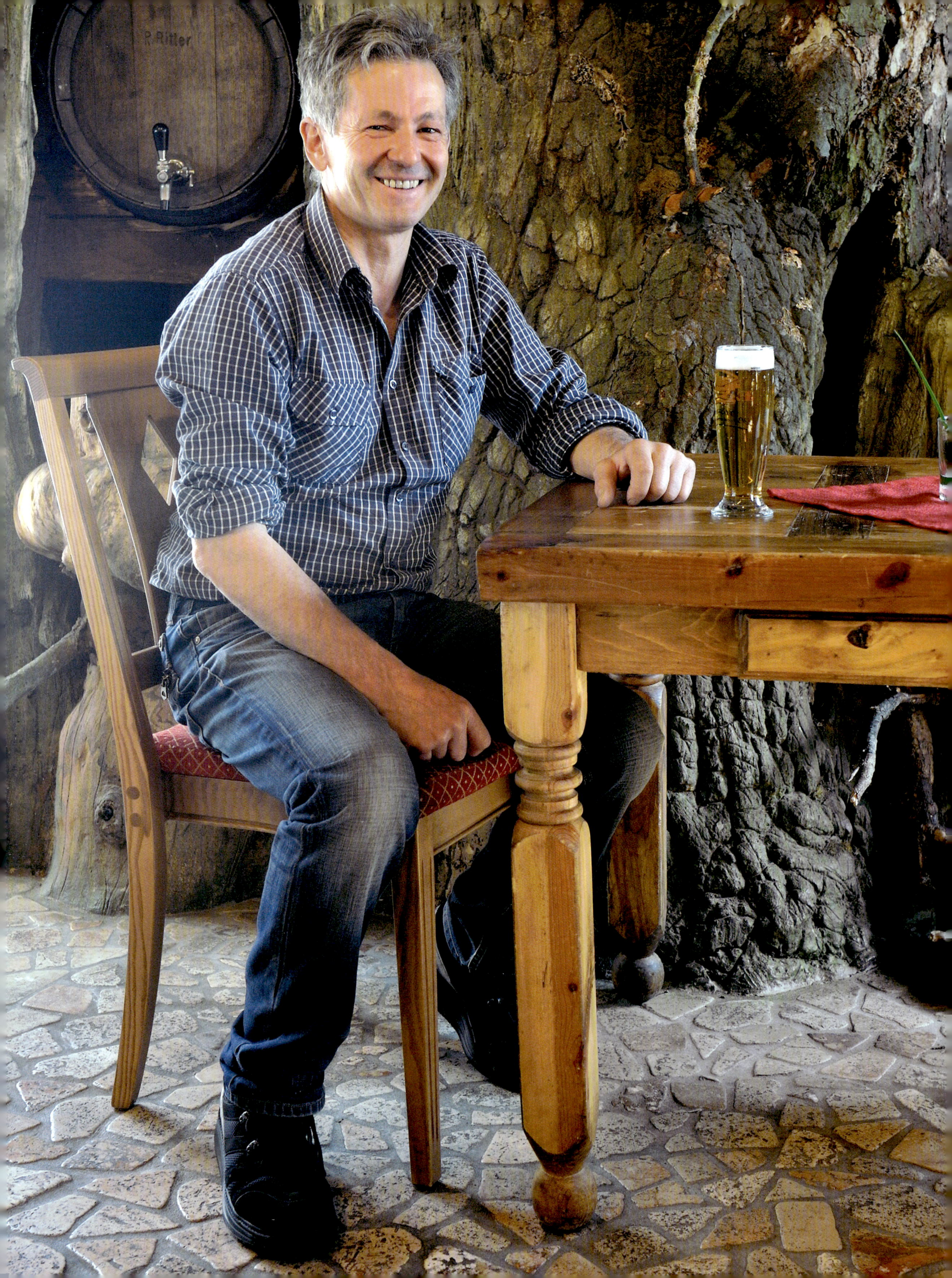
P. Ritter

Erlebnisgasthof Ur-Alp

"Nur die Natur ist unser Lehrmeister."

Peter Ritter, Inhaber

Ein Besuch im Erlebnisgasthof Ur-Alp ist tatsächlich ein Erlebnis, und zwar eines, das über das gute Essen hinausgeht. Die Köche bereiten feine Fünf-Gänge-Menüs ebenso wie deftige Speisen, zum Beispiel Holzfällersteak, Zwiebelrostbraten, Käsknöpfle, gebackener Hochalpbergkäse, dazu gute österreichische Weine oder Bier, die Portionen sind großzügig bemessen. Ein eigener Kräutergarten nach Hildegard von Bingen steuert heilsame und aromareiche Kräuter bei. Der Gast kann bei Peter und Veronika Ritter aber noch mehr stillen als Appetit und Durst, nämlich Wissensdurst. So erfährt er, dass Milchprodukte und Milch von nicht überzüchteten Kühen mit Hörnern wesentlich gesünder und verträglicher sind, da sie eine geordnete Milchstruktur aufweisen. Küchenchef Thomas Moosbrugger kocht ausschließlich mit belebtem Granderwasser. Dem Wasser wird durch die Belebung wieder die Urstruktur zurückgegeben, es wird weicher, länger haltbar und ist gesünder. Das Thema Naturenergie spielt eine große Rolle in der Ur-Alp: Neben dem großen Kinderspielplatz befindet sich ein Kraftplatz, um Lichtenergie zu empfangen, und das Wasser der eigenen Jakobsquelle misst bis zu 177 000 Bovis-Einheiten und weist somit eine hohe Energie auf. Die großen schönen Galaräume der Ur-Alp sind zum Teil mit dreihundert Jahre altem Holz gebaut, das von ausgedienten Alphütten stammt. Klar, dass bei so viel guter Energie in der Ur-Alp auch gut gefeiert werden kann, bei den beliebten zünftigen Hüttenabenden und Musikantentreffs. Bis zu 200 Personen finden im großen Gastraum Platz, der besonders für Busreisende, Firmenfeiern oder Hochzeiten gut geeignet ist. Wer ein wenig der guten Ur-Alp-Lebensmittel und Energie mit nach Hause nehmen möchte, findet im Naturlädele ausgewählte Produkte aus heimischer Landwirtschaft, wie Hochalpkäse, Speck, Kaminwurzen, Hirschschinken, Tee, Steinöl- und Molkeprodukte, Literatur, Gewürze, selbstgemachtes Johannisöl oder Quendelsalbe, eigene Edelbrände und viele sinnvolle Geschenke für die Gesundheit. Auf Wunsch wird bioenergetische Meditation angeboten.

Mit Ziegenkäse und Basilikum gefülltes Carpaccio vom Wälder Jungrind

Das Rezept zur Spezialität des Hauses finden Sie auf Seite 179

Erlebnisgasthof Ur-Alp
Bundesstraße 533
A-6883 Au
☎ 00 43 (0) 55 15 / 2 51 92
www.ur-alp.at

Schröcken

Berghotel Körbersee

„Bei uns kann man mitten in der Natur Urlaub machen und sich abseits von allem Trubel bestens erholen."

Ulrike Schlierenzauer, Inhaberin

🍴 **Walser Käsefladen nach Körbersee-Art**

Das Rezept zur Spezialität des Hauses finden Sie auf Seite 180

Das geschichtsreiche Volk der Walser erfreut sich immer wieder großen Interesses. Vor über 600 Jahren verließen im Wallis ansässige Familien ihre Heimat und wanderten nordostwärts bis ins heutige Vorarlberg, um in zuvor unbewohnten Alpentälern zu siedeln. Die Höhe und Abgeschiedenheit der Täler und die bergige Landschaft gelten heutzutage als Luxus und begehrtes Ziel erholungsbedürftiger Urlauber. So liegt es nahe, dass Familie Schlierenzauer auf 1675 Metern Höhe das Berghotel Körbersee führt. Wer hierher kommt, darf eine kurze gemütliche Wanderung nicht scheuen, die von den hoteleigenen Parkplätzen in Schröcken oder am Hochtannbergpass direkt zum Hotel führt. Oben angekommen: Bergwelt, mittendrin das Hotel, daneben der Körbersee. Sonst nichts. Und das ist sehr viel. Im Winter startet man vom Hotel aus direkt auf die Piste oder Loipe oder schnallt die Schneeschuhe an, die das Hotel vermietet. Sobald der Schnee geschmolzen ist, erblüht die Landschaft in voller Alpenflora, die sich auf atemberaubenden Wanderungen zeigt. Ulrike Schlierenzauer ist ausgebildete Wanderführerin und gibt gerne Tipps für jeder Kondition angemessene Touren. Wandergruppen logieren gerne in den einfach und gemütlich eingerichteten Zimmern im Haus Enzian, während die Gäste im Haus Schneestern den Komfort eines Vier-Sterne-Hauses schätzen. Nach einem sportlichen Tag in frischer reiner Bergluft trifft man sich abends im geräumigen Speisesaal, um den Panoramablick und die ausgezeichnete, regional orientierte Küche zu genießen, darunter typische Walser Spezialitäten wie den Käsefladen. Rudern auf dem Körbersee oder entspannte Stunden im neuen Wellnessbereich runden den Urlaub in einem komfortablen Hotel ab, dessen romantisch einsame Lage in ganz Vorarlberg einmalig sein dürfte.

Berghotel Körbersee
A-6888 Schröcken 75
☎ 00 43 (0) 55 19 / 2 65
www.koerbersee.at

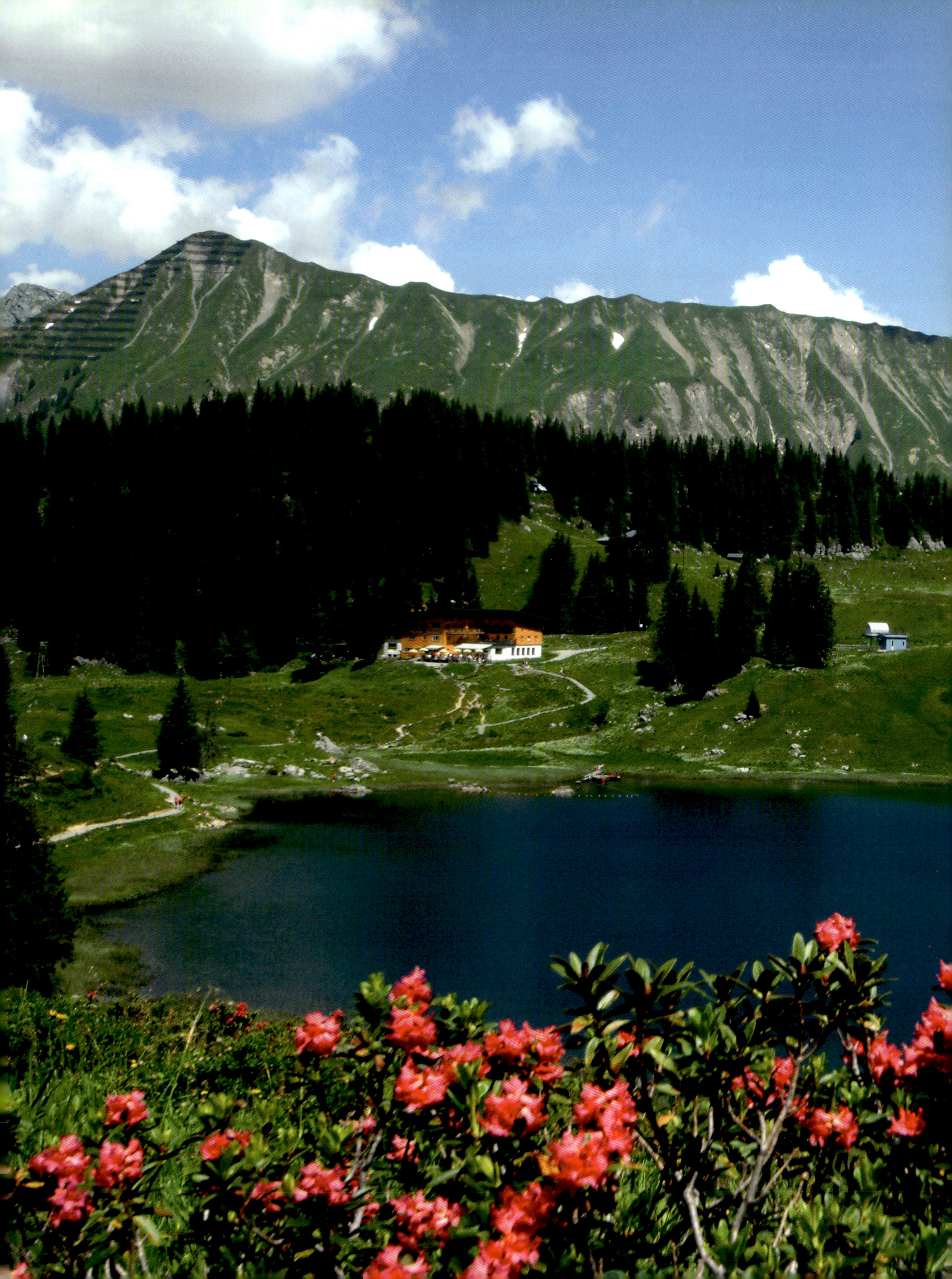

„Zur Krone"

Hotel Krone

„Wir sind beliebt als Seminar- und Tagungshotel, denn unsere hellen Seminarräume liegen mitten im Grünen und sind bestens ausgestattet."

Manfred Nussbaumer, Küchenchef und Inhaber

Eingebettet in die goldene Mitte zwischen Ruhe und Energie liegt Langenegg. Das ist durchaus wörtlich zu verstehen: Als sogenannte e5-Gemeinde zeichnet sich Langenegg durch den vorbildlichen Umgang mit Energie aus, und ein Energiewanderweg gestaltet das abstrakte Thema anschaulich, zum Anfassen, Sehen, Spüren. Der Weg führt unmittelbar am Hotel Krone vorbei und das mag einer der Gründe dafür sein, dass das Hotel besonders bei Seminar- und Tagungsteilnehmern so beliebt ist – schließlich wird Energie auch als gespeicherte Arbeit definiert. Der Hauptgrund ist jedoch sicher der familiäre Charme der Krone, die ausgezeichnete Küche, das Wellnessangebot des Hauses und natürlich die besondere Lage der Seminarräume. Die hellen Räume sind umgeben von Grün, sind funktional, flexibel, mit neuester Technik ausgestattet, und sie bieten sogar Optionen für das Arbeiten im Freien. Nun wird jeder, der schon einmal an einem Seminar oder einer Tagung teilgenommen hat, bestätigen, dass eine gute und leichte Küche zum Seminarerfolg meist mehr beiträgt als die schönste Powerpoint-Präsentation. Ein Grund mehr, in der Krone zu logieren, nicht nur im Seminar, auch im Urlaub, bei der eigenen Hochzeit oder als Familie mit kleinen Kindern. Küchenchef und Inhaber Manfred Nußbaumer kocht mit frischen Lebensmitteln der Region; Kräuter und Pilze sammelt er sogar selbst in den umliegenden Wäldern und Wiesen. Auf der Mittagskarte findet sich eine reiche Auswahl an Gerichten, die Fleisch- und Fischliebhaber und Vegetarier und auch die kleinen Gäste glücklich machen. Die Abendkarte bietet immer zwei Menüs, saisonal wechselnd, und mehrere kleinere und größere Gerichte. Dass die Gäste selbst nach einem mehrgängigen Menü noch genug Energie für sportliche oder kulturelle Unternehmungen haben, verdanken sie Manfred Nußbaumers Kochkunst – und wohl auch der Energiegemeinde Langenegg.

Hotel Krone
Gfäll 107
A-6941 Langenegg
☎ 00 43 (0) 55 13 / 61 78-0
www.krone-langenegg.at

Haller's Genuss & Spa Hotel

"Unser Anspruch ist: Top Qualität."

Hermann Haller, Inhaber

Rehrücken im Gewürzmantel mit Morchelsauce und Topfenserviettenschnitte

Das Rezept zur Spezialität des Hauses finden Sie auf Seite 180

Die Lage ist wunderschön: Im hinteren Teil des Kleinen Walsertals, in Mittelberg, steht das imposante Hotel auf einem kleinen Hügel, der vor der überaus reizvollen Bergkulisse wie ein Logenplatz wirkt. Ein Ort, wie geschaffen für Entspannung und Genuss. Und so ist es kein Wunder, dass die Küche im Haller's alles unternimmt, um dem Gast auch auf kulinarischem Gebiet höchste Freuden zu ermöglichen. Hermann Haller hat genaue Vorstellungen: „Wir stehen für Lebensmittelehrlichkeit von morgens bis abends." Das heißt: Hier wird „ehrlich" gekocht, mit besten Zutaten, die weitestgehend aus der Region zwischen Allgäu und Vorarlberg stammen. Die Küche orientiert sich an alpinen, österreichischen Einflüssen – sehr kreativ gehandhabt mit internationalen Anklängen. Herrlich die geschmorten Kalbsbäckle und das warm marinierte Lachsfilet, aber auch die landestypischen Mehlspeisen sind nicht zu verachten!

„Der Gast, der zu uns kommt, erwartet ein gewisses Level. Schon wegen des Wortes ‚Genuss' im Namen", erklärt Hermann Haller. Zusammen mit seinem Küchenchef Gerd Hammerer möchte er die Restaurantküche „moderat auf Haubenniveau" bringen. Und auf dem Weg dorthin ist sich der Hotel-Chef auch nicht zu schade, jeden Käse, der auf's Restaurantbuffet kommt, bei Bauern der Umgebung eigenhändig zu verkosten und auszuwählen. Schließlich ist er Sommelier für Käse – aber auch für Wein und Kaffee.

Die Karte wird in vierzehntägigem Wechsel den saisonalen Gegebenheiten angepasst, die Menüs wechseln täglich. Eigentlich sind es Gala-Menüs, die da tagtäglich auf den Tisch kommen, mit fünf bis sieben Gängen. Doch dank der sehr bedachten Zusammenstellung der Speisen fühlt man sich nach dem vielgängigen Genuss nicht unangenehm übersättigt. Weinliebhaber kommen hier ebenfalls auf ihre Kosten, denn zu jedem Menü gibt es Weinempfehlungen, die mit den Gerichten korrespondieren. Genuss auf vielen Ebenen also – und dazu immer die grandiose Aussicht.

Haller's Genuss & Spa Hotel
Von Klenze Weg 5
A-6993 Mittelberg / Kleinwalsertal
☎ 00 43 (0) 55 17 / 55 51
www.hallers.at

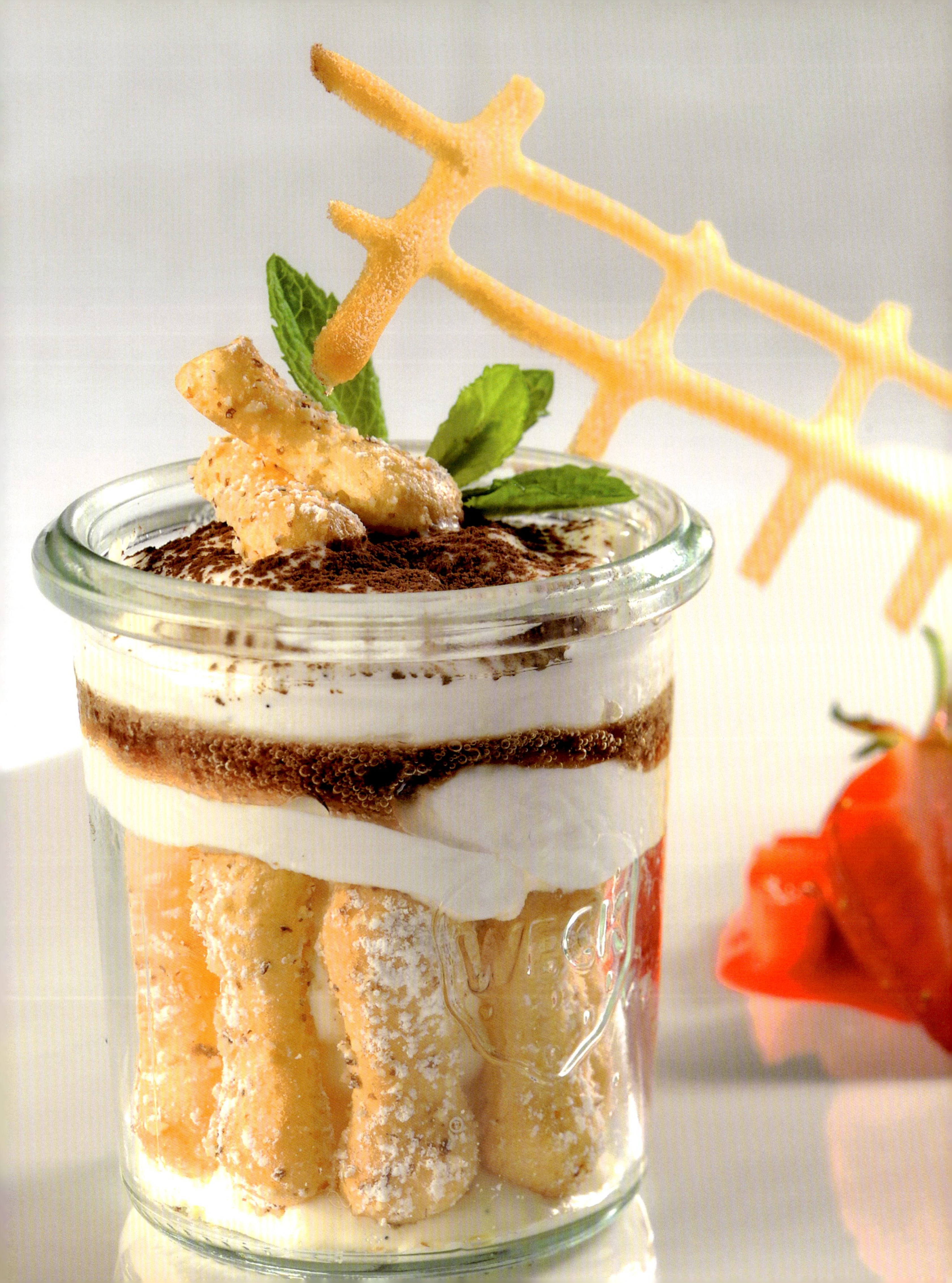
WECK

Rosa gebratenes Milchkalbsrückensteak vom Bregenzerwälder Milchkalb

Wirtshaus zur Taube, S. 152

Zutaten für 4 Personen

Milchkalbsrücken *4 Milchkalbsrücken à ca. 180 g* | *frische, gemischte Gartenkräuter* | *Salz, frisch gemahlener Pfeffer*
Riebelknödel *¼ l Milch* | *¼ l flüssige Sahne* | *80 g Riebelgrieß* | *100 g Grieß* | *60 g Butter* | *100 g Semmelbrösel* | *4 Eier* | *Salz, Pfeffer, frisch geriebener Muskatnuss*

Zubereitung

Milchkalbsrücken leicht würzen mit Salz, frisch gemahlenem Pfeffer und frischen Kräuter aus dem Garten. In einer Pfanne beidseitig anbraten und anschließend im Backofen circa 10 Minuten bei Niedertemperatur (etwa 70 bis 80 °C) garen.

Für die Riebelknödel Milch und Sahne mit Butter aufkochen, würzen, Riebelgrieß und Grieß einrühren und langsam einkochen bis eine leichte, weiche Masse entsteht. Das Ganze etwa eine halbe Stunde lang auskühlen lassen.

Die Eier verquirlen und daruntermischen, Semmelbrösel nach und nach dazumischen bis eine geschmeidige aber feste Knödelmasse entsteht. Die Masse darf nicht klebrig sein. Im leicht wallenden Salzwasser die Knödel circa 10 Minuten köcheln. Wasser darf nicht sprudeln.

Dazu passt hervorragend Gemüse der Saison.

Buttermilchparfait mit Kräutern

Alte Mühle, S. 167

Zutaten für 4 Personen

½ l Buttermilch | *6 Blatt Gelatine* | *125 ml Sahne* | *100 g frische Kräuter, gehackt (Schnittlauch, Petersilie, Dill, Basilikum usw.)* | *Zitronensaft* | *Salz, Pfeffer*

Zubereitung

Etwas Buttermilch erwärmen und die ausgedrückte Gelatine auflösen. Unter die restliche Buttermilch rühren und die Kräuter, Salz, Pfeffer und Zitronensaft dazugeben. Kalt stellen. Wenn es zu gelieren beginnt, die Sahne unterheben. In eine Terrinenform füllen und 3 bis 4 Stunden kaltstellen.

Mit Kräutervinaigrette servieren, nach Belieben mit gebratenen Scampi garnieren.

Hirschhüfte, rosa gebraten, mit Pilzschupfnudeln und Blaukraut

Landhotel Hirschen, S. 168

Zutaten für 4 Personen

Kartoffelschupfnudeln *400 g Kartoffeln, gekocht und geschält* | *120 g Mehl* | *1 Eigelb* | *Muskatnuss* | *Kümmel* | *Salz, Pfeffer*
Pilzrahmsauce *1 Zwiebel, gehackt* | *etwas Butter* | *1 TL Mehl* | *300 ml Bouillon* | *200 ml Sahne* | *70 g Shiitake-Pilze*
Blaukraut *40 g Zucker* | *2 kleine Äpfel, geschält und gehobelt* | *1 Zwiebel, gehackt* | *500 g Blaukraut, gehobelt* | *20 ml Essig* | *200 ml Rotwein* | *Preiselbeeren* | *Kartoffelstärke* | *Zimt* | *Salz*
Hirschhüfte *800 g Hirschhüfte* | *Thymian-Rosmarin-Gemisch* | *Salz* | *Pfeffer*

Zubereitung

Die Kartoffeln durch die Kartoffelpresse drücken und mit Mehl, Eigelb und Gewürzen zu einem geschmeidigen Teig verarbeiten. Den Teig in Stücke teilen und zu Rollen mit einem Durchmesser von einem Zentimeter formen. Daraus circa ein Zentimeter große Stücke abstechen, die man mit der Handfläche auf der Arbeitsfläche zu ovalen Nudeln formt. Anschließend die Nudeln in gesalzenem Wasser kurz kochen und in kaltem Wasser abkühlen.
Die Zwiebel in Butter anschwitzen, mit Mehl bestäuben und mit Bouillon aufgießen und um zwei Drittel reduzieren. Sahne beigeben, aufkochen und mit Stabmixer mixen. Pilze kleinwürfelig schneiden, anbraten, abschmecken, Sauce beigeben und abgetropfte Schupfnudeln darin schwenken.
Zucker in einem Topf leicht bräunen, Äpfel und Zwiebel beigeben und kurz rösten. Danach Blaukraut, Essig, Rotwein und nach Bedarf Wasser zugeben. Das Ganze weich kochen und mit Preiselbeeren, Salz und Zimt abschmecken, Stärke mit etwas Wasser anrühren und alles damit binden.
Hirschhüfte zerteilen und von der Silberhaut befreien. Mit Salz, Pfeffer und Thymian-Rosmarin-Gemisch würzen. In einer Pfanne rundherum gut anbraten und anschließend im Backofen bei 190 °C circa 10 Minuten (Kerntemperatur 52 °C) garen lassen.

Mit Ziegenkäse und Basilikum gefülltes Carpaccio vom Wälder Jungrind

Erlebnisgasthof Ur-Alp, S. 171

Zutaten für 5 Portionen

300 g abgehangenes Rinderfilet | *100 g Ziegenkäse* | *5–10 Basilikumblätter* | *30 g Olivenöl* | *5 EL Balsamicoessig* | *50 g Parmesanspäne* | *einige Rucolablätter* | *Salz* | *Pfeffer aus der Mühle*

Zubereitung

Das Rinderfilet aufschneiden, salzen und pfeffern, mit Basilikumblättern und dünnen Ziegenkäsescheiben belegen und einrollen. In Frischhaltefolie wickeln und frieren. Mit der Aufschnittmaschine fein aufschneiden. Den Teller mit Olivenöl bestreichen, mit den Carpaccioscheiben belegen und mit Balsamicoessig marinieren. Mit Parmesanspänen und Rucola garnieren.

Walser Käsefladen nach Körbersee-Art

 Berghotel Körbersee, S. 172

Zutaten für 4 Portionen

Teig 300 g Mehl | 1 Pkt. (7 g) Trockenhefe | 1 Eigelb |
etwas lauwarmes Wasser | Salz
Füllung 150 g Bergkäse, fein gehobelt | 150 g Räßkäse, fein gehobelt |
150 g Gouda, fein gehobelt | 100 g Sauerrahm | 1 EL Crème fraîche |
¼ l Sahne | 3 Eier | 2 EL Mehl | 2 EL Schnittlauch | 150 g Zwiebeln,
fein geschnitten, in Butter geschwenkt

Zubereitung

Die Zutaten für den Teig verkneten, es sollte ein Pizzateig entstehen,
der nicht zu fest und nicht zu weich ist. Zudecken und etwas gehen lassen.
Alle Zutaten für die Füllung gut miteinander mischen.
Dann den Teig circa 0,5 Zentimeter dünn ausrollen, ein Kuchenblech oder
eine Tortenform belegen und am Rand hochdrücken. Mit der Füllung
bestreichen und bei ansteigender Hitze bei etwa 160 °C 30 Minuten goldbraun backen.

Rehrücken im Gewürzmantel mit Morchelsauce und Topfenserviettenschnitte

 Haller's Genuss & Spa Hotel, S. 176

Zutaten für 4 Personen

Rehrücken 700 g Rehrücken ohne Knochen | 20 Wacholderbeeren |
20 Pfefferkörner | 1 Sternanis | 3 Pimentkörner | 1 TL getrockneter Ingwer |
1 Lorbeerblatt | 2 EL schwarzer Sesam | Butter | Salz
Topfenserviettenschnitte 75 g Butter | 3 Eigelb | 100 g Topfen (Quark) |
150 ml Milch | 60 ml Sahne | 300 g Weißbrotwürfel | 1 Eiweiß | Salz, Pfeffer,
Muskat
Morchelsauce 100 g frische Morcheln | 1 Schalotte | 100 g Butter |
250 ml trockener Weißwein | 125 ml Cognac | 500 ml Wildfond |
125 ml Sahne | Butter zum Andünsten

Zubereitung

Für den Gewürzmantel Gewürze zerkleinern, Sesam dazugeben.
Rehrücken salzen, in den Gewürzen wälzen, in Frischhaltefolie fest einwickeln
und darin im Ofen bei 130 °C garen, bis 49 °C Kerntemperatur erreicht sind.
Herausnehmen und ruhen lassen. Vor dem Anrichten kurz in Butter anbraten.
Für die Serviettenschnitte Butter und Eigelb schaumig schlagen, Topfen,
Milch, Sahne und Weißbrotwürfel dazugeben, mit Salz, Pfeffer und Muskat
abschmecken. Eiweiß zu Schnee schlagen und unterheben. In Folie einrollen
und im Wasserbad 45 Minuten pochieren.
Morcheln waschen und Stiele abschneiden. Stiele mit fein geschnittener
Schalotte in etwas Butter anschwitzen. Mit Weißwein, Sahne und Cognac
(einen Spritzer aufbewahren) ablöschen und circa auf ein Viertel reduzieren.
Den Wildfond dazugeben, Butter einmontieren, abschmecken und abseihen.
Die restlichen Morcheln in Butter andünsten und mit einem Spritzer Cognac
ablöschen.
Dazu passt hervorragend Spargel.

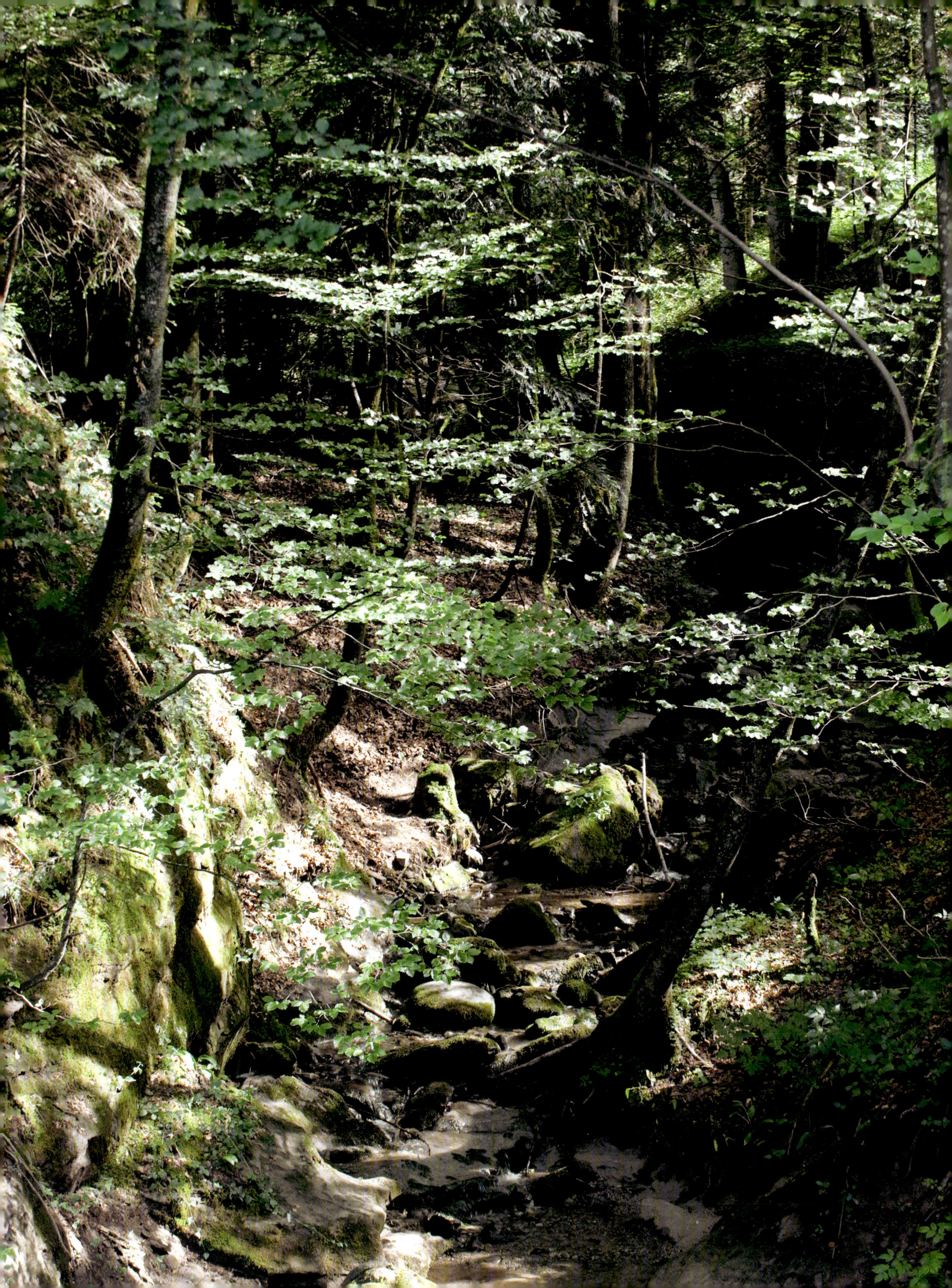

Adressverzeichnis

A

Gasthaus Adler 66
Martin Griesser
Kaiser-Franz-Josef-Straße 104
A-6845 Hohenems
☎ 00 43 (0) 55 76 / 7 22 92
📠 00 43 (0) 55 76 / 7 22 92 6
gasthaus@adlerhohenems.com
www.adlerhohenems.com

Restaurant Gasthof Adler 139
Engelbert Kaufmann
Hof 15
A-6867 Schwarzenberg
☎ 00 43 (0) 55 12 / 29 66
📠 00 43 (0) 55 12 / 29 66-6
adler.schwarzenberg@aon.at
www.adler-schwarzenberg.at

Alte Mühle 166
Marietta Wild
Dorn 138
A-6867 Schwarzenberg
☎ 00 43 (0) 55 12 / 37 80
📠 00 43 (0) 55 12 / 25 11
office@alte-muehle.cc
www.alte-muehle.cc

Amann Kaffee GmbH 76
Peter Amann
Bergmannstraße 18
A-6850 Dornbirn
☎ 00 43 (0) 55 72 / 2 82 88
📠 00 43 (0) 55 72 / 21 38 74
info@amann-kaffee.at
www.amann-kaffee.at

Hotel Arlberg 118
Hannes Schneider
Tannberg 187
A-6764 Lech am Arlberg
☎ 00 43 (0) 55 83 / 21 34 0
📠 00 43 (0) 55 83 / 21 34 25
info@arlberghotel.at
www.arlberghotel.at

Landgasthof Auhof 104
Familie Auerbach
Auweg 14
A-6780 Schruns
☎ 00 43 (0) 55 56 / 7 22 69
📠 00 43 (0) 55 56 / 7 22 69-5
auhof@montafon.com
www.montafon.com/Auhof

B

Bregenzerwald Tourismus GmbH 150
Gerbe 1135
A-6863 Egg
☎ 00 43 (0) 55 12 / 23 65
📠 00 43 (0) 55 12 / 30 10
info@bregenzerwald.at
www.bregenzerwald.at

Das Bregenzerwälder Käsehaus Spezialitäten GmbH 158
Peter Hubert
Hof 144
A-6866 Andelsbuch
☎ 00 43 (0) 55 12 / 2 63 46
📠 00 43 (0) 55 12 / 2 63 46 12
info@kaesehaus.com
www.kaesehaus.com

C

Casino Restaurant 26
Küchenchef: Martin Wehle
Am Symphonikerplatz 3
A-6900 Bregenz
☎ 00 43 (0) 55 74 / 4 51 27-1 25 00
📠 00 43 (0) 55 74 / 4 51 27-1 25 10
restaurant.bregenz@casinos.at
www.bregenz.casinos.at

Chen's Dining Bar 20
Chen Peirong
Seestraße 6
A-6900 Bregenz
☎ 00 43 (0) 55 74 / 5 28 08-11
📠 00 43 (0) 55 74 / 5 28 08-19
chens@asiagourmet.at
www.asiagourmet.at

Cresta Hotel 102
Petra und J. Ganahl
Zelfenstraße 2
A-6774 Tschagguns
☎ 00 43 (0) 55 56 / 7 23 95
📠 00 43 (0) 55 56 / 7 23 95-8
info@cresta-hotel.at
www.cresta-hotel.at

E

Wirtshaus-Restaurant Engel 96
Cornelia und Norbert Wascher
Arlbergstraße 50
A-6754 Klösterle am Arlberg
☎ 00 43 (0) 55 82 / 6 27
📠 00 43 (0) 55 82 / 3 53
engel.kloesterle@aon.at
www.engel-kloesterle.at

F

Fenkart Schokoladengenuss 64
Gunther und Petra Fenkart
Schlossplatz 10
A-6845 Hohenems
☎ 00 43 (0) 55 76 / 7 23 56
📠 00 43 (0) 55 76 / 7 23 56-6
info@schokoladengenuss.at
www.schokoladengenuss.at

Brauerei Fohrenburg GmbH & Co. KG 98
Fohrenburg Straße 5
A-6700 Bludenz
☎ 00 43 (0) 55 52 / 6 06 61
📠 00 43 (0) 55 52 / 6 06 58
fohrenburg@fohrenburg.at
www.fohrenburg.at

Freihof Destillerie 84
Vorachstraße 75
A-6890 Lustenau
☎ 00 43 (0) 55 77 / 85 95 50
📠 00 43 (0) 55 77 / 85 95 53
services@freihof.co.at
www.freihof.com

Berggasthof Fritsch 52
Familie Fritsch
Buchenberg 10
A-6911 Lochau
☎ 00 43 (0) 55 74 / 4 30 29
📠 00 43 (0) 55 74 / 4 30 29 6
office@fritsch.co.at
www.fritsch.co.at

Adressverzeichnis

G

Gams, Genießer- & Kuschelhotel 140
Ellen Nenning und
Andreas Mennel
Platz 44
A-6870 Bezau
☎ 00 43 (0) 55 14 / 22 20
🖨 00 43 (0) 55 14 / 2 22 09 01
info@hotel-gams.at
www.hotel-gams.at

Gesundheitszentrum Rickatschwende 72
Heinz Hämmerle
Direktorin: Sabine Alge
Rickatschwende 1
A-6850 Dornbirn
☎ 00 43 (0) 55 72 / 2 53 50
🖨 00 43 (0) 55 72 / 2 53 50 70
office@rickatschwende.com
www.rickatschwende.com

s'Glöggele am Steinebach 70
Alexander Egger
Steinebach 7
A-6850 Dornbirn
☎ 00 43 (0) 55 72 / 39 45 95
🖨 00 43 (0) 55 72 / 39 45 95-4
office@gloeggele.com
www.gloeggele.com

Restaurant Guth 30
Thomas Scheucher
Wälderstraße 10
A-6923 Lauterach
☎ 00 43 (0) 55 74 / 7 24 70
🖨 00 43 (0) 55 74 / 7 24 70-6
thomas.scheucher@restaurantguth.at
www.restaurantguth.at

H

Haller's Genuss & Spa Hotel 176
Familie Haller
Von Klenze Weg 5
A-6993 Mittelberg / Kleinwalsertal
☎ 00 43 (0) 55 17 / 55 51
🖨 00 43 (0) 55 17 / 38 00
info@hallers.at
www.hallers.at

Privatbrennerei Gebhard Hämmerle 82
Geschäftsführer: Peter Angel
Vorachstraße 75
A-6890 Lustenau
☎ 00 43 (0) 55 77 / 85 95 50
🖨 00 43 (0) 55 77 / 85 95 53
services@haemmerle.com
www.haemmerle.com

Hotel Hinterwies 122
Familie Manhart
Tannberg 186
A-6764 Lech am Arlberg
☎ 00 43 (0) 55 83 / 25 31 0
🖨 00 43 (0) 55 83 / 25 31 51
hotel.hinterwies@lech.at
www.hinterwies.at

Hotel Hirschen Schwarzenberg 138
Franz Fetz
Hof 14
A-6867 Schwarzenberg
☎ 00 43 (0) 55 12 / 29 44
🖨 00 43 (0) 55 12 / 29 44 20
info@hirschenschwarzenberg.at
www.hirschenschwarzenberg.at

Landhotel Hirschen 168
Gabriele Bechter und
Rosemarie Feurstein
Platz 187
A-6952 Hittisau
☎ 00 43 (0) 55 13 / 23 20
🖨 00 43 (0) 55 13 / 23 20 77
info@landhotel-hirschen.at
www.landhotel-hirschen.at

K

Berghotel Körbersee 172
Ulrike Schlierenzauer
A-6888 Schröcken 75
☎ 00 43 (0) 55 19 / 2 65
🖨 00 43 (0) 55 19 / 2 41
hotel@koerbersee.at
www.koerbersee.at

Gasthof Krone 136
Helene und
Dietmar Nussbaumer-Natter
Am Platz 185
A-6952 Hittisau
☎ 00 43 (0) 55 13 / 62 01
🖨 00 43 (0) 55 13 / 62 01 16
gasthof@krone-hittisau.at
www.krone-hittisau.at

Hotel Krone 174
Manfred Nussbaumer
Gfäll 107
A-6941 Langenegg
☎ 00 43 (0) 55 13 / 61 78-0
🖨 00 43 (0) 55 13 / 61 78-22
info@krone-langenegg.at
www.krone-langenegg.at

Hotel Krone in Au 142
Familie Lingg
Jaghausen 4
A-6883 Au
☎ 00 43 (0) 55 15 / 2 20 10
🖨 00 43 (0) 55 15 / 2 20 12 01
office@krone-au.at
www.krone-au.at

Gasthof zum Krönele 78
Ulrike Fink
Reichsstraße 12
A-6890 Lustenau
☎ 00 43 (0) 55 77 / 8 21 18
🖨 00 43 (0) 55 77 / 8 21 18 50
gasthof@kroenele.com
www.kroenele.com

L

Lustenauer Senf 80
Bösch GmbH & Co KG
Rheinstraße 15
A-6890 Lustenau
☎ 00 43 (0) 55 77 / 8 20 77
🖨 00 43 (0) 55 77 / 8 73 84
herbert.b@lustenauer-senf.com
www.lustenauer-senf.com

M

Restaurant Mangold 48
Michael und
Andrea Schwarzenbacher
Pfänderstraße 3
A-6911 Lochau
☎ 00 43 (0) 55 74 / 4 24 31
🖨 00 43 (0) 55 74 / 4 24 31-9
office@restaurant-mangold.at
www.restaurant-mangold.at

Wirtshaus Messmer 50
Andrea und Stefan Müller
Landstraße 3
A-6911 Lochau
☎ 00 43 (0) 55 74 / 4 41 51
📠 00 43 (0) 55 74 / 5 45 51
info@wirtshaus-messmer.at
www.wirtshaus-messmer.at

P

Pfanner & Gutmann 32
Getränke GmbH
Ing. Walter Pfanner
Alte Landstraße 10
A-6923 Lauterach
☎ 00 43 (0) 55 74 / 6 72 00
📠 00 43 (0) 55 74 / 6 72 04 70
office@pfanner.com
www.pfanner-weine.com

Hotel Post 141
Susanne Kaufmann
Brugg 35
A-6870 Bezau
☎ 00 43 (0) 55 14 / 22 07-0
📠 00 43 (0) 55 14 / 22 07-22
office@hotelpostbezau.com
www.hotelpostbezau.com

R

Rankweiler Hof 62
Familie Vith
Ringstraße 25
A-6830 Rankweil
☎ 00 43 (0) 55 22 / 4 41 13
📠 00 43 (0) 55 22 / 4 41 13-6
office@rankweiler-hof.com
www.rankweiler-hof.com

Brauereigasthof Reiner 46
Philipp Rainer Gaststätten-
und Beherbergungs-GmbH
Geschäftsführer: Philipp Rainer
Hofriedenstraße 1
A-6911 Lochau
☎ 00 43 (0) 55 74 / 4 42 22
📠 00 43 (0) 55 74 / 4 42 22
willkommen@reiner-lochau.at
www.reiner-lochau.at

S

Café-Konditorei Schallert 28
Nicole Schneider-Schallert
Hauptstraße 1
A-6973 Höchst
☎ 00 43 (0) 55 78 / 7 57 52
📠 00 43 (0) 55 78 / 7 57 52-4
nicole.schallert@cable.vol.at
www.cafeschallert.at

Landgasthof Schäfle 60
Familie Fulterer
Naflastraße 3
A-6800 Feldkirch-Altenstadt
☎ 00 43 (0) 55 22 / 7 22 03
📠 00 43 (0) 55 22 / 7 22 03 17
office@schaefle.cc
www.schaefle.cc

Hotel das Schiff 137
Familie Metzler
Heideggen 311
A-6952 Hittisau
☎ 00 43 (0) 55 13 / 62 20
📠 00 43 (0) 55 13 / 62 20 11
info@schiff-hittisau.com
www.schiff-hittisau.com

Skihütte Schneggarei 120
Andreas Schneider
Tannberg 629
A-6764 Lech am Arlberg
☎ 00 43 (0) 55 83 / 3 98 88
info@schneggarei.com
www.schneggarei.at

Hotel Restaurant Schönblick 44
Monika und Karlheinz Hehle
Dorf 6
A-6911 Eichenberg
☎ 00 43 (0) 55 74 / 4 59 65
📠 00 43 (0) 55 74 / 4 59 65-7
hotel.schoenblick@schoenblick.at
www.schoenblick.at

Restaurant 's Schulhus 143
Gabi und Herbert Strahammer
Glatzegg 58
A-6942 Krumbach
☎ 00 43 (0) 55 13 / 83 89
📠 00 43 (0) 55 13 / 87 15
reservierung@schulhus.com
www.schulhus.com

Wirtschaft zum Schützenhaus 58
Jürgen Lang
Göfiser Straße 2
A-6800 Feldkirch
☎ 00 43 (0) 55 22 / 8 52 90
📠 00 43 (0) 55 22 / 8 52 90-4
wirtschaft@schuetzenhaus.at
www.schuetzenhaus.at

Wirtshaus am See 24
Geschäftsführer: Martin Berthold
Seepromenade 2
A-6900 Bregenz
☎ 00 43 (0) 55 74 / 4 22 10
📠 00 43 (0) 55 74 / 4 22 10-4
info@wirtshausamsee.at
www.wirtshausamsee.at

Sporthotel Silvretta Nova 106
Direktor: Markus Stemer
Dorfstraße 11b
A-6793 Gaschurn
☎ 00 43 (0) 55 58 / 88 88
📠 00 43 (0) 55 58 / 82 67
sporthotel@silvrettanova.at
www.sporthotelsilvrettanova.at

Hotel Sonnenburg 108
Gregor und Waltraud Hoch
Oberlech 55
A-6764 Lech am Arlberg
☎ 00 43 (0) 55 83 / 21 47
📠 00 43 (0) 55 83 / 21 47 36
waltraud.hoch@sonnenburg.at
hotel@sonnenburg.at
www.sonnenburg.at

Söhmsen's Manufaktur 74
Wolfgang Sohm
Johann-Strauß-Gasse 22d
A-6850 Dornbirn
☎ 00 43 (0) 55 72 / 2 98 11
📠 00 43 (0) 55 72 / 2 98 11 33
sugo@sohmsen.at
www.sohmsen.at

Pension Stäfeli 124
Hotel Garni und s'Achtele
Wein Restaurant
Heinz und Brigitte Birk
Zug 525
A-6764 Lech am Arlberg
☎ 00 43 (0) 55 83 / 3 93 70
📠 00 43 (0) 55 83 / 3 93 77
info@staefeli.at
www.staefeli.at

T

Hotel Tannbergerhof 116
Veronika Heller
Direktor: Peter Steinwidder
Nr. 111
A-6764 Lech am Arlberg
☎ 00 43 (0) 55 83 / 22 02
📠 00 43 (0) 55 83 / 33 13
info@tannbergerhof.com
www.tannbergerhof.com

Wirtshaus zur Taube 152
Lothar Eiler
Hof 9 bei der Kirche
A-6861 Alberschwende
☎ 00 43 (0) 55 79 / 42 02
📠 00 43 (0) 55 79 / 42 02-4
gasthaus@taube.at
www.taube.at

U

Erlebnisgasthof Ur-Alp 170
Peter und Veronika Ritter
Bundesstraße 533
A-6883 Au
☎ 00 43 (0) 55 15 / 2 51 92
📠 00 43 (0) 55 15 / 2 51 92 16
info@ur-alp.at
www.ur-alp.at

W

Best Western Premier Hotel 22
Weisses Kreuz
Kinz & Co
Römerstraße 5
A-6900 Bregenz
☎ 00 43 (0) 55 74 / 49 88-0
📠 00 43 (0) 55 74 / 49 88-67
hotelweisseskreuz@kinz.at
www.hotelweisseskreuz.at

Z

Alpenhotel Zimba 100
Familie Huber
Studa 54
A-6708 Brand
☎ 00 43 (0) 55 59 / 3 51
📠 00 43 (0) 55 59 / 3 51 40
alpenhotel@zimba-brand.at
www.zimba-brand.at

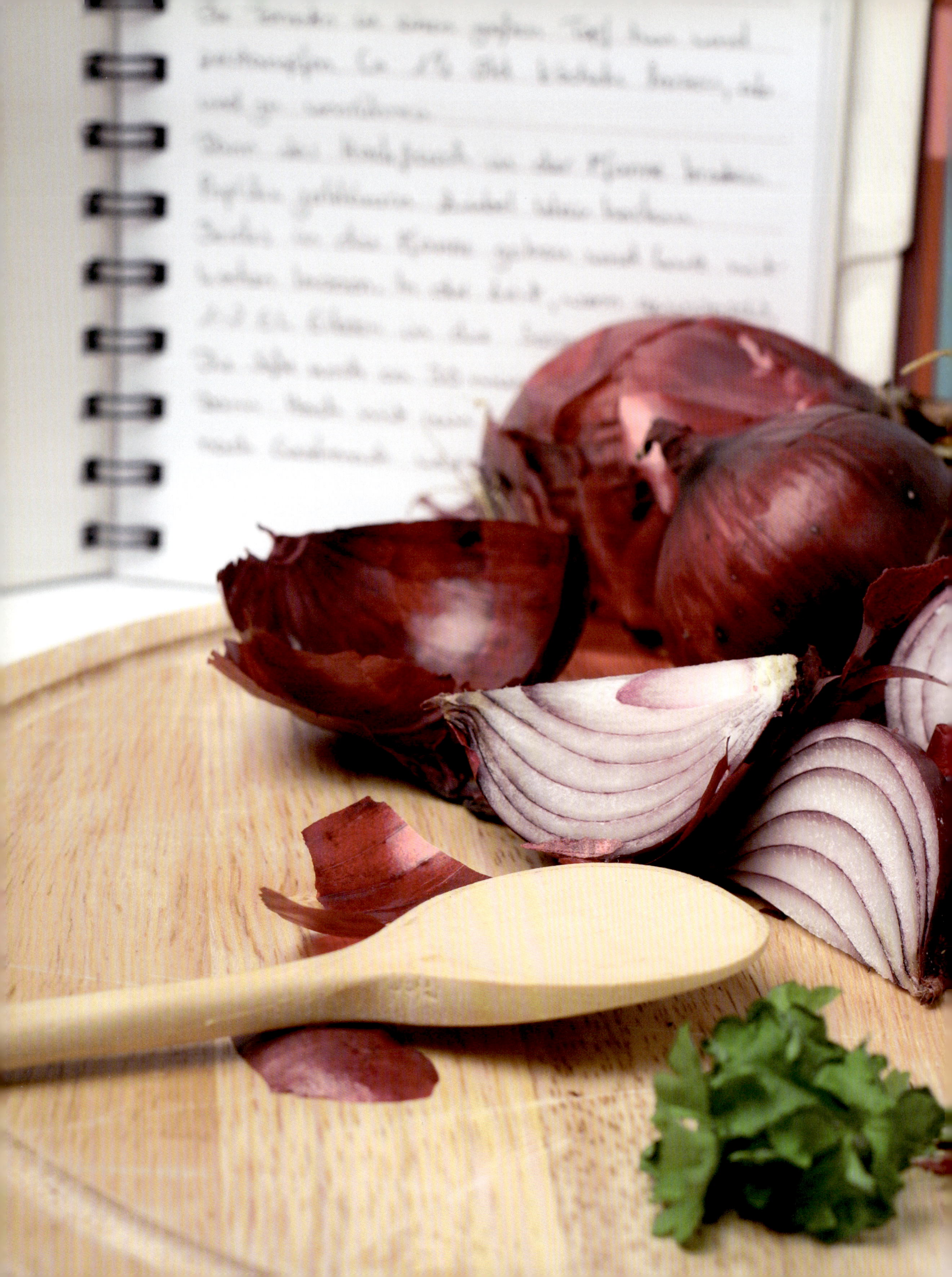

Rezeptverzeichnis

B
Bachsaibling, Lecher 128
Buttermilchparfait mit Kräutern 178

C
Carpaccio vom Wälder Jungrind, mit Ziegenkäse und Basilikum gefüllt 179
Crêpes mit Weichsel-Kirschwasser-Füllung 112

F
Fischsuppe, Bregenzer 38

H
Hennele, Wälder, mit Spargel, Erdäpfeln in Gierschbutter und Wildkräuterdip 110
Hirschhüfte, rosa gebraten, mit Pilzschupfnudeln und Blaukraut 179

I
Iberico, Solomillo, im Baumnusscrêpe mit Bohnenpüree und Schmorkartoffeln 37

K
Kalbsbäckle, geschmorte 54
Kalbsbäckle-Salat 145
Kalbskotelett mit Rosmarin-Polentaspitz, Morcheln und Spargel-Karotten-Gemüse 146
Kalbsrückensteak, Milch-, rosa gebraten, vom Bregenzerwälder Milchkalb 178
Kaninchenrücken 147
Käsefladen, Walser, nach Körbersee-Art 180
Käsespätzle 129
Käsgrumpera 69

L
Lammkotelett auf Safran-Bohnen-Ragout mit Spinat-Brottasche 146
Lammrücken im Speckmantel an Portweinreduktion mit Zucchini-Emmentaler-Tortillas und Tomaten-Safran-Risotto 110
Lammrücken, Jura-, in der Kräuterkruste 68
Lammrücken mit Feven, Pioppini und Paprikaflaum 112

M
Maultaschen, Schwäbische, nach Zisterzienser Art und geschmorte Tomaten 129
Mostsuppe, Lustenauer 88

O
Ofenbraten, Bregenzerwälder 88

P
Pekingente – Bei Jing Kao Ya 36
Perlhuhnbrust, gefüllt, im Speckmantel auf Gersten-Gemüse-Risotto 144

R
Rehrücken im Gewürzmantel mit Morchelsauce und Topfenserviettenschnitte 180
Rind, Filet vom heimischen, auf Breitnudeln 111
Rind, Alp-, Variation vom, mit Kartoffel-Steinpilzroulade 128
Risotto, Kirsch-, mit Allgäuer Edelkrebsen und Thymian 38

S
Seesaiblingsfilet, gebraten, auf Tomaten-Zucchini-Gemüse, Rieslingsauce und Rucolanudeln 55
Sauerkrauteis 144
Schnitzel, überbacken, mit Tomatensauce und Mozzarella 87
Schokokuchen, flüssiger 86
Schokoladen-Himbeer-Törtchen 111
Schokoladen-Nuss-Brownies mit Toffee-Schaum 54
Schwäne mit Vanillesahne 37
Stangenspargel, mariniert, mit Erdbeer-Wildkräuter-Salat und in Kirschholz geräuchertem Lachs 87
Steinbockragout 69

T
Tatar vom geräucherten Forellenfilet mit Feldsalat und Crème fraîche 145
Thunfischsteak mit Riesengarnelen und asiatischem Gemüse 86

W
Wildhase mit Scampi 55

Z
Zanderfilet, Bodensee-, mit Spargel-Rahmnüdele und glaciertem Frühlingslauch 36
Ziegenkäsemousse auf sautierten Pilzen 68

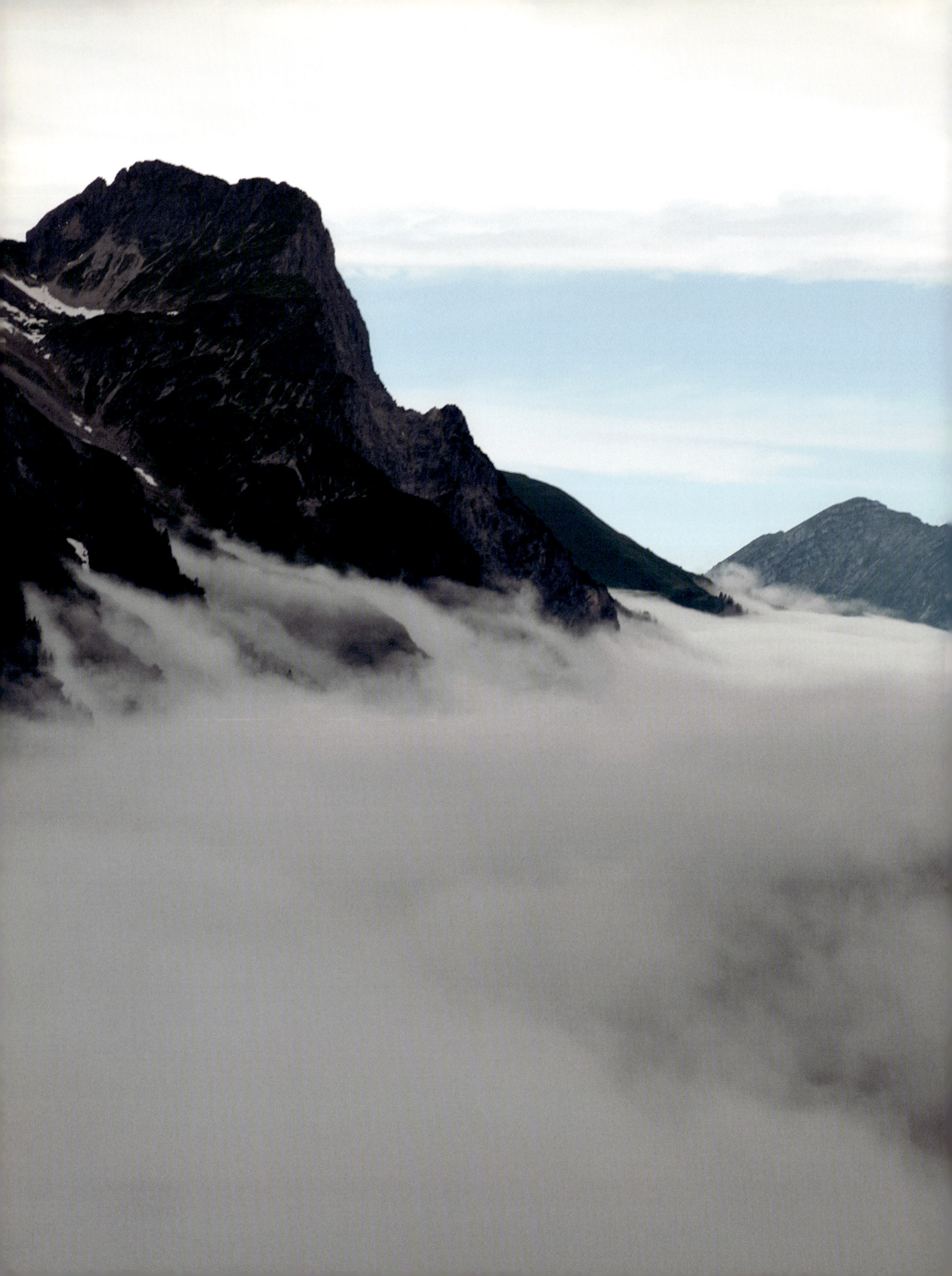

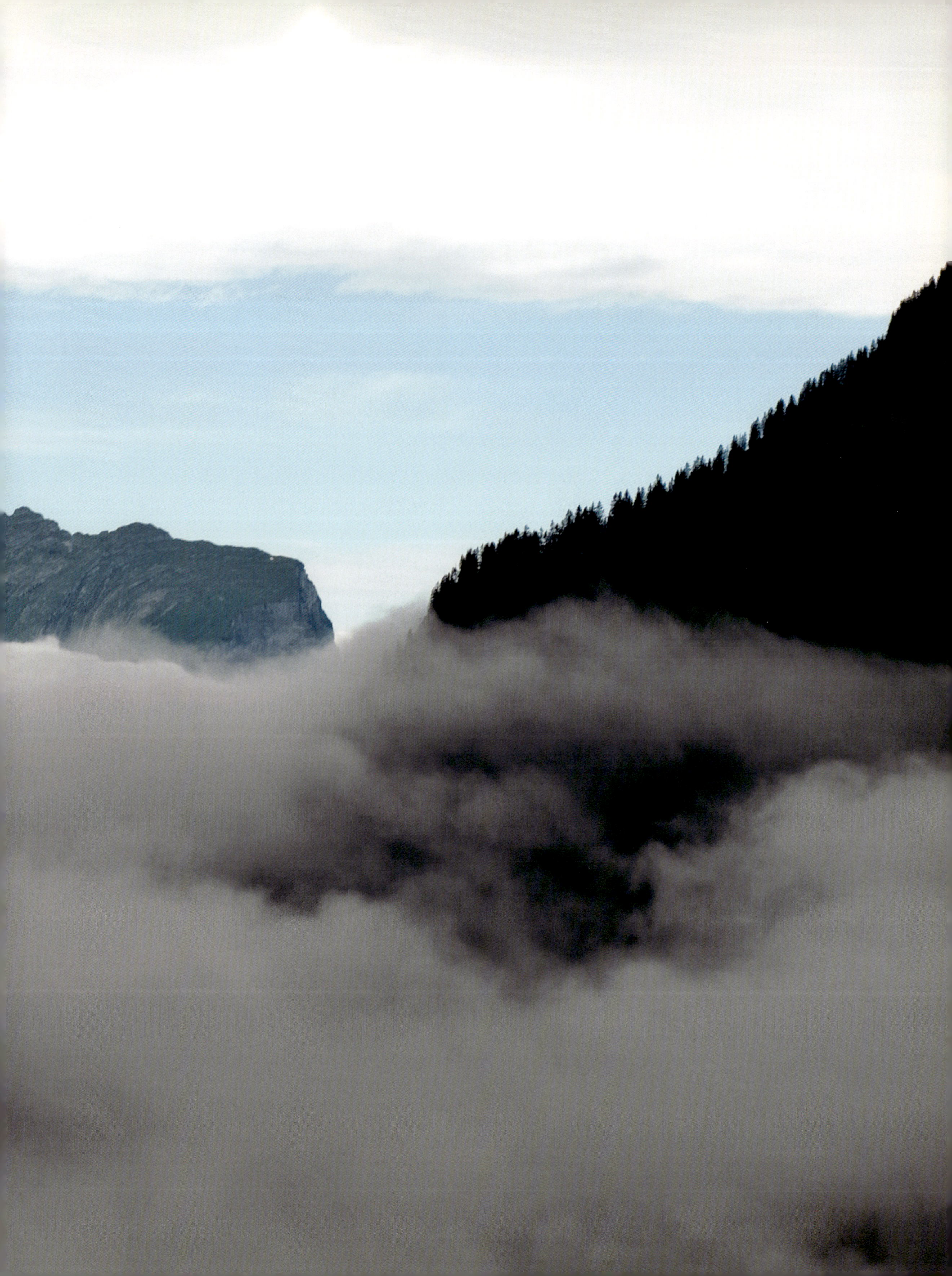

Besondere Adressen für Sie entdeckt ...

ISBN 978-3-86528-473-0
24,1 cm x 30,6 cm

ISBN 978-3-86528-441-9
24,1 cm x 30,6 cm

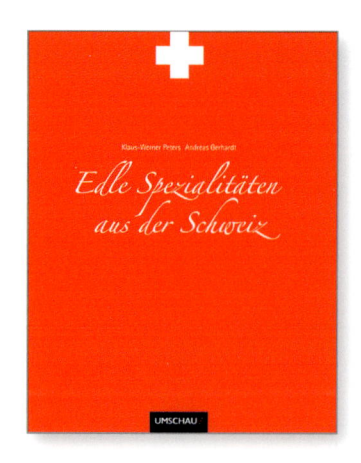

ISBN 978-3-86528-442-6
24,1 cm x 30,6 cm

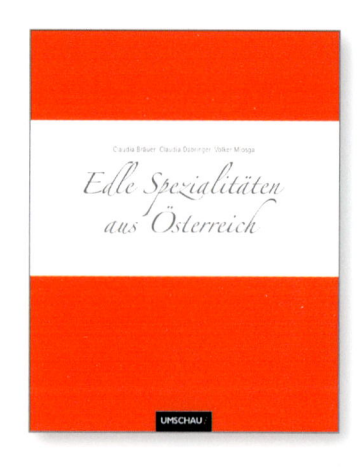

ISBN 978-3-86528-444-0
24,1 cm x 30,6 cm

ISBN 978-3-86528-479-2
24,1 cm x 27,6 cm

ISBN 978-3-86528-394-8
24,1 cm x 27,6 cm

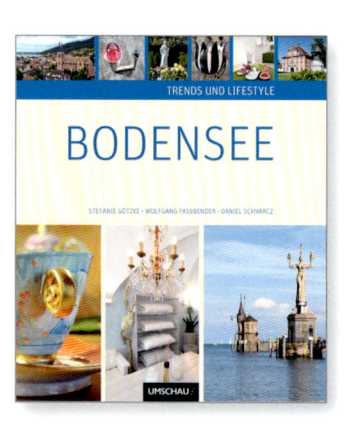

ISBN 978-3-86528-469-3
24,1 cm x 27,6 cm

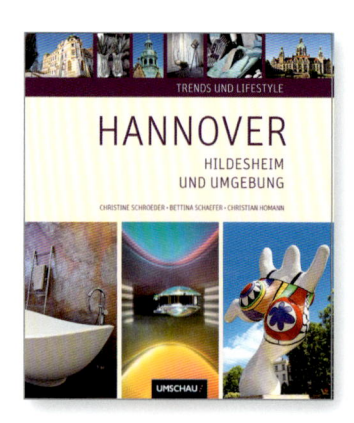

ISBN 978-3-86528-391-7
24,1 cm x 27,6 cm

ISBN 978-3-86528-447-1
24,1 cm x 30,6 cm

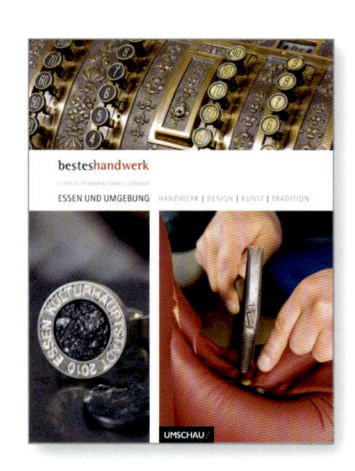

ISBN 978-3-86528-478-5
24,1 cm x 30,6 cm

ISBN 978-3-86528-475-4
24,1 cm x 30,6 cm

ISBN 978-3-86528-468-6
24,1 cm x 30,6 cm

Neu in unserem Programm

EINE KULINARISCHE ENTDECKUNGSREISE ...
(Buchformat: 24,1 x 30,6 cm)

... durch München – Stadt und Land
Barbara Kagerer, Daniel Schvarcz
232 Seiten, Hardcover
ISBN: 978-3-86528-498-3

... durch das Oberallgäu
Tosca Maria Kühn, Yves Hebinger
168 Seiten, Hardcover
ISBN: 978-3-86528-490-7

... durch das Sauerland
Claus Spitzer-Ewersmann, Frank Pusch
128 Seiten, Hardcover
ISBN: 978-3-86528-487-7

... durch Vorarlberg
Claudia Antes-Barisch, Anja Böhme,
Daniel Schvarcz
192 Seiten, Hardcover
ISBN: 978-3-86528-476-1

... durch das Hausruckviertel, Innviertel, Mühlviertel, Traunviertel, Mostviertel
Fünf Viertel in Ober- und Niederösterreich
Claudia Dabringer, Andreas Hechenberger,
Chris Rogl
256 Seiten, Hardcover
ISBN: 978-3-86528-494-5

... durch das Wallis
Un voyage culinaire à travers le Valais
Klaus-Werner Peters, Rémy Steinegger
280 Seiten, Hardcover
ISBN: 978-3-86528-474-7

... durch das Berner Oberland
Karina Schmidt, Andreas Gerhardt
224 Seiten, Hardcover
ISBN: 978-3-86528-500-3

TRENDS UND LIFESTYLE
(Buchformat: 24,1 x 27,6 cm)

HOLSTEINISCHE SCHWEIZ
Herbert Hofmann, Dirk Fellenberg
152 Seiten, Hardcover
ISBN: 978-3-86528-481-5

BERGISCHES UND OBERBERGISCHES LAND
Susanne Schaller, Christel Trimborn,
Gabriele Bender
144 Seiten, Hardcover
ISBN: 978-3-86528-472-3

GÖTTINGEN
Andreas Srenk, André Chales de Beaulieu
168 Seiten, Hardcover
ISBN: 978-3-86528-492-1

ARLBERG
Cornelia Haller, Christian Gufler
184 Seiten, Hardcover
ISBN: 978-3-86528-501-0

Englische Ausgabe:
ISBN: 978-3-86528-503-4

besteshandwerk
HANDWERK | DESIGN | KUNST | TRADITION
(Buchformat: 24,1 x 30,6 cm)

DÜSSELDORF UND UMGEBUNG
Silke Martin, Magdalena Ringeling,
Christine Blei
176 Seiten, Hardcover
ISBN: 978-3-86528-485-3

ST. GALLEN UND UMGEBUNG
Christina Hitzfeld, Daniel Schvarcz
136 Seiten, Hardcover
ISBN: 978-3-86528-491-4

GESUNDHEIT UND WELLNESS
(Buchformat: 24,1 x 30,6 cm)

HAMBURG
Katrin Hainke, Bettina Schäfer,
André Chales de Beaulieu
208 Seiten, Hardcover
ISBN: 978-3-86528-458-7

BODENSEE
Sigrid Hofmaier, Christian Bullinger
168 Seiten, Hardcover
ISBN: 978-3-86528-480-6

ISBN 978-3-86528-458-7
24,1 cm x 30,6 cm

Alle Titel erhalten Sie bei Ihrer örtlichen Buchhandlung.
Für weitere Informationen über unsere Reihen wenden Sie sich direkt an den Verlag:

UMSCHAU

Neuer Umschau Buchverlag
Theodor-Körner-Straße 7
D-67433 Neustadt / Weinstraße
☎ + 49 (0) 63 21 / 8 77-852
📠 + 49 (0) 63 21 / 8 77-866
@ info@umschau-buchverlag.de
www.umschau-buchverlag.de

Impressum

© 2010 Neuer Umschau Buchverlag GmbH, Neustadt an der Weinstraße

Alle Rechte der Verbreitung in deutscher Sprache, auch durch Film, Funk, Fernsehen, fotomechanische Wiedergabe, Tonträger jeder Art, auszugsweisen Nachdruck oder Einspeicherung und Rückgewinnung in Datenverarbeitungsanlagen aller Art, sind vorbehalten.

Recherche
Ute Victoria Griephan, Überlingen

Texte
Anja Böhme, Konstanz | www.punktundpixel.info

Weitere Textbeiträge von:
Claudia Antes-Barisch, Radolfzell (S. 14–17, 20–23, 44–45, 58–63, 92–95, 100–103, 106–107, 114–115, 154–157, 176–177)

Fotografie
Daniel Schvarcz, München | www.d-s-photo.com

Lektorat
Katrin Stickel, Neustadt an der Weinstraße

Herstellung
Heike Burkhart, Neustadt an der Weinstraße
Melanie Göhler, Neustadt an der Weinstraße

Umschlaggestaltung
Atelier Bea Klenk, Berlin | www.atelierbeaklenk.de

Innengestaltung und Satz
Melanie Göhler, Neustadt an der Weinstraße

Reproduktionen
Blaschke Vision | Peter Blaschke, Freigericht

Karte
Thorsten Trantow, Herbolzheim | www.trantow-atelier.de

Druck und Verarbeitung
NINO Druck GmbH, Neustadt an der Weinstraße | www.ninodruck.de

Printed in Germany
ISBN: 978-3-86528-476-1

Die Ratschläge in diesem Buch sind von den Autoren und dem Verlag sorgfältig erwogen und geprüft, dennoch kann eine Garantie nicht übernommen werden. Eine Haftung der Autoren und des Verlages für Personen-, Sach- und Vermögensschäden ist ausgeschlossen.

Besuchen Sie uns im Internet
www.umschau-buchverlag.de

Titelfotografie
Daniel Schvarcz, München
Landschaftsaufnahme: Blick auf Lech am Arlberg
Foodaufnahme: *Tatar vom Vorarlberger Milchkalb mit geräuchertem Bodensee-Aal und Sauerampfersorbet,* zubereitet im Restaurant Mangold.

Wir bedanken uns für die freundlicherweise zur Verfügung gestellten Fotos bei:
Genuss Region Österreich Vorarlberg, www.genuss-region.at und dem Bundesministerium für Land- und Forstwirtschaft, Umwelt und Wasserwirtschaft, Stubenring 1, 1012 Wien, Österreich und dessen Fotoservice unter www.lebensministerium.at, Fotograf: BMLFUW / Rita Newman (S. 16 unten rechts, S. 17 oben, S. 132 oben, S. 157 oben links); Restaurant Guth (S. 30 / 31 und S. 38 links); Hotel Restaurant Schönblick (S. 45 unten); Söhmsen's Manufaktur (S. 75 unten); Amann Kaffee GmbH (S. 76 oben rechts, Fotograf: Adolf Bereuter – und S. 77); Freihof Destillerie W. Hämmerle GmbH & Co. KG (S. 83 oben links und unten); Brauerei Fohrenburg GmbH & Co. KG (S. 98 Mitte und S. 99); Alpenhotel Zimba (S. 101 oben links und Mitte); Landgasthof Auhof (S. 105 unten links); Hotel Sonnenburg – Hoch GmbH & Co, Fotograf: Christine Andorfer (S. 109 oben links und Mitte); Hotel Tannbergerhof (S. 117 oben links); Hotel Hinterwies (S. 122 Mitte rechts und links, unten links und S. 123); Pension Stäfeli (S. 125 oben und S. 127 oben); Schwarzenberg Tourismus (S. 165 oben); Berghotel Körbersee (S. 173).

Bildnachweis Fotolia (www.fotolia.com): © Barbara Pheby (S. 38 rechts); © Silvia Bogdanski (S. 69 rechts); © Pejo (S. 88 rechts); © Daniel Seidel (S. 93 links); © Jean-Paul Demolin (S. 93 Mitte); © Alexander Rochau (S. 93 rechts, S. 94 oben, S. 95 unten rechts); © Karin Lau (S. 94 unten links); © photophey (S. 94 unten rechts); © Marzanna Syncerz (S. 95 oben links); © Sandra Henkel (S. 186).